織田家臣団の謎

菊地浩之

角川選書
598

織田家臣団の謎

目次

第6章 方面軍司令官の時代

図版作成　村松明夫

はじめに

出世したのは、永禄元年までの家臣

「織田家では、才能さえあれば出世できるわけです」（『真説　戦国武将の素顔』）。

織田（おだ）家臣団といえば、実力主義が浸透し、多様な出自を持った武士で構成された軍団というイメージが強い。

たとえば、歴史雑誌『歴史人』二〇一七年七月号「最強！　織田家臣団の実力」では、『能力主義』『合理主義』に基づいて人材を登用した信長。たとえ織田一門に名を連ねる連枝衆でも能力が劣ると評価すれば小身にとどめ、その一方で、下賤の出身でも有能と見れば大胆に抜擢した」と記されている（監修・文／小和田哲男氏）。

それが織田信長（のぶなが）の人材戦略、織田家臣団の特徴だと認識されているのではないか。

しかし、『人物叢書　織田信長』では、「信長が分国支配や京都支配で重用した顔ぶれには尾張出身者が圧倒的に多く、美濃出身者は少しだけいる」と、出世した家臣の母体は意外に狭く、世間で言われるほど「能力主義」「合理主義」が徹底されていなかったと指摘している。

私見によれば、実際はもっと狭い範囲の出身者に偏っている。

尾張国は八郡から構成され、応仁の乱以後、上四郡を岩倉織田家、下四郡を清須織田家が分割統治していた。信長は清須織田家の分家筋にあたり、信長が重用したのは清須織田家の支配下にあった三郡（愛知郡・海東郡・春日井郡）の出身者に限定されている。

信長は織田一族との抗争を繰り返して尾張を統一したが、清須織田家内部の抗争が「仲間割れ」だったのに比べ、岩倉織田家はヨソ者（敵）と認識していたようだ。

だから、弟・織田信勝（一般には信行）に仕えていた柴田勝家や佐久間一族は、信勝死後も信長に重用されたが、岩倉織田家の旧臣で大名クラスに抜擢された者はいない。

信長家臣団の原型は清須織田家の統一時にいったん固まった。その時点の家臣を部将クラスに登用するため、敵の家臣をかれらの与力（指揮系統上の部下）に組み入れていった。だから、岩倉織田家の家臣は、清須時代の家臣の下に附けられて、大名クラスには出世できなかったのだ。

そして、美濃出身の家臣は、A斎藤家没落のかなり前から信長に臣従していた武士、B斎藤家が没落する直前に信長に投降した武士、C斎藤家没落後に信長に仕えた者に三分類できるが、大名クラスに抜擢された者はAかBに限定され、Cは他の部将の与力に組み入れられている。また、Aに「斎藤家没落のかなり前から」と曖昧な表記を使ったが、どこで線引きするかといえば、やはり清須織田家を統一した永禄元（一五五八）年頃だ。

大名クラスの家臣の出自

分類			氏名	領国ほか
永禄元（一五五八）年までに臣従	尾張	愛知郡	柴田勝家	越前
			佐久間信盛	近江
			丹羽長秀	近江・若狭
			羽柴秀吉	近江・播磨
			河尻秀隆	甲斐
			林　秀貞	（追放）
		海東郡	前田利家	越前・能登
			池田恒興	（摂津）
		春日井郡	佐々成政	越前・越中
			塙　直政	山城・大和
			簗田広正	加賀
			毛利長秀	信濃
	美濃	葉栗郡	森　長可	信濃
		本巣郡	原　長頼	越前
		（不明）	蜂屋頼隆	（和泉）
			金森長近	越前
			坂井政尚	（討ち死に）
	近江	甲賀郡？	瀧川一益	信濃・上野
		（不明）	村井貞勝	京都
永禄二（一五五九）年以降に臣従	敵将が没落する契機の投降者	斎藤龍興	稲葉良通	（旗本部将）
			氏家直元	（討ち死に）
			不破光治	越前
			安藤守就	（追放）
		三好三人衆	松永久秀	大和
		浅井長政	磯野員昌	（逐電）
		朝倉義景	朝倉景鏡	（討ち死に）
			前波吉継	（討ち死に）
		足利義昭	細川藤孝	山城・丹後
			荒木村重	摂津
		武田勝頼	穴山信君	甲斐
			木曽義昌	信濃
	他	近畿対策？	明智光秀	近江・丹波
			筒井順慶	大和

つまり、大名クラスに出世した織田家臣は以下の三つのパターンに分類できる。

①清須織田家を統一した頃（永禄元年）までに臣従した家臣。

②敵将（斎藤・三好・浅井・朝倉・武田・足利義昭）が没落する契機になった投降者。

③それ以外（明智光秀・筒井順慶）

織田家臣団を扱った書籍の多くは、信長が上洛した後の家臣団にフォーカスを当てがちであるが、本書ではむしろ、上洛する前にどのように織田家臣団が形成されていったかに重点を置いていきたい。

信長の譜代家臣とは誰か

前掲の歴史雑誌では「今日風にいう『中途入社組』の家臣を次つぎに抜擢していったところに信長家臣団の特徴がある」とも記されている。

「中途入社組」（＝「外様」や「新参」）ということばの反対語は「譜代」である。では、信長にとって譜代家臣とは、具体的には誰のことを指すのだろうか。

譜代とは通常「世襲的に主人に奉公する者」を指す（角川『日本史辞典』）。「世襲」の解釈には二通りがあって、一つは奉公先の家を主体にした表現で、たとえば織田家の歴代に仕えているという意である。もう一つは奉公している家臣の家系を主体にした表現で、たとえば我が家は父祖の代から織田家に仕えているという意だ。

大名クラスに抜擢された家臣の中で、信長の父（信秀）の代から信長の家系（勝幡織田家、もしくは織田弾正忠家という）に仕えていたのは、老臣の平手政秀と乳兄弟の池田恒興。もしくは、信秀が追放した那古野今川家の旧臣と考えられる佐々成政・河尻秀隆くらいしかいない（那古野今川家旧臣を譜代家臣と呼んで良いものか微妙な感じもするが）。「佐久間信盛も織田の重臣家に生まれて信長に長く仕えていました」（『真説　戦国武将の素顔』）というイメージがあるが、信盛が生まれた佐久間家は、尾張東南部を拠点とする国人領主で、代々織田家に仕えていたかは甚だ疑わしい。特に、信長の家系である勝幡織田家は、尾張西端を拠点としており、つきあいは浅いと思われる。

そもそも佐久間信盛が信秀と主従関係を結んでいたのか、それとも与力に過ぎなかったのか判然としない。筆者は後者と考えている。

一方、丹羽長秀は、おそらく自身が初めて信長に仕えたと思われるので、純粋には譜代家臣といいがたい（家系図によれば、長秀の父・兄は斯波家に仕えていたというが、実際は那古野今川家の旧臣と考えられる）。

厳密に考えると、信長にとって譜代家臣と呼べる人物は、極めて少ないのだ。

だから、尾張・美濃衆あたりまでを信長の譜代家臣とみなす考え方があるようだが、そうなると今度は、羽柴（豊臣）秀吉も譜代家臣ということになってしまう。

創業間もない企業では、新卒採用は極めて少なく、中途入社組が創業メンバーのような顔をしている場合が少なくない。つまり、中途入社組でも実力さえあれば出世できたのは、「実力主義」だったからではなく、純粋な譜代家臣がいなかったからではないのか。

そして、いつから勝幡織田家に仕えはじめたかは、出身地でおおよそ判断できるのだ。そこで本書では、郡村レベルで織田家臣団の分析を行っていきたい。

本当に実力主義だったのか

信長にとって譜代家臣とは、清須織田家を統一した頃までに臣従していた家臣だったのだろう。

では、信長はかれらを横一線に並べ、純粋に能力だけで登用したのだろうか。

たとえば、信長青年期の重臣として、柴田勝家、佐久間盛重(もりしげ)・佐久間信盛、林秀貞(はやしひでさだ)（一般には通勝(みちかつ)）があげられる（『信長軍の司令官』）。信長はかれらをどのような基準で重臣に選んだのだろうか。この中の一人・佐久間信盛はのちに一七ヶ条の譴責(けんせき)状で高野山(こうやさん)に追放されており、本当に有能だったのか、実力主義で重臣に選ばれたのか疑わしい。

かれらが重臣として選ばれた基準は、個人的な動員能力だったのではないか。

たとえば、ゼネコンが土建会社を集めて巨大プロジェクトを行う時、発言が強い会社は①動員人数が多いか、②特殊技術を持っているかのいずれかであろう。

佐久間一族は尾張でも有数の国人領主で、数百人の動員能力があったと想定される。小領主でしかない丹羽長秀や佐々成政、家来さえいない羽柴秀吉に比べて圧倒的な発言権を有していたことは想像に難くない。

清須織田家を統一した頃、信長が柴田・佐久間を重臣にした基準は、国人領主としての動員能力であって、個人的な資質・能力ではなかっただろう。つまり、かれらは「実力主義」ではなく「門閥主義」で重臣に選ばれたということだ。

そして、かれらは青年期の信長にとって、従属的な家臣ではなかった。だから、信長は、重臣層に対抗すべく、丹羽長秀、前田利家（まえだとしいえ）などの子飼いの部将を育てようとしたのだろう。そして、やがて羽柴秀吉や明智光秀のような出自も明らかでない家臣の登用へと広がっていく。

信長が真の意味で実力主義だったならば、丹羽・羽柴・明智を抜擢した時点で、佐久間の与力を減らしたであろう。

しかし、信長は佐久間の与力を取り上げず、天正八（一五八〇）年まで二〇年以上も我慢し続けた。「重臣に列していたもので成果を上げていないとみれば、平気で追放処分としている」（前掲の歴史雑誌）というには、余りにも時間をかけすぎている。

むしろ、初期の重臣に気を遣っていたからとさえ思うのである。

そもそも柴田や佐久間を重臣に迎えたり、丹羽長秀や佐々成政のような小身の武士を抜擢せざるをえなかったのは、青年期の信長が置かれた特殊な状況に原因があったのではないか。それも元はといえば、父・信秀の織田一族における地位、そして信長に遺（のこ）していった環境の影響だと思われる。

そこで本書では、信長が家臣団を形成していく前提として、父・信秀が何を信長に遺していったのか、何を遺さなかったのかについても考えていきたい。

方面軍司令官

信長は版図を広げていくにあたり、有力家臣に大軍と大きな権限を与えて、戦国大名と敵対させ、特定の地域を統治させた（いわゆる「方面軍司令官」と呼ばれる）。

本書でも方面軍司令官について言及していくが、すでに谷口克広『信長軍の司令官——部将たちの出世競争』や和田裕弘『織田信長の家臣団——派閥と人間関係』で詳細に分析されているので、①個々の方面軍がどのように生成され、②どのような人員構成になっていたかに焦点を絞っていきたい。

本書の構成

本書ではまず、第1章から第3章で、父・信秀の時代から信長が上洛するまでの主要な合戦や尾張の政治状況を取り上げていく。そして、第4章で信秀の時代からどのように家臣団の母体が形成され、信長家臣団として再構築されたのかを検証していく。

第5章では上洛後に信長がどのように近江(おうみ)・越前(えちぜん)、畿内(きない)を治めていったのかをなぞり、第6章では「方面軍司令官」と呼ばれる有力部将の軍団がどのように生成され、どのような人員構成になっていたかを明らかにしていく。

そして、この方面軍という仕組みが、明智光秀に謀叛(むほん)を起こさせた原因になったのではないかと論じていきたい。

第1章　前史としての父・信秀

1　信秀の擡頭

守護代に仕える三奉行の家柄

織田信長を語る数多い記録の中で、比較的信憑性が高いといわれる『信長公記』では、信長の家系を以下のように語っている。

「尾張国は八郡から成る。上の郡四郡は、守護代・織田伊勢守（信安）が諸侍を味方にして支配し、岩倉というところに居城を構えていた。あとの半国、下の郡四郡は、守護代・織田大和守（達勝）の支配下に属し、上の郡とは川を隔てて、清須の城に尾張国の守護・武衛（斯波義統）を住まわせ、自らも同じ城内に住んで守護の世話をしていた。

織田大和守の家中に三人の奉行がいた。織田因幡守、織田藤左衛門（良頼、または寛故）、織田弾正忠（信秀）」

つまり、織田家は尾張守護・斯波家に仕える守護代の家系であるが、上四郡を支配する岩倉織田家（伊勢守家）と下四郡を支配する清須織田家（大和守家）の二家に分かれ、信長の家系はさらにその清須織田家の三分家の一つでしかなかったというのだ。

尾張図

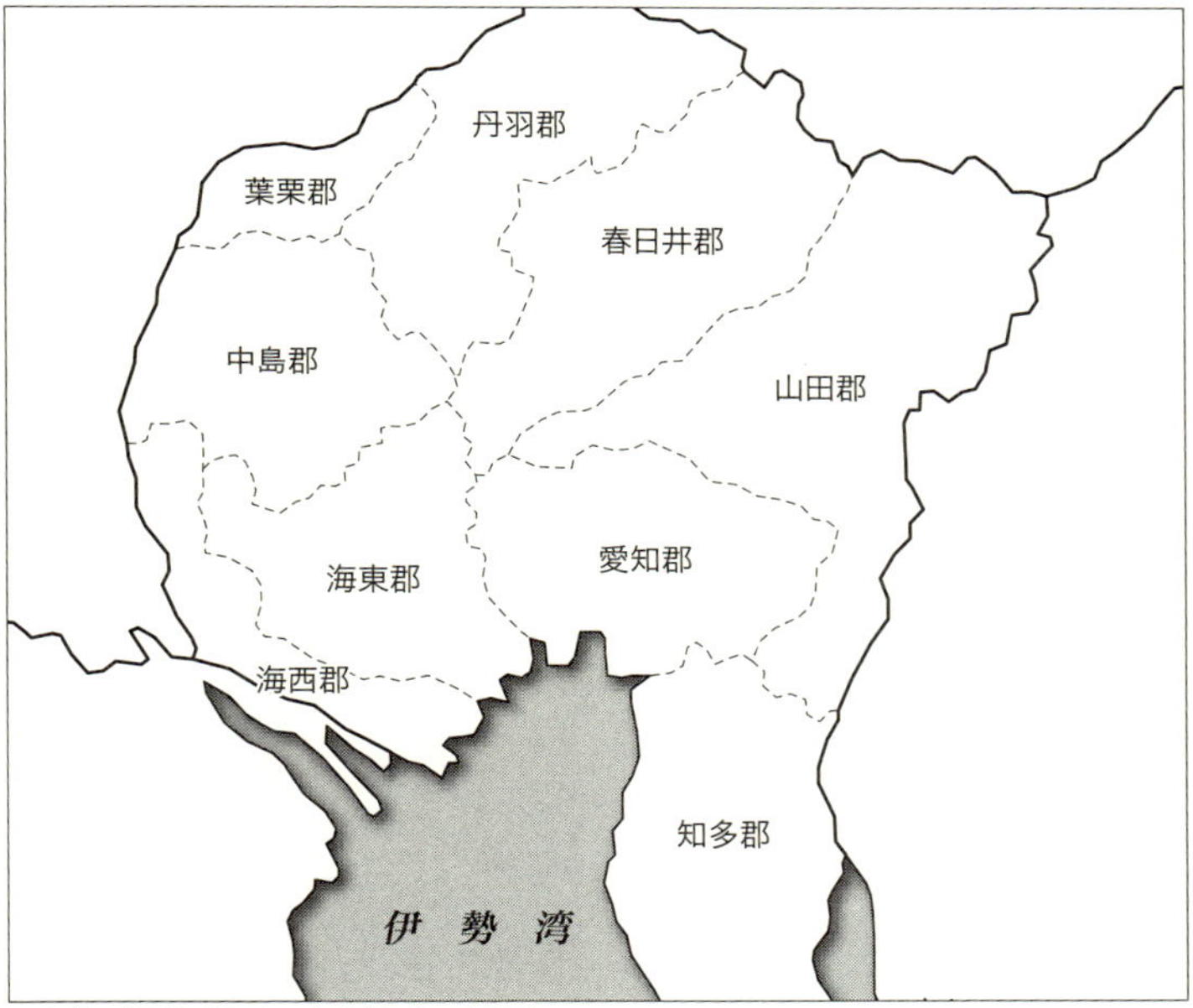

※出典　『長久手町史　本文編』を一部改変。
※註　　山田郡は16世紀前半に春日井郡と愛知郡に編入された。

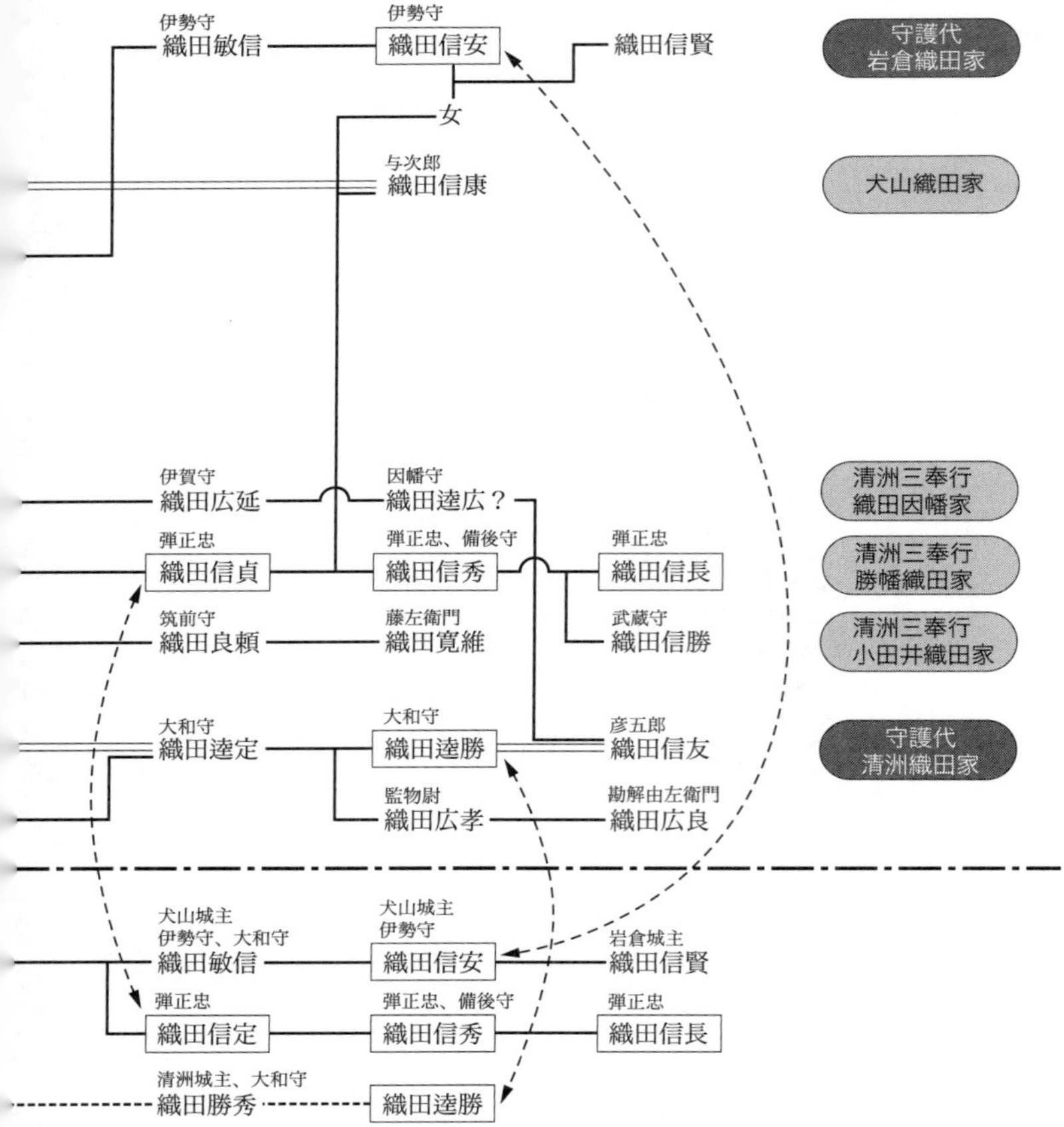
伊勢守
織田敏信
伊勢守
織田信安
織田信賢
女
守護代
岩倉織田家
与次郎
織田信康
犬山織田家
伊賀守
織田広延
因幡守
織田達広？
清洲三奉行
織田因幡家
弾正忠
織田信貞
弾正忠、備後守
織田信秀
弾正忠
織田信長
清洲三奉行
勝幡織田家
筑前守
織田良頼
藤左衛門
織田寛維
武蔵守
織田信勝
清洲三奉行
小田井織田家
大和守
織田達定
大和守
織田達勝
彦五郎
織田信友
守護代
清洲織田家
監物尉
織田広孝
勘解由左衛門
織田広良
犬山城主
伊勢守、大和守
織田敏信
犬山城主
伊勢守
織田信安
岩倉城主
織田信賢
弾正忠
織田信定
弾正忠、備後守
織田信秀
弾正忠
織田信長
清洲城主、大和守
織田勝秀
織田達勝

『尾張群書系図部集』掲載の織田家系図

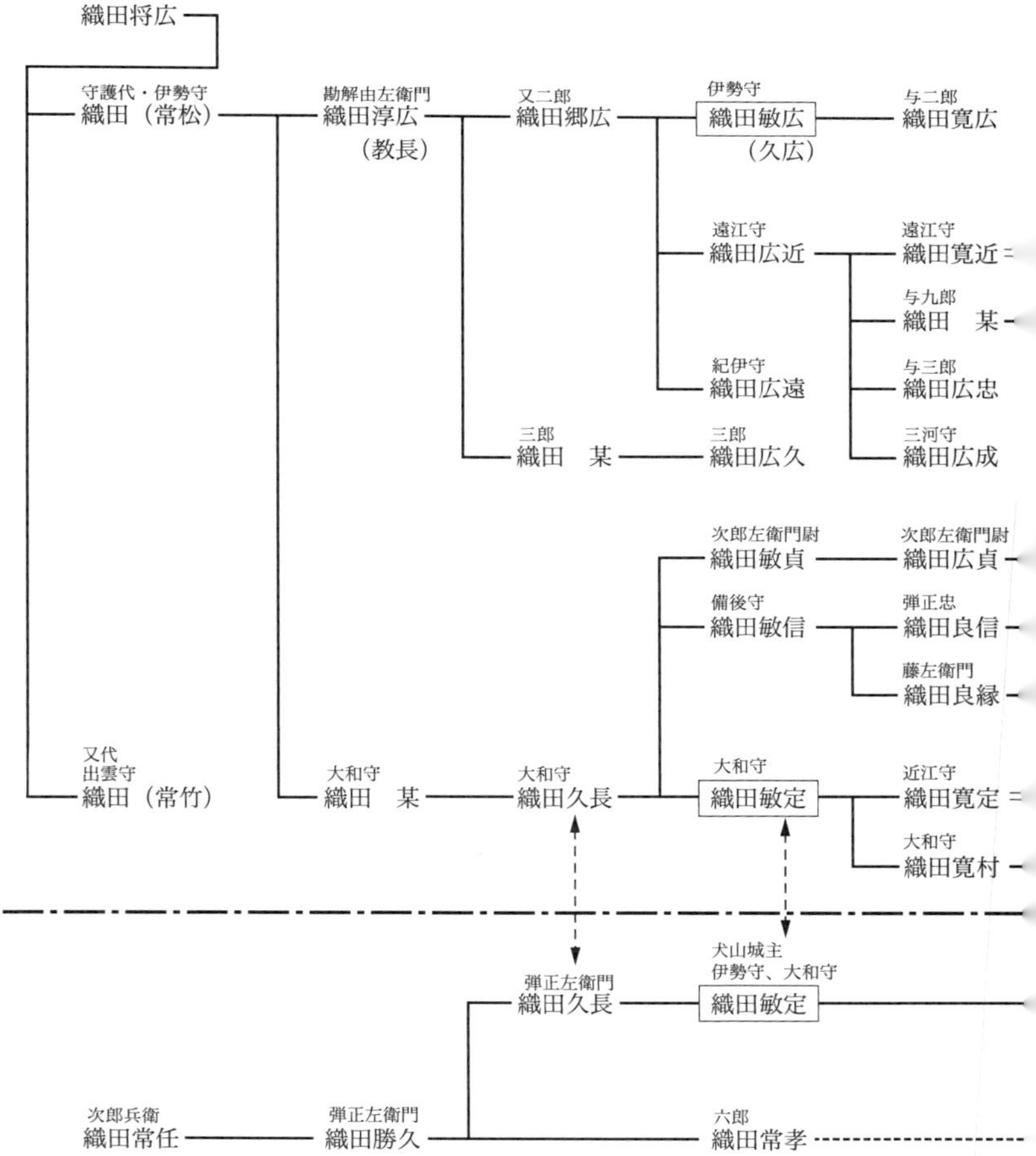

※実線は『寛政重修諸家譜』、破線は『群書系図部集』より。

父・信秀の略歴

清須織田家の庶流でしかなかった信長の家系（織田弾正忠家）は、父・織田弾正忠信秀（のち備後守、一五一一?～五二）の時代に擡頭し、後に信長が飛躍する礎を築いた。

以下、小和田哲男氏の文章を抜粋して、信秀の一般的なイメージを記しておこう。

「信秀は、尾張の統一に邁進すると同時に、美濃の斎藤道三、駿河の今川義元とも戦うという〝三面作戦〟を展開していた」

「信秀・信長が尾張を代表する戦国大名として登場してくる背景として、勝幡城を居城としていたことの意味は大きいものがあった。というのは、勝幡城にいて津島を掌握していたからである」

「信秀は、津島の商業活動を掌握することにより、経済力をつけていった。この経済力の優位が、主家である守護代家をも凌駕する条件となっていたのである」

「ところで、信秀は、勝幡城から那古野城に城を移している。（中略）天文三年以前であることはまちがいない。それまで那古野城には今川氏豊という部将がいた」

「尾張今川氏はほとんど実権を失っており、その間隙をつかれて、尾張中原への進出を虎視眈々とねらっていた信秀に乗ぜられたということになる。しかし、どういうわけか信秀はそのまま那古野城を自らの居城とはせず、そこには生まれたばかりの信長を置いて、天文四年（一五三五）には、古渡城に本拠を移している」

「そのころの清須織田氏の当主、すなわち、信秀の主家は織田達勝（たつかつ）であった。（中略）そのあとを織田彦五郎信友がついだものと思われる。しかし、達勝にしても信友にしても、信秀と正面きって戦うほどの力はなく、決定的な対決がないまま、信秀優位の状態で推移していったのである」

「信友が公然と動きはじめるのは、信秀の死後。（中略）信秀が生きているうちは、信友側としては手を出しかねていた様子がうかがわれる」（『織田信長事典』）

小和田氏が語る信秀像をまとめておこう。

織田信秀は勝幡城近くの商業地・津島を掌握することで経済力を蓄え、主家である清須織田家を圧倒していた。

信秀は尾張統一の野望を抱いていたが、敵対関係にあった清須織田家は信秀との直接対決を避けていたため、美濃の斎藤道三、駿河の今川義元という三方面の敵を相手にしていた。信秀は那古野城主・今川氏豊を放逐して、勝幡城から那古野城に城を移したが、どういうわけか古渡城に本拠を移した（後年、さらに末盛（すえもり）城に本拠を移している）。

清須織田家と対立していたのか

ここで、素朴な疑問がわく。

尾張国内に敵を抱えておきながら、隣国の美濃斎藤家や駿河今川家との合戦が可能かということである。

諸説あるが、信秀は天文九（一五四〇）年六月に三〇〇〇の兵を率いて三河安城（あんじょう）城を攻め落とし、天文一七（一五四八）年三月に三河小豆坂（あずきざか）で合戦に及んでいる。また、天文一三（一五四四）年九月と天文一七（一五四八）年一一月に美濃に攻め入っている。

清須織田家と対立関係にありながら、後顧の憂いもなく隣国へ出兵することは可能なのだろうか。

信秀の子・信長が織田一族の両守護代家（清須織田家、岩倉織田家）を倒して尾張を統一したため、従来は父・信秀もまた尾張統一を志し、その障碍（しょうがい）となる両守護代家と対立していたと考えられていた。

しかし、近年の研究では、信秀が清須織田家と協調関係にあり、むしろ、清須織田家の支援を受け勢力を拡大してきたと指摘されてきている。

郷土史家の横山住雄氏は「信秀は、国内においてはあくまで斯波氏三奉行の一員としての家格を遵守して行動しなければならず、かつまた国人（こくじん）層（同僚たち）の所領を奪って自領を拡張するわけにはいかない。信秀にはそうした制約があるから、自領の拡張は斯波・織田の支配圏以外の敵性的な土豪の所領を奪取するか、あるいは他国へ進出するほか無いと考えたのである」と指摘している（『織田信長の系譜』）。

２　那古野城攻略

信秀が頭角を現す契機となったのが、那古野城を攻略し、城主・今川左馬助氏豊（さまのすけうじとよ）を放逐したことである。

那古野今川家

今川氏豊は、駿河守護・今川義元（一五一九～六〇）の実弟だという。

ただし、駿河守護の今川家が那古野城を治めていたのではなく、駿河守護とは独立した今川家の庶流が那古野城に代々住んでいて、義元の弟がその養子に迎えられたのだという。

横山住雄氏は「那古野荘にも、鎌倉時代以来、地頭が補任（ぶにん）されていた可能性があり、室町時代になってからの地頭は、駿河今川家の分家であったらしい」（『織田信長の系譜』）と語る。下村信博氏は、那古野今川家は今川家の家祖・今川「国氏（くにうじ）の娘が嫁いだ名児耶（なごや）氏こそが、のちの今川那古野氏につながる」と推測している（『新修　名古屋市史　２』）。

ちなみに、尾張一国は守護・斯波家が全域を治めていたわけではなく、那古野近辺は鎌倉時代以来の今川家が治めていた。また、海東（かいとう）郡・知多（ちた）郡は三河守護の支配下にあり、他にも幕府奉公衆の所領が点在していた。

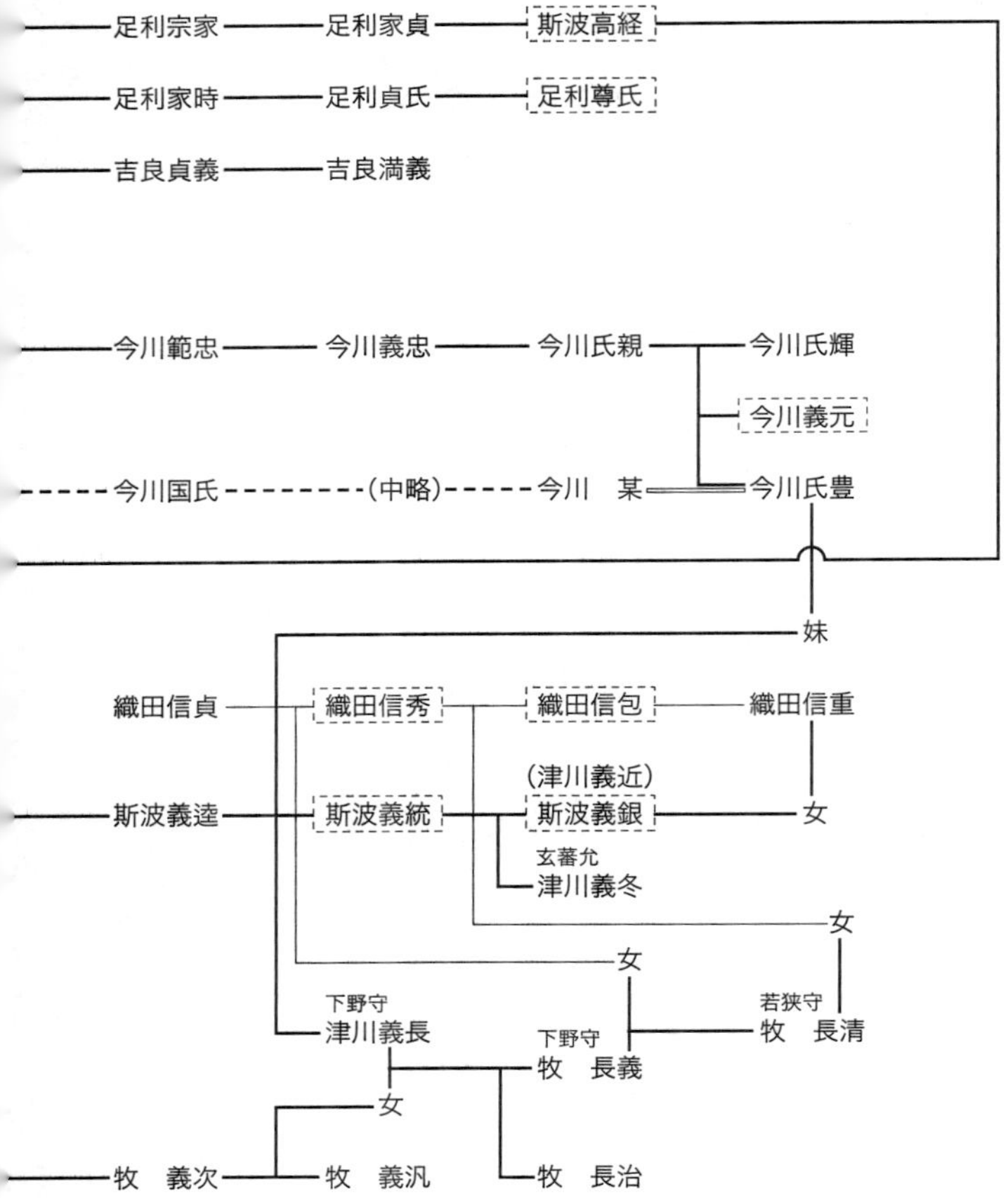
足利宗家
足利家貞
斯波高経
足利家時
足利貞氏
足利尊氏
吉良貞義
吉良満義
今川範忠
今川義忠
今川氏親
今川氏輝
今川義元
今川国氏
(中略)
今川　某
今川氏豊
妹
織田信貞
織田信秀
織田信包
織田信重
(津川義近)
斯波義達
斯波義統
斯波義銀
女
玄蕃允
津川義冬
女
女
下野守
津川義長
若狭守
牧　長清
下野守
牧　長義
女
牧　義次
牧　義汎
牧　長治

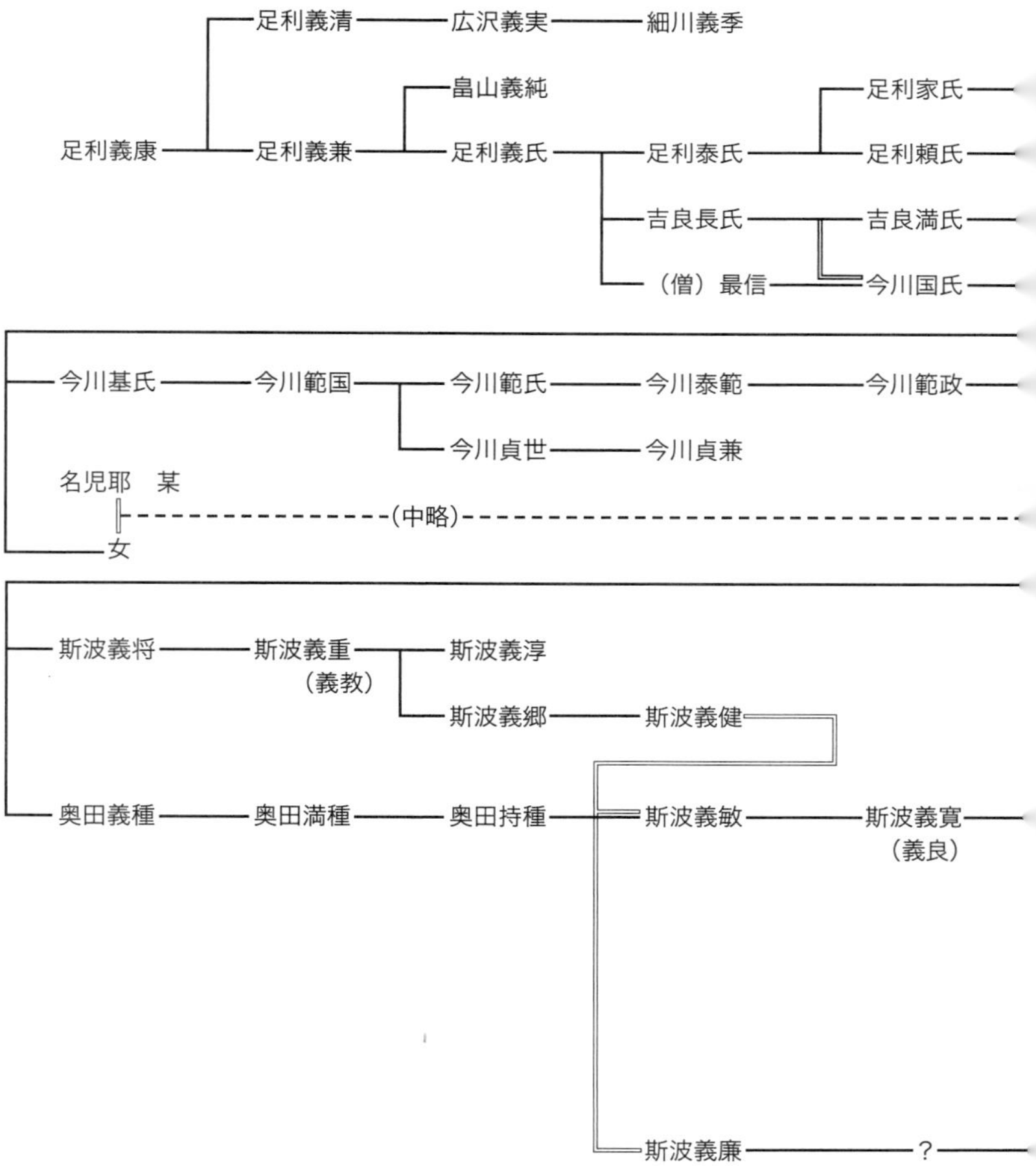
足利義康
足利義清
広沢義実
細川義季
足利義兼
畠山義純
足利義氏
足利泰氏
足利家氏
足利頼氏
吉良長氏
吉良満氏
（僧）最信
今川国氏
今川基氏
今川範国
今川範氏
今川泰範
今川範政
今川貞世
今川貞兼
名児耶　某
女
(中略)
斯波義将
斯波義重
（義教）
斯波義淳
斯波義郷
斯波義健
奥田義種
奥田満種
奥田持種
斯波義敏
斯波義寛
（義良）
斯波義廉
？

※二重線は養子を表す。

信秀の那古野城攻略

では、信秀はどうやって那古野城を攻略したのか。

「『名古屋合戦記』によれば、織田信秀は日ごろから今川氏豊と連歌のやり取りがあり、那古野城内に宿泊することも度々であったという。天文元年［享禄五年、一五三二］三月一一日に、同城内に宿泊中だった信秀は、急病と偽って多数の家臣を呼び寄せ、夜中に城内外から火を放って攻め寄せたので、不意を討たれた今川方は敗れ、氏豊は降参して京都へ逃れたという」（『新修　名古屋市史　2』）。

ちなみに、『名古屋合戦記』は良質の史料ではなく、「その記述はそのまま史実として認めがたい箇所が少なくない」という。たとえば、氏豊放逐の年次も、最近の学説では、天文七（一五三八）年のことだといわれている。

その天文七年一〇月に、守護代・織田達勝が性海寺（稲沢市）に対する那古野への夫丸（普請人足の徴発）を免除するように命じた書状がある。

急度申遣し候、仍て性海寺寺内の事は、先々より諸役免許の儀候の条、今度那古野へ夫丸の儀、相除くべく候、

謹言

天文七

十月九日（織田逵勝花押）
　豊島隼人佐とのへ
　鎌田隼人佐とのへ
　林九郎左衛門尉とのへ
　　林丹後守とのへ

この夫丸は那古野城修築のためだと推測され、「信秀の号令ではなくて守護代が那古野城修築のために指示を与えているということは、今川氏を駆逐して得た領域について、守護の斯波義統が信秀の領有を承認していたことを示すものといえる。形式的なことであるが、守護の名において、信秀に勝幡から那古野城への移転が下命されたのも間違いないだろう」（『織田信長の系譜』）。

つまり、那古野城攻略は、信秀が単独で行ったものではなく、守護代・清須織田家、さらにいえば、尾張守護・斯波（しば）家の承認下で実行されたのだ。そもそも、今川氏豊の正室は守護・斯波義統（よしむね）の妹といわれ、義統の承認なくして那古野城攻略はありえない。

那古野城での体制

実は『信長公記』では、信秀が那古野城を攻略したことが省かれ、あたかも信秀が那古野城を構築したように記している。

「ある時、弾正忠（信秀）は尾張国の那古野に来て、ここに堅固な城を築くように命じ、この城に、嫡男の織田吉法師（信長）を住まわせた。一番家老に林新五郎（佐渡守秀貞）、二番家老に平手中務丞(ひらてなかつかさのじょう)（政秀(まさひで)）、三番家老に青山与三右衛門(よそうえもん)、四番家老に内藤勝介、これらの宿老をつけ、（中略）弾正忠は、那古野の城は吉法師に譲り、自分は熱田(あつた)の近くの古渡(ふるわたり)というところに新しい城を造って居城とした」

信長家臣団研究の第一人者・谷口克広氏は、天文一五（一五四六）年一月に信長が元服して那古野城を譲られたと推測し、その二年前に討ち死にしている青山与三右衛門が『信長公記』で三番家老として記述されているのが不審だと指摘している（『信長軍の司令官』）。

おそらく、林佐渡守以下の四家老は、信秀が那古野城に移った際の体制なのだろう。信秀が家老もろとも城を信長に譲ったと記すべきところを混乱したのではないか。二番家老の平手政秀は勝幡以来の信秀の重臣であり、三番家老の青山与三右衛門（青山余三左衛門秀勝(よそうざえもんひでかつ)）も信秀の被官らしい。内藤勝介は小身で、家老ではないという説がある。

これらに対して、一番家老の林佐渡守は林八郎左衛門の子で、清須織田家の被官・林九郎に連なる人物だと推測される（『織田信長の系譜』）。先の織田達勝発給の書状にも「林九郎左衛門尉」「林丹後守」が宛先に挙げられており、林家が清須織田家の有力被官であったことを物語っている。

那古野今川家の旧臣

居住地	現在の地名	家　名
愛知郡大秋村	名古屋市中村区大秋町	大秋氏
愛知郡中村村	名古屋市中村区	中村氏
愛知郡中野高畠村	名古屋市中村区亀島町	中野氏
愛知郡広井村	名古屋市中村区名駅	大屋氏、古橋氏
春日井郡野田村	春日井市熊野町	薬師寺氏
春日井郡田幡村	名古屋市北区田幡	柴田氏
春日井郡福島村	？	安食氏
春日井郡前津村	？	山田氏
愛知郡古井村	？	城戸氏、名古屋氏
愛知郡笠寺村	名古屋市南区笠寺町	戸部氏

つまり、那古野城攻略は清須織田家が発案したもので、城主・今川氏豊と親しい信秀がその実行役に選ばれた。氏豊放逐後、清須織田家の指示の下で那古野城は修復され、信秀が城代となったが、清須織田家の被官・林佐渡守が附（つけ）家老としてその筆頭家老に選ばれた。そんな筋書きではなかろうか。

今川家旧臣の家臣化

『新修　名古屋市史　2』では、天野信景（さだかげ）が編纂した『尾張国人物志略』をもとに、那古野今川家臣団を推定し、「家臣の伝承地からみれば、今川那古野氏は、庄内川と天白川（てんぱく）に挟まれた愛知郡・春日井郡南部のかなり広範な地域を勢力下において」いたと指摘している。

那古野城攻略で、信秀は今川家旧臣や那古野城周辺の土豪を家臣化していったようだ。

那古野城攻略の四年後、天文一一（一五四二）年八月に比定される小豆坂（あずきざか）の合戦で、「其時（その）よき働（はたらき）の衆」（『信長公

那古野今川家の家臣分布図

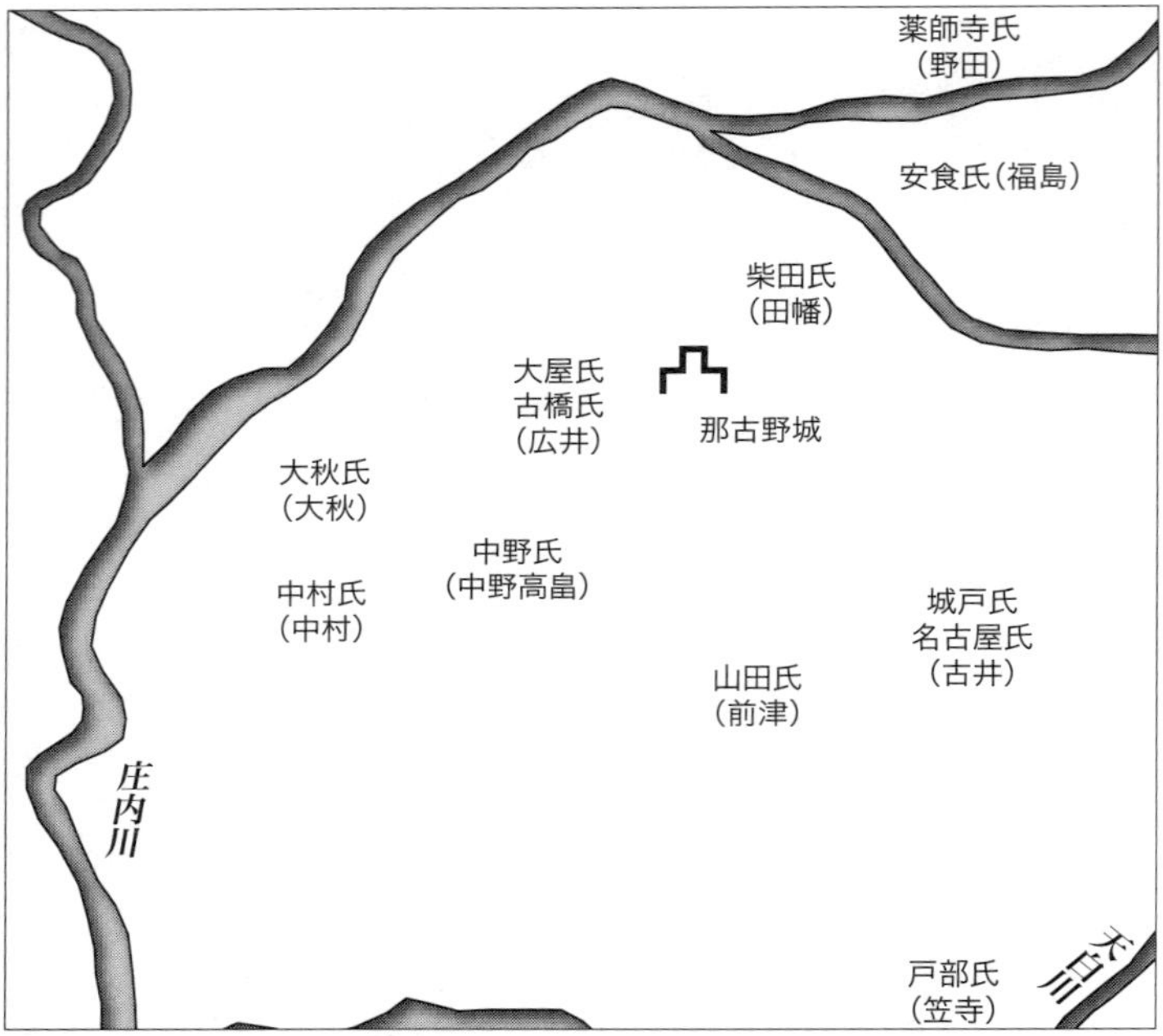

※出典　『新修　名古屋市史　2』。

記』）として以下の名を挙げている。

・織田備後守（信秀）
・織田与二郎殿（信康）、信秀の弟。
・織田孫三郎殿（信光）、信秀の弟。
・織田四郎次郎（信実）、信秀の弟。
・織田造酒之丞（信房）
・内藤勝介
・那古野弥五郎、古渡村（名古屋市中区古渡町）。
・下方左近（貞清）、上野城主（名古屋市千種区鍋屋上野町）。
・佐々隼人正、成政の兄。比良村（名古屋市西区山田町）。
・佐々孫介、成政の兄。
・中野又兵衛（一安）、中野高畠村（名古屋市中村区亀島町）、妻は今川氏豊の娘。
・赤川彦右衛門
・神戸市左衛門
・永田次郎右衛門
・山口左馬助（教継）、星崎・鳴海城主（名古屋市南区本星崎町、緑区鳴海町）。

このうち、少なくとも下方左近、佐々隼人正・孫介兄弟、中野又兵衛、山口左馬助、那古野弥五郎は今川家の旧臣と思われる。

ただし、那古野弥五郎は「清洲衆にて候、討死候なり」と『信長公記』に記されており、今川家旧臣すべてが信秀に従ったわけではなく、清須織田家（もしくは斯波家）に仕えた者、もしくは遁世（とんせい）した者などがいたようである。

『新修　名古屋市史　2』では、「小瀬甫庵（おぜほあん）の『信長記』では後に『小豆坂の七本鑓（やり）』と称された、信秀方として活躍した七人を、織田孫三郎、同造酒丞、下方左近（当時屋三郎、一六歳）、岡田助右衛門尉（『信長公記』に見えず）、佐々隼人正、弟同孫介（一七歳）、中野又兵衛（当時そち、一七歳）としている。甫庵によれば、まだ一〇代の若者の活躍が目立つ。これが、信秀方の軍勢の参加者に若年者が多かったことの反映かどうか、興味をひかれる記事ではある」と指摘している。

ちなみに、『信長公記』の首巻で「清洲に那古野弥五郎とて、十六・七若年の人数三百ばかり持ちたる人あり」という記事が紹介されている。那古野弥五郎は小豆坂の合戦で討ち死にしたので、その嫡男が跡を継ぎ、襲名した者であろう。一六～一七歳で三〇〇人の兵を持つというから、かなりの大身の武士である。これに対して、佐々の居城・比良城は『信長公記』に「小城」と記されており、佐々兄弟は小身の武士だったようだ。

今川家の旧臣の中でも大身の侍は、清須織田家やその息がかかった林佐渡守の与力とされ、信秀家臣団には小身の侍や若年の庶子しか附けられなかったのではなかろうか。

信秀、古渡城へ移る（天文一五年頃）

信秀は那古野城を攻略して移り住んだが、信長に那古野城を譲って、「どういうわけか」（『織田信長事典』における小和田哲男氏の表現）古渡城に本拠を移した。なぜ、信秀は古渡城に移転したのか。そして、なぜ信秀は信長を古渡城に連れて行かなかったのか（なぜ信長に那古野城を譲ったのか）。また、いつ信秀が古渡城へ移転したのかも、わかっていない。

古渡城への移転は、古くは天文三（一五三四）年から天文一一（一五四二）年、天文一七（一五四八）年までいくつかの説がある。

谷口克広氏は「信長の元服は、十三歳の時、つまり天文十五年である。推測にすぎないが、この元服を契機として那古野城を譲られたのかもしれない」と指摘している（『信長軍の司令官』）。

横山住雄氏も信長の元服が古渡城への移転のきっかけになったと記している。「信長の元服は天文十三年以前であるが、その後しばらくして、信長を那古野城で独立させ、自らは古渡に新城を築いて天文十五・六年頃に移った可能性が強い」と指摘しているのだ（『織田信長の系譜』）。

筆者も、信秀は信長を元服させ、別家として独立させたのではないかと考えている。

後述するが、天文一三年の美濃稲葉山城攻めで織田軍が大敗し、三奉行の一人・織田因幡守が討ち死にしている。

因幡守家の本拠地がいずれかは不明であるが、『新修　名古屋市史　2』では「この系統の一族の拠点として、松葉城を検討してみてはどうであろうか」と提唱している。この松葉城は天文二一（一五五二）年には信長方の城として『信長公記』に登場しているので、信長が因幡守家を継いだという見方はできないか。

守護代・織田大和守達勝の養子を因幡守の子とする説がある。因幡守家の嗣子が守護代を継ぎ、因幡守家を信長が継ぐというシナリオは考えられないだろうか。

三奉行という職制が実際にあったのか疑問視する説もあり、かつ、そのような職制があったとしてもすでに有名無実化されていた可能性があるが、「三奉行」を「守護代の有力な庶流三家」と考えれば、その筆頭である因幡守家が守護代・大和守家を継承する代わりに、着実に勢力を高めつつあった信秀の嫡男・信長を因幡守家の継嗣に迎えるという策は、いずれの家にとっても好都合であろう。そう考えると、信秀が晩年過ごした末盛城を、信長の弟・信勝（一般には信行）が継承したことも納得がいく。

3　三河攻略

信秀の三河攻略とその前提

話を信秀の那古野城時代に戻そう。

那古野城に移った信秀は、尾張愛知郡の東部に徐々に勢力を伸ばし、隣国三河にしばしば攻め入った。

『信長公記』では、天文一一（一五四二）年八月一〇日の小豆坂の合戦しか記述がないが、これ以外に少なくとも、天文九（一五四〇）年六月の三河安城城の攻略、天文一七（一五四八）年三月一九日の小豆坂の合戦の三度の出陣がある（後述するが、天文一一年の合戦はなかったとの説がある）。

また、天文一六（一五四七）年八月の人質・松平竹千代（のちの徳川家康）奪取、天文一八（一五四九）年三月の岡崎城主・松平広忠（家康の父）の暗殺は信秀の差し金であり、天文九年から天文一八年まで安城城に庶長子・織田信広を置いて西三河を占領していた。

戦国時代、三河を治めていたのは、徳川家康の先祖にあたる松平家だった。

家康の祖父・世良田次郎三郎清康（一般には松平清康。一五一一?～三五）は三河をほぼ統一し、享禄三（一五三〇）年頃から東尾張に出兵。岩崎城（日進市岩崎町）、品野城（瀬戸市上品野町）を攻略。品野城を叔父の桜井松平与一信定（一四九九?～一五三八?）に与えたという。

そして、天文四（一五三五）年一二月、清康は尾張守山（名古屋市守山区）への出陣中、その陣中で家臣・阿部弥七郎に暗殺されてしまう。いわゆる「守山崩れ」である。時に清康の嗣子・千松丸（のちの松平広忠。一五二六?～四九）はまだ一三歳だった（『三河物語』等で一三歳と記されているが、享年から逆算して一〇歳とする説もある）。

そこで、桜井松平信定が岡崎城に入城、千松丸を追放して、事実上の当主となった。信定は大永六（一五二六）年以前から尾張守山に館を持ち、織田家の人びとと交流があったという。そのためもあったのか、千松丸は家臣に連れられて伊勢に逃れた後、駿河今川家を頼った。

ところが、当時、今川家は当主・氏親が急死し、家督相続で家中が二分している真っ最中だったから、千松丸に力を貸す余裕などなかった。騒動が終結した後、天文六（一五三七）年六月に千松丸は今川家の支援で岡崎城に戻り、当主の座を奪還した。

ちなみに、桜井松平信定は織田家と交流関係があっただけでなく、婚姻関係をも結んでいた。すなわち、信定の嫡男・清定が織田信秀の姉妹と結婚し、信秀の弟・織田孫三郎信光は松平信定の娘と結婚しているのだ。しかし、天文四年の段階で婚姻関係が成立していたか否かは不明である。

安城城攻略（天文九年）

隣国三河の松平清康はしばしば東尾張を侵略し、尾張の織田家は防戦一方だったが、清康が横死すると、一転、織田家が三河に攻め入るようになる。

天文九（一五四〇）年六月、信秀は三河安城城（安城市）を攻め落とし、庶長子・織田三郎五郎信広を安城城に置いた。

この合戦は天文一三（一五四四）年説もあるが、安城松平家の菩提寺・大樹寺の過去帳には、天文九年に安城城の守将・松平左馬助長家（清康の大叔父）が討ち死にしたことを伝えているから、天文九年のことだと考えてよいだろう。

岡崎城主・松平広忠の家系は元々安城を本拠とし、清康の代に岡崎に移転してきた。松平家にとって、安城城は地理上の要衝であるだけでなく、精神的にも支柱となるべき重要拠点である。ではなぜ、それが簡単に陥落してしまったのか。

横山住雄氏著『織田信長の系譜』には「織田信秀は天文九年六月に、三千の兵を引き連れて西三河へ侵入した」とある。この三〇〇〇という兵力は、三河松平家からすると途方もない数字だった。

戦国期の松平家研究者・煎本増夫氏は、広忠の子・徳川家康が桶狭間の合戦で動員した兵力を、「家臣総数は二五〇人（騎）以上、雑兵を入れると少なくとも二〇〇〇人の兵力となるのではないか」と推定している（『戦国時代の徳川氏』）。

しかし、広忠時代は松平家の衰退が激しく、二〇〇〇人もの動員は難しかったと思われる。『三河物語』によれば、三ツ木松平信孝が挙兵した時、その兵は「五百ばかり」であったにもかかわらず、広忠軍と激戦を繰り広げ、緒戦では信孝が勝利を収めている。

つまり、当時の松平家には数百レベルの動員能力しかなく、数千レベルの信秀軍の前には為す術もなかったのだ。

さらに松平庶家の一つ・佐々木松平の三左衛門忠倫が信秀に内応し、「桜井の清定もどうやら信秀に心を寄せたらしい。（中略）かくて矢作川以西の大部分は織田方といえる状況となった」（『新編　岡崎市史2　中世』）。

第一次小豆坂の合戦（天文一一年）

ではなぜ、信秀軍は余勢を駆って岡崎城攻略を目指さなかったのか。

それは、広忠が今川家に大規模な出兵を要請し、信秀軍と対決可能な状況をつくったからであろう。

それこそが天文一一（一五四二）年八月一〇日の第一次小豆坂の合戦に他ならない。

俗に「第一次」というからには、二回以上の小豆坂の合戦があった。第二次戦は天文一七（一五四八）年三月一九日にあったといわれている。

しかし、織田側の史料『信長公記』、松平側の史料『三河物語』は、ともに小豆坂の戦いを一回しか記述していないので、二回ではなく、一回しかなかったとの説もある。

下村信博氏が小豆坂の合戦についてまとめているので、以下に紹介したい。

「『信長公記』には「八月上旬」とだけあって、年は記されておらず、信頼すべき同時代史料には、天文一一年八月一〇日の小豆坂の戦いはみられない。むしろ、天文一七年三月一九日の小豆坂の戦いについて、大久保忠教（ただたか）の『三河物語』や、今川義元の感状などの信頼すべき史料がみられる。（中略）

しかし、近年『静岡県史』は、今川氏の軍勢が天文一一年に西三河まで進出していたとは考えがたいと、第一次戦を疑問視している。横山住雄・小和田哲男氏など、天文一七年の戦いのみとする研究も少なくない。

だが、『信長公記』の「八月上旬」の戦いと、天文一七年三月一九日の戦いでは、月日の混同とするには相違がありすぎる。また、『信長公記』によれば、小豆坂の戦いで活躍した織田与二郎（信秀弟）は、天文一三年（天文一六年説も）の稲葉山城下の戦いで戦死しており、天文一七年の小豆坂の戦いに参加することはありえない。（中略）現在のところ、両論を併記して、今後の検討の結果を待ちたい」（『尾張織田氏』所収の下村論文）。

筆者は第一次小豆坂の合戦があったと考えている。

『信長公記』の「小豆坂の合戦」の項の末尾に「是（これ）より駿河衆人数打納（にんじゅううちい）れ候なり」と記されている。すなわち、これ以降、駿河今川家の軍勢が三河に侵入するようになったというのだ。天文一五（一五四六）年に今川家は今橋城（いまはし）（豊橋市）を攻め、天文一六（一五四七）

年には医王山（岡崎市羽栗町）に砦を築いている。小豆坂の合戦が天文一七年にしかなかったのであれば、このような記述はされなかっただろう。

人質・竹千代の奪取（天文一六年）

織田軍が安城城を占拠した危機を目の前にして、こともあろうに岡崎の松平家臣団は「御家騒動」を起こしてしまう。広忠の叔父・三ツ木松平蔵人信孝（一五一一？〜四八）の勢力拡大を恐れ、天文一二（一五四三）年一月に信孝を追放。信孝は織田方に翻って敵対した。

さらに同年七月に尾張小河城主・水野下野守忠政（広忠の正室・於大の方の父）が死去すると、嗣子・水野信元は今川―松平家と袂を分かち、織田家と同盟を結んでしまう。

岡崎城主・松平次郎三郎広忠は刺客を送って、信秀方の佐々木松平忠倫を暗殺することに成功するが、信秀は三河攻略を諦めなかった。これを聞いた今川家は、援軍として遠州勢を三河に差し向けた。その代わり、天文一六（一五四七）年八月に広忠は嫡男・竹千代（のちの徳川家康。一五四二〜一六一六）を今川家への人質に差し出す。

ところが、駿河への輸送中、竹千代は三河田原城主・戸田堯光（広忠継室の兄）に略奪され、織田信秀に引き渡されてしまう。

松平家研究の第一人者・新行紀一氏は「竹千代奪取事件の最大の謎は、戸田氏が長年の今川氏への服属関係を破棄して、なにゆえ信秀と結んだかである」と問題提起し、信秀から「西三河分割案などが提示され、それに乗せられた」のではないかと推測している（『新編　岡崎市史2　中世』）。これに対し、横山住雄氏は「信秀はいつでも尾張一国中に頼み勢いをかけ得る力を持っていて、（中略）三ヶ国にまたがる強大な実効支配をしていた」から、戸田家が信秀に靡いたのだと評している（『織田信長の系譜』）。

筆者は、当時の信秀にはそこまでの力がないと考えている。純粋に戸田堯光が信秀から持ちかけられた大バクチに乗ったのだろうと思っている。

もし、竹千代奪取で広忠が織田家に付いたなら――たった一人の子どもを誘拐するだけで、三河が一夜にして今川方から織田方にひっくり返り、ひいては東海地方の勢力図を大きく変えることになる――信秀からそんな遠大な構想を聞かされ、戸田堯光は魅入られたのであろう。

信秀は竹千代を熱田の商家・加藤宅に置いて人質とした。

しかし、広忠は竹千代よりも御家大事を優先し、今川家への義理を立てた。

一方、今川家は離反した田原戸田家をゆるさず、田原城を攻めて九月に攻め落とす。堯光の賭けは高くついたのである。

第二次小豆坂の合戦（天文一七年）

嫡子・竹千代が織田家に奪取されてもまだ、広忠は織田家に付こうとしなかった。そこで、今川家は軍師・太原崇孚（たいげんすうふ）雪斎（せっさい）に大軍を委（ゆだ）ね、三河へ派遣した。

これを聞いた信秀も三河に出陣。笠寺（かさでら）（名古屋市南区笠寺町）、鳴海（名古屋市緑区鳴海町）を経て、安城城に着いた。信秀軍は上和田村（岡崎市上和田町）の砦に移り、馬頭（ばとう）（岡崎市美合（みあい）町）の原へ向かって東に軍を進めた。一方、今川軍は藤川村（岡崎市藤川町）を発（た）って上和田へ向かった。

天文一七年三月一九日、小豆坂（岡崎市羽根町）で両軍が遭遇。合戦に及んだ。勝敗は曖昧（あいまい）なまま終わったようだが、結果として、西三河で今川勢の勢力が優位になった。

広忠暗殺と安城城落城（天文一八年）

信秀は膠着（こうちゃく）状態を打開するため、天文一八（一五四九）年三月に刺客を放って、広忠を暗殺する。

当主が暗殺され、遺児・竹千代が織田家の人質になっている状況では、岡崎家臣団がいつ今川家から離反してもおかしくない。

そこで、同年一一月、今川家は太原崇孚雪斎を安城城に差し向けて陥落させ、信秀の庶長子・織田信広を生け捕りにして、織田方の人質となっていた竹千代と交換。竹千代を今川家の人質として、西三河を完全に今川家の勢力範囲に収めたのである。

最近の学説

最近の学説では、従来とまったく異なる説が提唱されている。

すなわち、「今川義元が天文十五年（一五四六）十一月ごろから、今橋城を攻撃しはじめた。天文十六年（一五四七）になって、織田信秀が、今川義元と相談のうえで三河へ侵攻し、安城城を攻め破り、岡崎城を包囲した。それによって、今川義元は今橋城を陥落させることができた。同年六月十三日以前である。そして、九月上旬には家康の父松平広忠が織田信秀に降参した」というものである（『家康研究の最前線』）。

この説を初めて提唱したのは、村岡幹生氏である。

氏は「天文十六年九月上旬に岡崎城が織田の攻撃にさらされたことは間違いない事実として確定できる。しかし、織田が岡崎を攻落したとまで断定することはできず、かりに広忠が降参したとしても、信秀が三河から退去してほどなく岡崎城主としての地位を回復したとみられる」と指摘し、竹千代が今川家への人質護送中に戸田氏に奪取されたのではなく、信秀が直接「竹千代を広忠から差し出させたとみるのは、確証はないにしても、状況としてははるかに合理的で無理のない想定といえる」と述べている（「織田信秀岡崎攻落考証」『中京大学文学会論叢』二〇一五）。

松平家研究の第一人者である平野明夫氏も村岡説に同意し、「定説とは異なり、このころ、織田と今川は連携していたのである。したがって、織田と戦う広忠は、両者を敵にしていたことになる」と指摘している（『家康研究の最前線』）。

村岡氏の新説は魅力的ではあるが、主家・松平家の苦難をことさら強調したがる『松平記』『三河物語』が、なぜ岡崎城の陥落を記述していないのか不自然さを覚えるとともに、これまで定説で伝えられてきた事項との整合性が保たれるかを考え、本書では参考補記するにとどめたい（何より新説では戸田堯光の竹千代略奪がなかったことになってしまう。この話が虚構だったなら、有力譜代大名・戸田家は、不名誉な虚構話になぜ抗議しなかったのだろうか）。

今川家の尾張進出と和議（天文一九年）

『定光寺年代記』に「天文十九年、尾州錯乱、八月駿州義元五万騎にて智多郡へ出陣、同雪月皈陣（きじん）」（＝一五五〇年に尾張で争乱が起きた。八月に駿河の今川義元が五万の兵を率いて知多郡に出陣し、同年一二月に帰陣した）との記述がある。

横山住雄氏は、この時期に西三河（豊田市、西尾市）および東尾張（瀬戸市）の寺社に今川義元が禁制を出していることから「義元の尾張侵入は知多郡のみに留（とど）まらず、山田郡（瀬戸市）方面にも及んだのは確かである。しかし、義元の進撃は国境から一気に古渡城・那古野城・末森城などの信秀本拠地を攻めることなく、国境周辺にとどまり深入りをしなかった」と指摘している（『織田信長の系譜』）。ただし、山田郡は一六世紀前半に春日井郡と愛知郡に分割編入されたといわれている）。

横山氏の推測によれば、義元の知多郡侵入は「三河国内から信秀の勢力を一掃することに目標があったらしく」、信秀に味方して籠城していた三河刈谷城主・水野藤九郎守忠を攻略することにあった。ところが、末盛城と刈谷を結ぶ拠点の鳴海城主・山口左馬助教継が今川方に内応したため、信秀は刈谷城の支援を断念し、城主以下の赦免を条件に開城させた。義元は「苅屋城の投降でその目的は達せられたので、撤兵」したのだという。

教継は那古野今川家の旧臣と考えられ、那古野城攻略後は信秀に付いて、特に「御目を懸けられ」、第一次小豆坂の合戦では「其時よき働の衆」の一人に数えられている。『新修　名古屋市史　2』では、この動きを織田信秀と今川義元が和議を結び、その講和条件として刈谷開城があったと解釈しているが、単に教継が今川家に内応しただけとも考えられる。講和があったとしても、信秀はその頃から病に伏したようで、「信秀・今川氏の和睦は一時的なものに終わったと考えられる」（『新修　名古屋市史　2』）。

4　美濃出兵

信秀の美濃出兵とその前提

冒頭で述べたように、信秀は三河だけではなく、美濃にも出兵している。『信長公記』に「織田信秀は尾張の国中から援軍を得て、ある月は美濃の国へ出陣、また翌月は三河の国へ軍勢を出すという忙しさであった」という一節がある。信秀は三河攻略の合間を縫って、美濃に度々攻め入った。

『信長公記』では二度（三カ所）にわたって、信秀の美濃出兵を記している。すなわち、天文一三（一五四四）年九月に越前朝倉軍とともに斎藤道三を攻めて大敗北を喫したことと、天文一七（一五四八）年一一月の美濃大垣城守戦の後方支援である。

横山住雄氏の説に従えば隣国美濃では、永正一〇年代（一五一三〜二一年）以来、守護・土岐政房の子、土岐次郎（頼武、頼純ともいう）と土岐頼芸の兄弟が争乱に及び、頼武は大永五（一五二五）年に死去。その後、頼武の子・土岐次郎頼充と頼芸の抗争へと発展したが、天文六（一五三七）年頃に両者が講和するに至った。ところが、天文一二（一五四三）年頃、頼芸派の斎藤道三が、土岐頼充の居城・大桑城（岐阜県山県市大桑町）を攻略。頼充は難を逃れて、尾張の斯波――清須織田家を頼り、母の実家である越前守護・朝倉家にも出陣を要請したという（『斎藤道三と義龍・龍興』）。

稲葉山城攻め（天文一三年）

横山住雄氏は「合戦は、頼充の頼みで織田信秀と朝倉孝景が出兵するという図式であったが、公式には、美濃の守護となるべき頼充が、越前守護の朝倉氏と尾張守護の斯波氏に出兵を要請するというものであった」と指摘して以下の文書を掲げ、織田軍の「兵はほとんど信秀の輩下で占められているといっても過言ではなかった」と記している（『斎藤道三と義龍・龍興』）。

> このたびの出陣の儀について、則ち使者をもって申すべきの処、手法・陣執等取り乱れ、延引は慮外に候。其の口の義、早々執り詰めらるの段、祝着至極に候、委細霜台（弾正忠の唐名＝信秀）演説有るべく候、猶神戸治部丞申すべく候、恐々謹言
>
> 九月十二日　　頼充（花押）
>
> 織田大和守（達勝）殿

天文一三（一五四四）年八月、織田・朝倉連合軍が美濃に出陣した。その数は二万五〇

天文１３年　美濃稲葉山城攻め

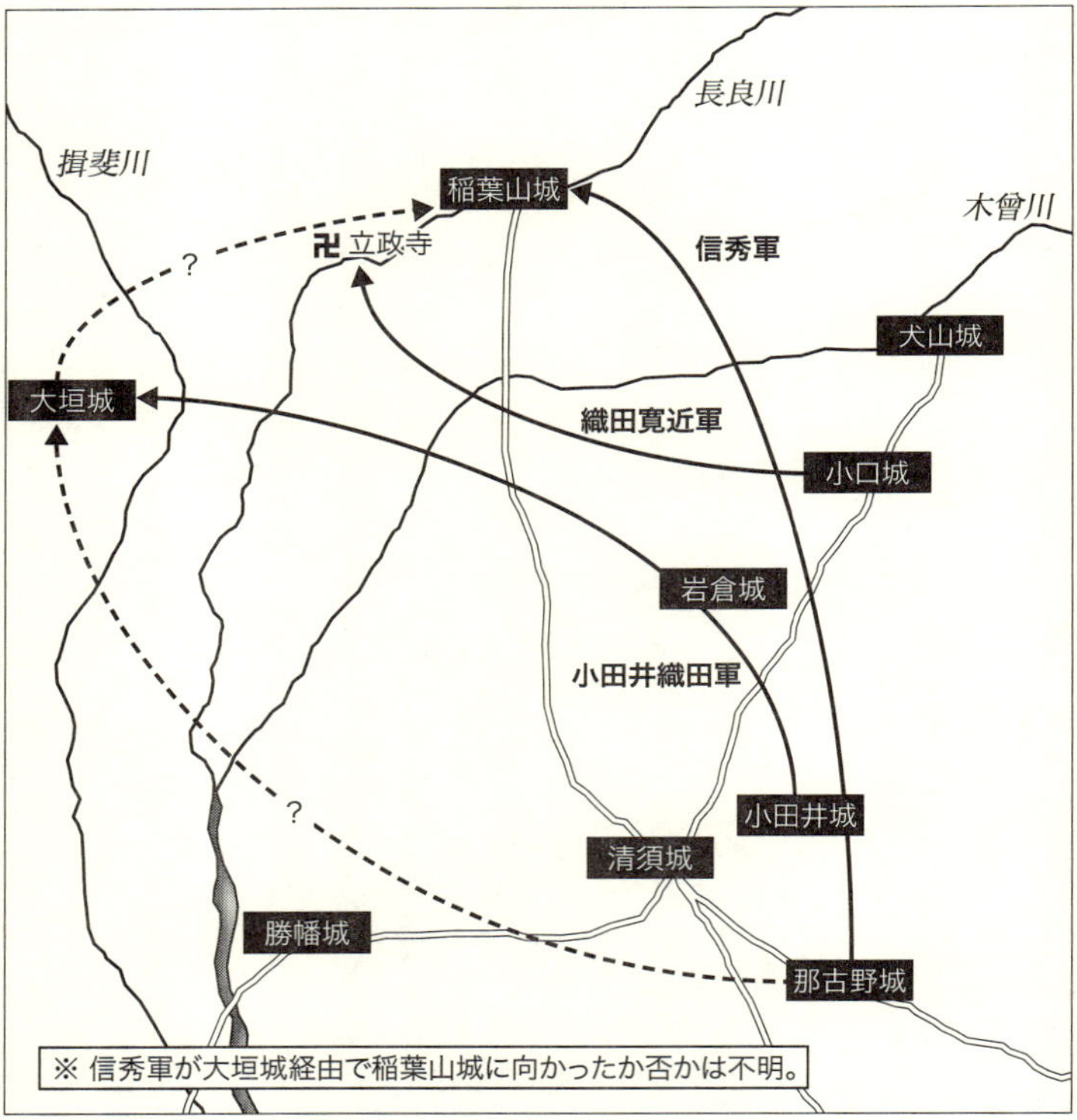

土岐家系図

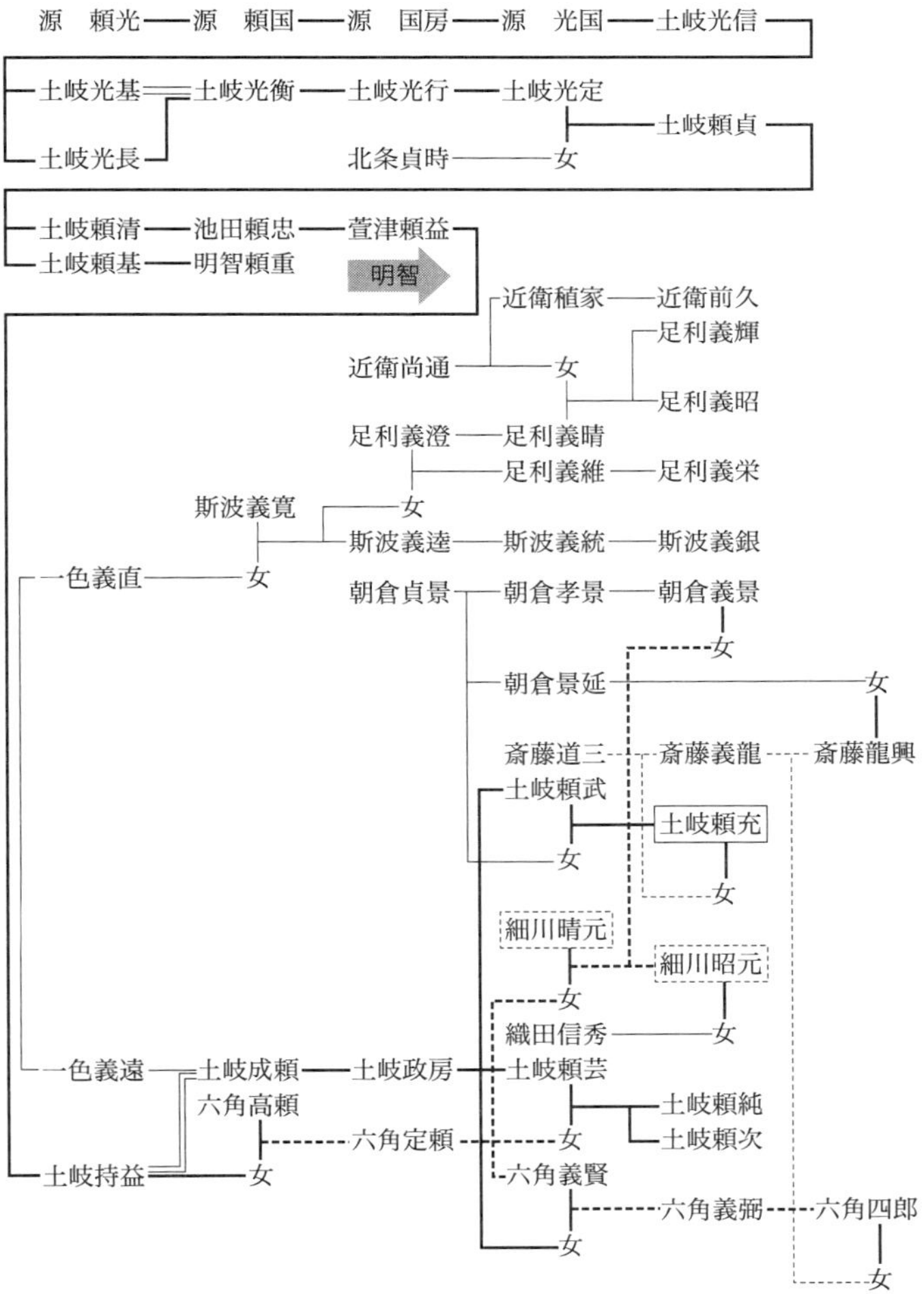

源　頼光
源　頼国
源　国房
源　光国
土岐光信
土岐光基
土岐光衡
土岐光行
土岐光定
土岐頼貞
土岐光長
北条貞時
女
土岐頼清
池田頼忠
萱津頼益
土岐頼基
明智頼重
明智
近衛稙家
近衛前久
足利義輝
近衛尚通
女
足利義昭
足利義澄
足利義晴
足利義維
足利義栄
斯波義寛
女
斯波義逵
斯波義統
斯波義銀
一色義直
女
朝倉貞景
朝倉孝景
朝倉義景
女
朝倉景延
女
斎藤道三
斎藤義龍
斎藤龍興
土岐頼武
土岐頼充
女
女
細川晴元
細川昭元
女
織田信秀
女
一色義遠
土岐成頼
土岐政房
土岐頼芸
六角高頼
土岐頼純
六角定頼
女
土岐頼次
土岐持益
女
六角義賢
六角義弼
六角四郎
女
女

〇〇以上にも及んだ。対する斎藤道三の兵は数千だったという。

九月三日、信秀は美濃に侵入して所々に放火し、九月二二日には斎藤道三の居城・稲葉山城（井ノ口城ともいう。のちの岐阜城）下を焼き払った。

夕刻になって信秀が引き揚げようとしたところ、道三軍が猛反撃を仕掛け、「備後殿（信秀）御舎弟織田与次郎（信康）、織田因幡守、織田主水正(もんどのかみ)、青山与三右衛門（秀勝）、千秋(せんしゅう)紀伊守（季光(すえみつ)）、毛利十郎（敦元）、おとなの寺沢又八舎弟、毛利藤九郎、岩越喜三郎初めとして歴々五千ばかり討死」したという（『信長公記』）。

このうち、青山与三右衛門は信秀の被官であり、毛利十郎と毛利藤九郎は中島郡の武士で、信秀の配下にあった可能性がある。これに対し、千秋季光は室町幕府の奉公衆である熱田大宮司の一族。織田因幡守は清須三奉行の一人で、信秀より格上と考えられ、本来、信秀の指揮下にない人物である。

また、合戦にあたり、尾張小口(おぐち)城主（愛知県丹羽(にわ)郡大口(おおぐち)町）の織田与十郎寛近(とおちか)が立政寺(りゅうしょうじ)（岐阜県岐阜市西荘(にしのしょう)）に禁制を掲げている。寛近は信秀の弟・織田与次郎信康を養子に迎えているが、本来は岩倉織田家の系譜に繋(つな)がる人物である。

これらから勘案するに、美濃に出兵した織田軍の「兵はほとんど信秀の輩下で占められている」とは思えない。土岐頼充が正規ルートで尾張守護代に出兵を要請し、尾張守護・斯波家が尾張西部の武士を総動員して、軍事行動に至ったものであろう。

『美濃国諸旧記』では「織田因幡守を大将とし、一万余人の兵」を率いて美濃に乱入したとの記述があり、実際は清須三奉行の筆頭・織田因幡守と信秀の連合軍だったのではないか。ただし、一万もの大軍を指揮するには、天文九年の三河安城城攻略で実績のある織田信秀が最適だったこともあり、実質的には信秀が軍を率いたのだろう。

なお、『信長公記』には記されていないが、天文一五（一五四六）年九月に斎藤道三は土岐頼充と講和し、道三の娘が頼充に嫁いだという（『斎藤道三と義龍・龍興』）。

大垣城への救援（天文一七年）

天文一七年一一月、斎藤道三は織田家が守る美濃大垣城を攻め、大垣城側の後方支援として信秀が駆り出され、合戦に及んだ。合戦の概要は以下の通りである。

まず、斎藤道三が、一一月上旬に美濃大垣城を取り囲んだ。

そこで、一一月一七日に信秀は木曾川（きそ）・飛驒川（ひだがわ）を船で渡り、美濃に出兵した。竹ケ鼻（たけがはな）（岐阜県羽島市竹鼻町）で放火し、茜部（あかなべ）に侵入して近辺を放火した。

驚いた道三は、大垣城への攻撃をゆるめ、居城・井ノ口城（別名・稲葉山城。のちの岐阜城）に帰陣した。

一一月二〇日、今度は逆に信秀の居城・古渡（ふるわたり）城下が放火された。しかも、放火したのは、清須織田家の軍だった。清須織田家の離反に、信秀は古渡城への帰陣を余儀なくされる。

天文１７年　美濃大垣城救援

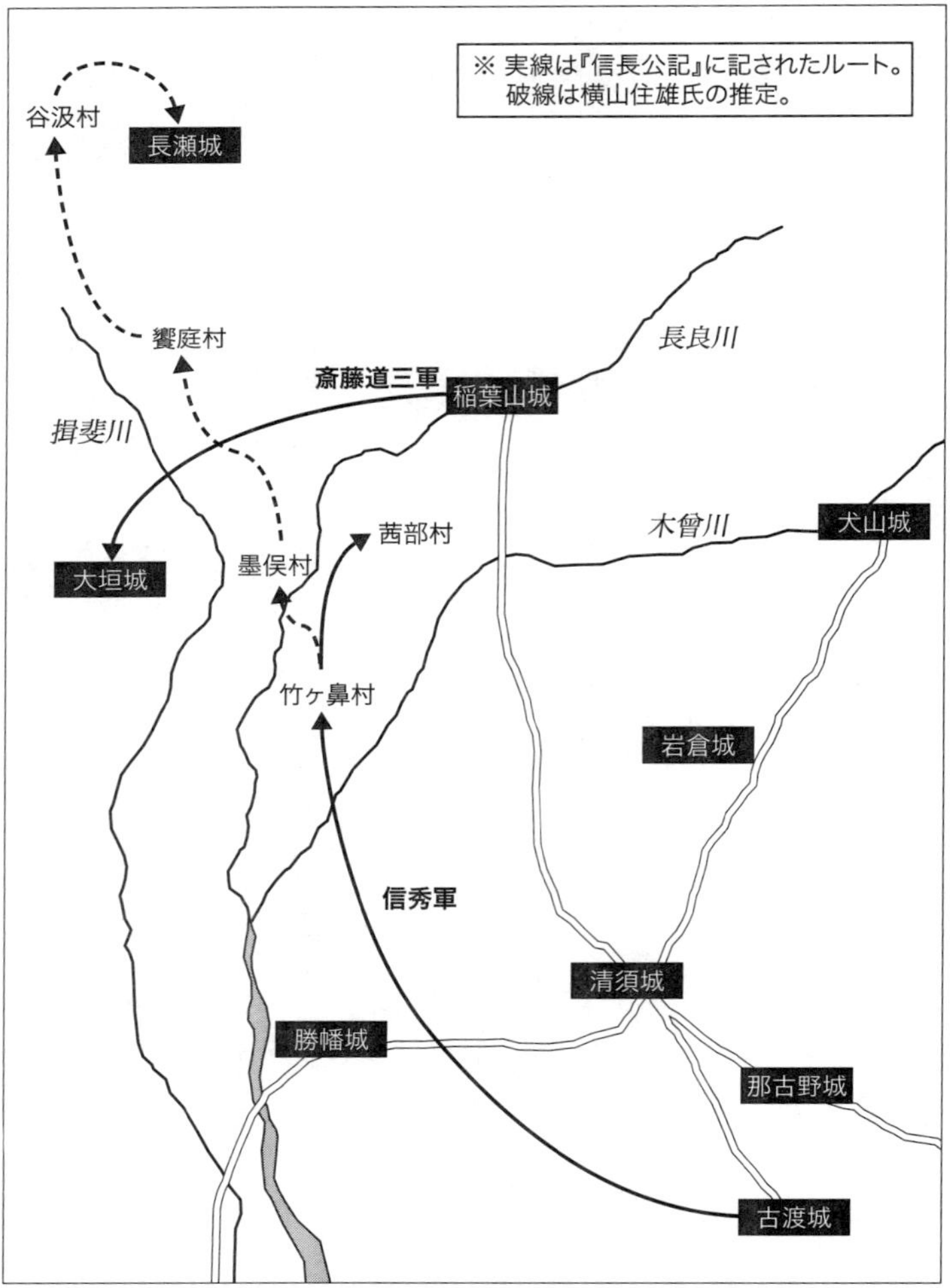

以下、詳細を見ていこう。具体的には、①大垣城を誰が守っていたか。②なぜ信秀が出陣したのか。③なぜ清須織田家が離反したのか、である。

一つめの大垣城の状況であるが、『信長公記』には「先年尾張国より濃州大柿（大垣）の城へ織田播磨守（信辰？）入置かれ候キ」との記述がある。先の天文一三年の美濃出兵で織田軍が大垣城を攻め落とし、織田播磨守が城代として置かれたらしい。

この織田播磨守。いかなる人物かは定かではないが、どうやら清須三奉行の一人で小田井城主の織田藤左衛門を指しているらしい。

「名古屋市西区中小田井の東雲寺にある宝永二年（一七〇五）建立の『織田丹波守平常寛公碑文』によると、常寛の子の藤左衛門寛故は大垣城（大垣市）城主であったが、天文一二年にその子藤左衛門寛維が大垣で討死し、本人は逃げ帰ったと書かれている」（『織田信長の系譜』）。

単純に考えれば、織田播磨守＝織田藤左衛門寛故であろう。

先の天文一三年の美濃出兵は、尾張守護・斯波家が尾張西部の武士を総動員した大掛かりなものだった。全軍が信秀の指揮の下、同じルートを進んだとは限らない。小田井織田家は別働隊として大垣城攻めを任されたのではなかろうか。

二つめの、信秀がなぜ出陣したかであるが、『信長公記』では「織田備後守（信秀）殿後巻として、又憑み勢をさせられ」と記している。素直に解釈すれば、「信秀は（道三軍に攻められた大垣城）救援のため、後方支援として出兵を頼まれ」といったところであろう。

天文一三年の合戦もこの合戦も、信秀は他者からの要請で美濃に出兵している。

三河攻略では、信秀は手を替え、品を替え、あらゆる手段を駆使しているように見えるが、美濃出兵では受動的に見える。信秀は清須織田家の三河方面司令官であって、美濃方面は小田井の織田藤左衛門家の担当だったのではなかろうか。

信秀個人としては三河攻略に比重を置いていたにもかかわらず、『信長公記』では一カ所しか記載がなく、どちらかといえば受け身で出陣した美濃出兵が三カ所も記載があるのは、家康が天下を治めた頃に『信長公記』が成立したことと深く関わっているのだろう。唯一の三河攻略の記事も松平家（徳川家）との合戦ではなく、今川家との合戦という書き方にしており、著者・太田牛一が天下人・徳川家康に気を遣っている様子がうかがわれる。

清須織田家の離反（天文一七年）

三つめの清須織田家がなぜ離反したかであるが、横山住雄氏は「清須衆離反の背後には斎藤道三の策略があることは疑いのないこと」と指摘している（『織田信長の系譜』）。

横山氏はその背景として美濃斎藤家が織田軍との合戦で苦境に陥っていたことを挙げている。

「信秀は一軍を大垣の奪回または救援に向かわせると共に、主力は安八郡墨俣から北上し、大野郡（揖斐郡大野町）へ攻め込んだ。十一月二十五日にはここで饗庭合戦がおこり、道三や鷹司氏をはじめとする美濃国人層が大敗したらしい。信秀は、勝った勢いで兵を谷汲山華厳寺付近まで進ませ、十一月晦日には牧野で合戦が行われ、長瀬城も炎上した。（中略）穀倉地帯である西美濃の失陥は、道三にとって経済的にも政治的にも手痛い打撃であった」（『斎藤道三と義龍・龍興』）

そして、一方の清須織田家については「尾張守護代であった織田大和守達勝の名が、この少し前の天文十四年以降見えなくなるので、おそらく、その子彦五郎への代替わりが行われていたとみられる。若い彦五郎としては、縦横に活躍して名声が上がる一方の信秀を快く思っておらず、道三の誘いに簡単に引っかかったのだろう」と推論している。

信秀が大野郡まで攻め入ったという横山氏の推論の根拠は、岐阜県揖斐郡揖斐川町谷汲長瀬の長山寺の鷹司系図の「天文十七年八月、尾の織田が当国へ乱入。所々で合戦。織田治郎討捕。同二十五日饗庭合戦。味方敗軍する」という記事だという（『織田信長の系譜』）。たしかに尾張から織田軍が谷汲村近辺まで侵入したことは伝えているが、信秀軍とは記していない。討ち捕られた「織田治郎」も誰かは不明である。

『群書系図部集』所収の織田系図を見ると、織田藤左衛門寛故（＝播磨守信辰？）の女婿に「織田二郎兵衛尉」がいる。仮に「織田治郎」が寛故の女婿だとすると、谷汲村に侵入した織田軍とは小田井織田家と考えた方が妥当である。
この時期、織田家の快進撃をすべて信秀に結びつけることは危険だと考える。

斎藤道三、清須織田家との講和（天文一八年）

話が少しそれたが、織田軍の猛攻を退けるため、斎藤道三は清須織田家をそそのかし、信秀の居城・古渡城を攻めさせた。

清須織田家の離反を受け、信秀は平手政秀に事態の収拾を託した。政秀は清須織田家の重臣・坂井大膳（だいぜん）、坂井甚介、河尻与一（かわじり）と講和を結ぼうと尽力したが、首尾よく整わなかったという。

そこで、政秀は道三と講和して、信秀の嫡子・信長と道三の娘（濃姫）との縁談をまとめた。清須織田家はハシゴを外されたような格好になり、天文一八年秋に信秀との講和を結ばざるを得なくなった。

信秀、末盛城へ移る（天文一八年頃）

信秀は美濃斎藤家・清須織田家との講和の後、古渡城の西に末盛城を築城してそこに移った。ただし、正確な年代はわかっていない。

末盛城への移転は、一般に今川家対策とされている。

下村信博氏は「信秀が、古渡城を破却して、より三河国境に近い末盛（千種区）に築城して居城としたのも、三河での戦いに備えたものと考えられる」と指摘している（『尾張織田氏』所収の下村論文）。一方、横山住雄氏は「古渡城も平地に築いた居館形式の城で、敵の攻撃には弱すぎることを身をもって経験した信秀は、丘陵地への移転を迫られることになった。天文十八年十一月に安祥（あんじょう）城が落ち、ついで豊田市の西広瀬城も失うと、いよいよ義元の尾張侵攻を予想しなければならなくなった。まさにこの時点に末森城を築く必要が生じたと見たい」としている（『織田信長の系譜』）。

当時の清須から東へ向かう街道は二本あり、一つは古渡から熱田を経由して鳴海に続く道。そして、もう一つは那古野から末盛を経て岩崎へと抜ける道である。

信秀はむしろ清須織田家を警戒して古渡から末盛へと移転したと考えるべきであろう。清須から古渡までは一本道だが、末盛であれば、間に那古野城があり、城主・信長が清須織田家からの進軍を食い止めることができる。

このことは、講和した後も信秀は清須織田家を信頼しきっておらず、両者の間に緊張関係が横たわっていたことを示唆させる。そして、それは清須織田家にとっても同様であろう。

清須織田家の遺恨

清須織田家には、かねてから信秀の勢力拡大を快く思っていない重臣がいた。いったん信秀と敵対したものの、政秀の尽力で呆気(あっけ)なく収拾させられてしまった。

一陪臣にすぎない平手政秀のために、主筋の清須織田家を飛び越えて、道三が信秀と講和を進めてしまう。表現し難い屈辱感を味わったことだろう。

そのため、信秀が死去すると、清須織田家は後継者の信長に対して冷酷な仕打ちを見せ、鬱憤(うっぷん)を晴らすとともに、信長が信秀のように実力を蓄えないように牽制(けんせい)した。

信長が清須織田家との間を修復するには、家中に平手政秀くらいしかいないのだが、清須織田家はその政秀に激しい憎悪を抱き、政秀の存在は逆効果になってしまったのだ。

第２章　信長の尾張統一

1　信秀の死

信秀の死去

天文二一（一五五二）年三月三日、織田信秀が病死する。享年四二。

信秀がいつ死去したのか、天文一八（一五四九）年、天文二〇（一五五一）年、天文二一年の三つの説があるが、天文二一年説が最も有力である。

三月には信秀の葬儀が営まれ、奇矯な格好をした信長が、信秀の位牌に抹香を投げつけて即座に帰ったことでも知られる。

なお、本章では、原則的には編年記述、つまりは時間軸に沿って記述していくのだが、当該事象の発生時期には諸説があることを註記しておきたい。

『信長公記』は、信長が足利義昭を奉じて上洛した永禄一一（一五六八）年を「巻一」として、本能寺の変が起きた天正一〇（一五八二）年の「巻十五」まで、およびそれ以前の「首巻」から構成されている。しかし、「首巻」には年次の記載がなく、記載があっても正確ではない可能性があり、かつ記載順序が発生年月順ではない（＝バラバラである）ことが指摘されている。

つまり、どの事件をいつに比定するかは研究者の見識次第であって、諸説があるということだ。筆者は『新修　名古屋市史　2』（執筆担当者は下村信博氏）、および横山住雄氏著『織田信長の尾張時代』『斎藤道三と義龍・龍興』などを参考に年次を推定していったが、これが定説とは限らないので、あらかじめご諒承いただきたい。

不可解な家督相続

信秀の死に先立って、天文一八（一五四九）年に信長が一部政務を代行していたことが知られている。

「天文一八年一一月付の熱田八カ村あての制札（西加藤家文書）を下すことで、国内政務に初めて関与した。同月の三河安祥城失陥で苦境に立った信秀は、後継者信長を政務に関与させることで、織田弾正忠家の体制を補強しようとしたものと思われる」（『新修　名古屋市史　2』）。

そして、天文二〇年になると、信長の同母弟・織田勘十郎信勝（一般には織田武蔵守信行）が政務に関わってくる。すなわち、信勝は「天文二〇年九月二〇日付の判物で、熱田神宮寺座主に対して、笠覆寺領参銭等を、『備後守（信秀）幷びに三郎（信長）の先判の旨に任せ』、安堵している（密蔵院文書）。（中略）信勝は、兄信長と同様に、おそらく父信秀の生前から、愛知郡内について何らかの権能を有していたと思われる（小島廣次説）」（『新

修　名古屋市史　2』）。
つまり、外面からは、信秀が有していた権能・権限は、信長だけではなく、信勝にも一部相続されているようにみえるのだ。

信勝との分割相続説

村岡幹生氏は信秀の家督を信長と信勝が分割相続したと論じている。

『信長公記』に「末盛の城勘十郎（信勝、一般には信行）公へまいり、柴田権六（勝家）、佐久間次右衛門、此外歴々相添へ御譲りなり」との記述がある。

村岡氏はこの記述に注目し、「葬儀の後、信長は末盛城の信勝のところに出向き、柴田権六らの重臣を添えて『御譲り』になった。公記首巻にははっきりとそう記されている。何を『御譲り』になったのか。家督である。それ以外あり得ない。私は、このとき信長と信勝のあいだで家督分割についてあらためて合意がなされたものと解釈する。『あらためて』というのは、これ以前、信秀最晩年に家督の分割相続の方向に事態が進んでいたと考えるからである」（『愛知県史研究』第一五号）。

小瀬甫庵『信長記』では当該箇所を「末盛の城は、勘十郎殿へ譲り給ひける間、柴田権六、佐久間次右衛門、其の外宗徒の侍添ひ移り給ふ」と記している。単に、信勝に末盛城を譲ったので、従来末盛城附きだった武士を信勝附きにしたと記しているだけである。その方が解釈としては自然ではないか。

平手政秀の自刃（天文二二年閏一月）

信秀の死の翌年、天文二二（一五五三）年閏一月、信長の傅役・平手政秀が自刃してしまう。

『信長公記』には政秀が自刃した理由として、信長の立ち振る舞いがまじめでないことを憂い、盛り立てていく甲斐もないので、生きていてもしようがないと考えた。または、政秀の長男・平手五郎右衛門（勝秀？）が所有する駿馬を、信長が所望したのを拒否したので、信長と平手家との間に遺恨が生じたともいわれている。本当だろうか。

信秀の晩年は、いったん制圧した西三河が今川家の手により奪回され、清須織田家と不和が生じ、苦しい状況にあった。その状況を受けて、これ以降、信長には、家臣の離反や一族・兄弟との相克が続いていく。

そんな苦しい状況の信長を見捨てて、ややもすればプライベートな理由で、実直で交渉上手といわれた平手政秀が勝手に自刃するだろうか。

あくまで推測の域を出ないが、政秀は清須織田家や末盛城の信勝家中との交渉に失敗し、信長の立場を危ういものにしてしまったのではないか。その責任を感じての自刃だと思われる。

それは山口教継の離反に対する信長の軍事行動に端的に表れている。

赤塚合戦（天文二二年四月）

天文二二（一五五三）年四月、鳴海（名古屋市緑区鳴海町根古屋）城主・山口左馬助教継は今川家につき、その周辺に砦を構えて今川軍の兵を入れたといわれている。

教継は「三河国境付近の領主として今川氏の尾張侵攻の影響を最も受けやすい立場にある一方、元来那古野城主今川氏豊の家臣であった可能性もあり得る」（『新修　名古屋市史2』）。天文七年の那古野攻略で信秀家臣団に組み込まれた可能性が高く、天文一一年の三河小豆坂の合戦では高名をあげ、「織田備後守殿御目を懸けられ候（＝信秀に目をかけられていた）」。

第1章で述べたように、教継は天文一九（一五五〇）年一二月に今川方に内応した後、信秀と今川の和議の仲介に奔走したともいわれている。ところが、その和睦が破談し、信秀が死去してしまったため、今川方の旗幟を鮮明にしたのだろう。

教継は中村（名古屋市南区桜本町）に砦をこしらえて立て籠もり、鳴海城を子の山口九郎次郎教吉に守らせた。さらに、笠寺（名古屋市南区笠寺町）に砦を構えて、今川家家臣の葛山備中守長嘉、岡部五郎兵衛元信、三浦左馬助義就、飯尾豊前守顕茲、浅井小四郎の五人を引き入れたという。

赤塚合戦

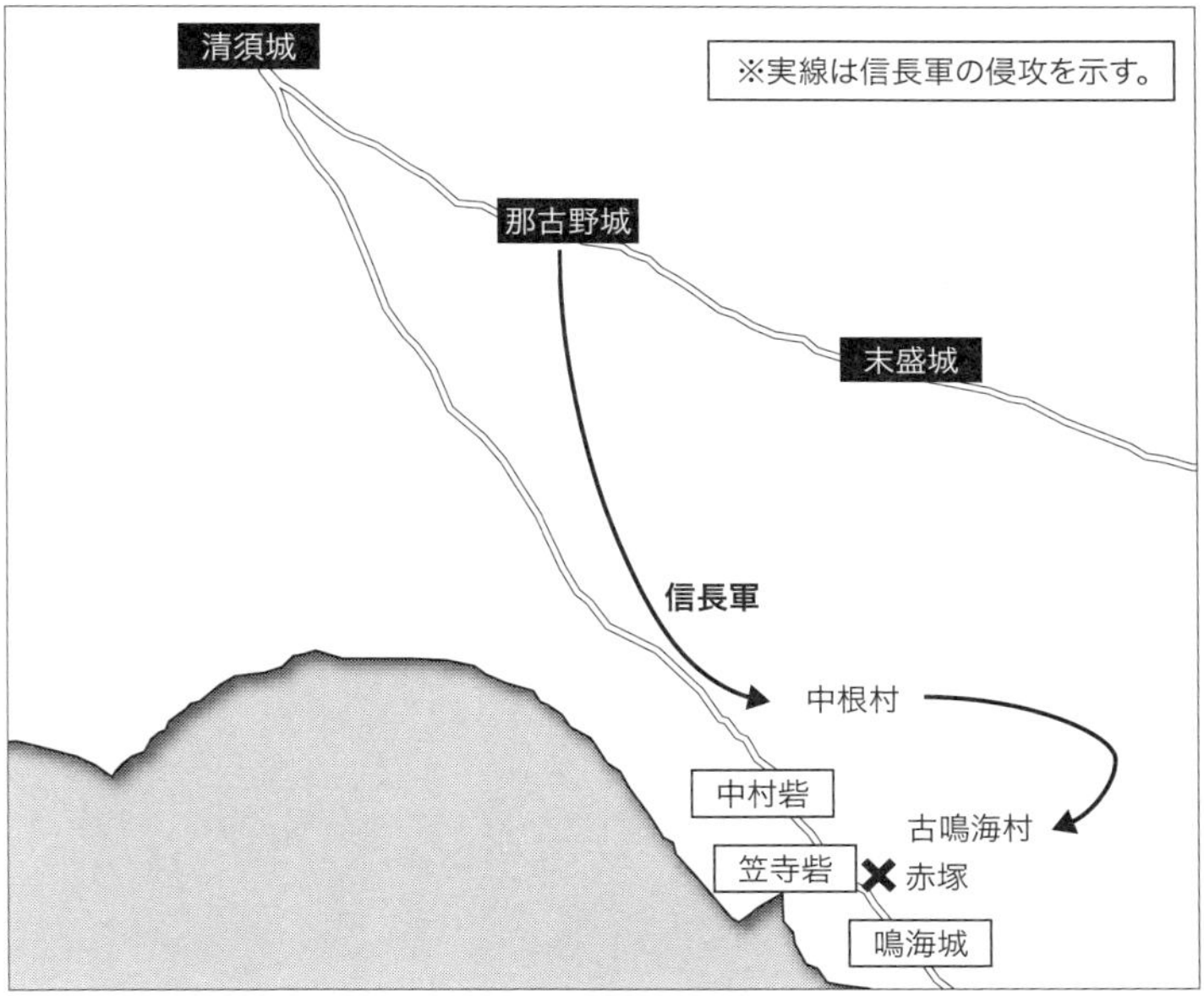

ただし、『松平記』では「笠寺に葛山備中守、三浦左馬助、飯尾豊前、浅井小四郎、四百人にて籠る」ことを「永禄元年三月」のことのように記述している。この辺りの『信長公記』の記述は混乱が見られ、天文二二年時点では今川軍の投入はなかったのではないか。

天文二二年四月一七日、信長は八〇〇ばかりの軍勢で出陣。中根村（名古屋市瑞穂区中根町）を経由して古鳴海（名古屋市緑区古鳴海）へ進み、三の山に登って、山口父子との合戦に臨んだ。一方、鳴海城の山口教吉は一五〇〇の軍勢を率いて赤塚

（名古屋市緑区鳴海町）に出陣した。二時間ほどの合戦で決着が付かず、織田・山口軍は生け捕った兵を交換して帰陣した。俗に赤塚合戦という。

『信長公記』では「天文弐十弐年　癸丑（みずのとうし）四月十七日、織田上総介（かずさのすけ）信長公十九の御年の事に候」と記述している。天文三（一五三四）年五月生まれの信長が数えの一九歳にあたるのは、その前年天文二一年である。そのため、赤塚合戦を天文二一年とする説もあるが、本書では癸丑にあたる天文二二年とした。

小物ばかりだった信長軍

赤塚合戦で重要なのは、信長軍の軍事編制とそれにともなう動員兵力である。

歴史作家・桐野作人はこの合戦での信長軍の軍事編制を以下のように評している。

「信長勢の先手は『御さき手あしがる衆』である。首巻によれば、荒川与十郎・荒川喜右衛門・蜂屋般若介・長谷川挨介（橋介か）・内藤勝介・青山藤六・戸田宗二郎・賀藤助丞の八人。彼らは『あしがる衆』と呼ばれている。（中略）彼ら八人は足軽（主に名主百姓クラスであろう）を数十人ずつ率いる大将だったと考えたほうがよい。（中略）信長勢の二の手以下の軍団構成は不明だが、先手衆の八手だけで三、四百人いると推定できるから、信長本陣以外、ほかに大きな備えがあったとは考えにくい。つまり、信長勢には林秀貞や実弟信勝など大身の一門・家老衆は含まれておらず、直属の旗本馬（うま）

廻衆（まわりしゅう）だけで編成されていたと思われる。（中略）一門の有力者信勝や筆頭家老の林は、この時期、信長から距離を置いていたのではないだろうか。（中略）父信秀の場合、①弟信光をはじめ一門衆の有力者を軍事力編成の大きな構成要素としていた。②『憑（たの）み勢』と呼ばれるように、守護代家（大和守（やまとのかみ）家）の支持を得て、尾張国中から与力を動員することが可能だった。信秀の軍事力編成のしかたとくらべて、信長のそれは際立って異質である。一門衆や与力衆がおらず、生粋の旗本馬廻衆が中心の均質的な直属家臣団によって支えられていた」（桐野作人『織田信長』）。

先述した通り、信長が従えたのはわずか八〇〇ばかりだった。のちに信長が弟・信勝と対立した時、信長が率いた軍勢はおよそ七〇〇。これに対し、信長の筆頭家老・林佐渡守が七〇〇、末盛城・信勝方の柴田勝家が一〇〇〇の兵を率いていた。単純計算でいくと、那古野城の信長および林佐渡守が動員できる兵数はほぼ一五〇〇、末盛城が一〇〇〇くらいであると想定できる。

換言するなら、信長軍には林佐渡守配下の軍、および末盛城の軍兵が参加しなかったことになる。また、信長は、父・信秀のように清須織田家に「憑み勢」（軍勢の支援を要請）もしなかった。

政秀自刃の真相

ここまで書くと、信長は己（おのれ）だけを恃（たの）み、支援を待たずに性急に合戦に臨んだイメージが強いが、実際はその逆だったのではないか。

合戦自体は天文二二年四月に勃発（ぼっぱつ）したが、山口教継の今川家の内応は天文一九年冬頃にはじまっている。教継が砦をこしらえたり、今川軍を呼び寄せたのは四月にはじまったことではないだろう（先述の通り、合戦自体が天文二一年という説もある）。

おそらく、信長は、平手政秀を介して方々に援軍を頼んだのではないか。

ところが、清須織田家は、天文一七（一五四八）年に屈辱的な講和を余儀なくされ、その立役者である平手政秀を忌み嫌っていた可能性が高い。むしろ、政秀が交渉の場に出てきたことで態度を硬化させたのではないか。そして、末盛城が信長の支援に廻（まわ）らなかったのは、清須織田家が手を回していたのだろう。

平手政秀は、自分が信長の家老を務めている間、清須織田家との関係が修復できず、動員能力に甚大な影響を及ぼすという自責の念から自刃を選んだのだろう。

斎藤道三との会見（天文二二年四月）

『信長公記』によれば、斎藤道三と織田信長が会見したのは、某年の「四月下旬」という。天文二二年のことと考えられるので、山口父子との合戦（四月一七日）の直後と思われる。

この会見は、道三の強い希望で実現したといわれているが、さすがの道三でも合戦の直後に「濃尾国境まで会いに来てくれ」と申し入れるようなマネはしないだろう。通常、こうした会見は数日前から用意するものだから、なおのことであろう。

以前から道三から会見を要請されてはいたが、信長にもそれに応じる必要が生じたため、このような時期に成立したのではないか。

当時、信長は尾張国内で孤立していた。その状況を打開するには、美濃の舅殿に協力を仰ぐほかないと考えたのであろう（翌天文二三年一月には実際に援兵を頼んでいる）。

会見の件は有名なので、『信長公記』の一節を引用しよう。

「道三は町外れの小家に隠れて、信長の行列を覗き見した。

その時の信長の出で立ちは、髪は茶筅髷を萌黄色の平打ち紐で巻き立てて、湯帷子を袖脱ぎにし、金銀飾りの太刀・脇差二つとも長い柄を藁縄で巻き、太い麻縄を腕輪にし、腰の周りには猿廻しのように火打ち袋、瓢箪七つ八つほどをぶらさげ、虎皮と豹皮を四色に染め分けた半袴をはいた。（中略）

宿舎の寺に着いたところで、屛風を引きまわし、生まれて初めて髪を折り曲げに結い、いつ染めておいたか知る人もない褐色の長袴をはき、これも人に知らせずに拵えておいた小刀を差した」（『信長公記』）。

つまり、道三が小屋から覗き見していた時、信長は普段の粗野な格好でやってきたが、会見に当たって正装し、道三を驚かせたというのである。

「道三は見ているにちがいないと思った信長は、道三を驚かすための演出をした」（『織田信長事典』）というのが一般的な見方であるが、本当だろうか。

信長としては義父・道三に礼儀を尽くし、好印象を持ってもらうために正装しただけで、道三の覗き見は計算外だったのではないか。むしろ、普段、粗野な格好で行動しているだけに、正装して移動するのが照れくさかったのだろう。

結果として、道三をぎゃふんと言わせたことで、『信長公記』では信長の利発さと余裕をユーモラスに記述することに成功しているが、実際には失敗させてはならない会見だったに違いない。

2　清須織田家との対立

守護代・清須織田家が守護を暗殺（天文二二年七月）

信長の父・信秀は、尾張守護の斯波（しば）義統（よしむね）、守護代の織田達勝（みちかつ）に支持されていたという。

しかし、天文一四年頃、守護代の清須織田家は、織田大和守達勝から織田彦五郎（勝秀、一般には信友）に代替わりしたらしく、彦五郎は反信秀路線をとった（勝秀と彦五郎信友を別人とする説もある。ちなみに、織田彦五郎は達勝の養子で、清須織田家の三奉行の一つ、織田因幡守家の出身といわれている）。天文一七年以来、清須織田家は信秀と不和になり、やむなく和議を結んだものの、信秀の死後、信長との対立を強めていった。

こうした中、清須織田家は守護・斯波義統が信長と内応したとの疑いを深めていった。『信長公記』によれば、守護・斯波家の家臣に簗田弥次右衛門という小身ながら才覚のある者がおり、清須の大身の武士・那古野弥五郎と男色関係になって「清須城内を分裂させて、上総介（信長）殿に味方し、高禄をとりなさい」とそそのかす一方、信長への忠節をあらわし、信長軍を清須城内に引き入れた。城下は焼かれ、清須城は裸城となったが、徹底抗戦の結果、信長軍の侵入を阻んだ。そして、清須織田家は、この一件を斯波家が画策したものと疑いはじめ、斯波義統を暗殺する機会をうかがっていたらしい。

天文二二年七月一二日、守護・斯波家の家臣は、守護の子・岩龍丸（のちの斯波治部大輔義銀）の川狩りのお供でほとんどが出かけ、守護邸に残っているのは老人ばかりだった。

清須織田家の家老・坂井大膳、河尻左馬丞、織田三位はこれを好機と捉え、守護邸の四方を囲み攻撃を加えた。守護側は防ぎきれず、邸に火をかけ、守護・斯波義統をはじめ一門、家臣数十人が自刃して果てた。

岩龍丸とその弟は報せを聞いて、川狩りから直接、那古野城の信長のもとに逃れた。

その結果、信長は守護・斯波家を掌中に収め、清須織田家を逆臣とする構図を創り出すことに成功したのだ。

なお、斯波義統暗殺は従来、天文二三年のことだと思われていたが、近年では天文二二年のことだといわれている（『新修　名古屋市史　2』）。

中市場合戦（天文二二年七月）

清須織田家による守護・斯波家暗殺で、末盛城の織田信勝およびその宿老たちは、清須織田家と訣別した。『信長公記』によれば、「（天文二二年）七月十八日、柴田権六（勝家）清洲へ出勢」したという。

谷口克広氏は「大義名分を得た信長は、ただちに柴田勝家に命じて清須城を攻撃させた」（『信長軍の司令官』）と記している。しかし、柴田勝家は末盛城・信勝附きの武士なので、この出陣は信勝の指揮もしくは指示と考えるべきではないか。

『信長公記』が意図的に信勝の出陣を記さなかったのか、もしくは信勝自身は出陣せず、柴田に出陣を指示したのだろう。清須織田家の守護殺害によって、それまで清須寄りだった信勝と柴田は、反清須の旗幟を鮮明にしたものと思われる。

合戦は柴田軍が優勢で、「清須勢は山王口で応戦したが追いまくられ、乞食村で支えようとしたが支えきれない。誓願寺前で防いだが、ついに町口の大堀のなかへ追い込まれ

中市場合戦

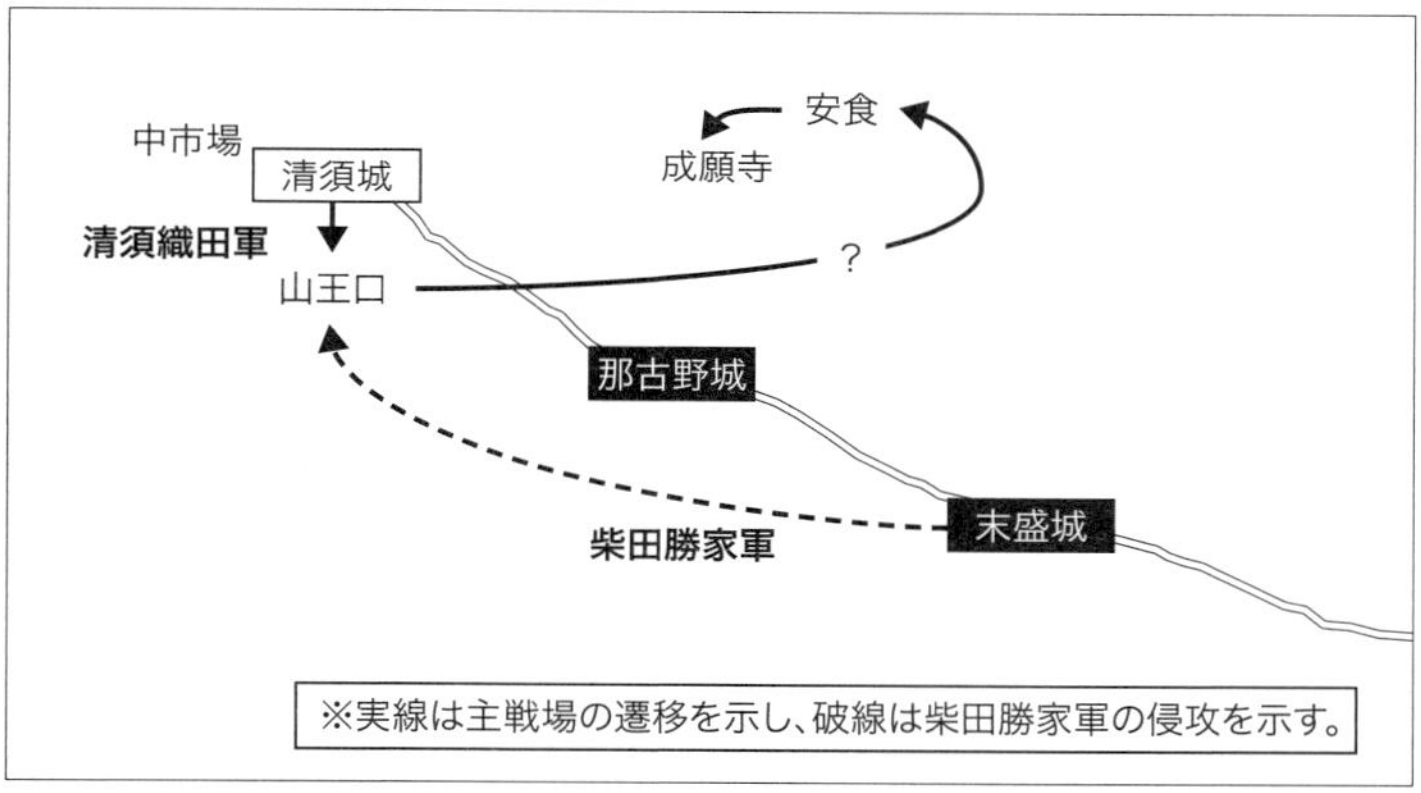

た」（『信長公記』）。結果、柴田軍が勝利し、清須織田家の宿老・河尻左馬丞、織田三位以下、三〇人ばかりが討ち死にしたという。

各地名について補足すると、山王は通常、日吉神社（清須市内須ヶ口）を意味するので、清須の南方ほぼ二キロメートルの日吉神社周辺を指すものと思われる。一方、乞食村は安食村（＝味食村、名古屋市北区楠味鋺）の誤記だといわれている。その位置は清須城の東にほぼ七・五キロメートル、那古野城の北北東ほぼ四・五キロメートルである。また、誓願寺（＝成願寺、名古屋市北区成願寺）はそのやや西南西である。ちなみに『現代語訳　信長公記』ではこの合戦を中市場合戦と呼んでいる。中市場は清須城の西北西ほぼ一キロメートルで、南の山王口、東の安食村とまったく逆方向に位置している。

地理的に山王口で攻防を繰り返した軍勢が、その東北東ほぼ七・五キロメートルの安食村に転戦することはない。では、山王口が安食村周辺のどこかと仮定すると、「柴田権六清洲へ出勢」という記述にそぐわない。あまりにも清須とかけ離れた場所だからだ。服部英雄氏によれば、清須城下には「乞食村」があり、安食村の誤記ではないとしている。また、『清須合戦記』では、山王口と乞食村の合戦は別部隊によるものだという。

萱津合戦（天文二二年八月）

劣勢を強いられた清須織田家は、信長配下の城を攻めて逆襲を図った。

『信長公記』によれば、八月一五日、清須織田家の家老・坂井大膳、坂井甚介、河尻与一、織田三位が謀議を図り、信長方の松葉城（愛知県海部郡大治町西條）を攻略し、織田伊賀守信氏を人質に取った。さらに近くの織田右衛門尉（逵順？）が守る深田城（愛知県あま市七宝町桂）を攻略し、人質を取ったという。

松葉城は那古野城の西ほぼ七・五キロメートル、清須城の南南西ほぼ五キロメートルに位置し、かつ、那古野城と勝幡城のほぼ中間に位置する（深田城は松葉城の南西ほぼ一・五キロメートル）。信長の二大拠点を遮断する上策といえよう。ちなみに、『新修　名古屋市史　2』では、松葉城を織田因幡守家の拠点ではないかと指摘している。

両城の占拠を聞いた信長は、翌一六日の払暁、那古野城を出て稲葉地（名古屋市中村区

萱津合戦

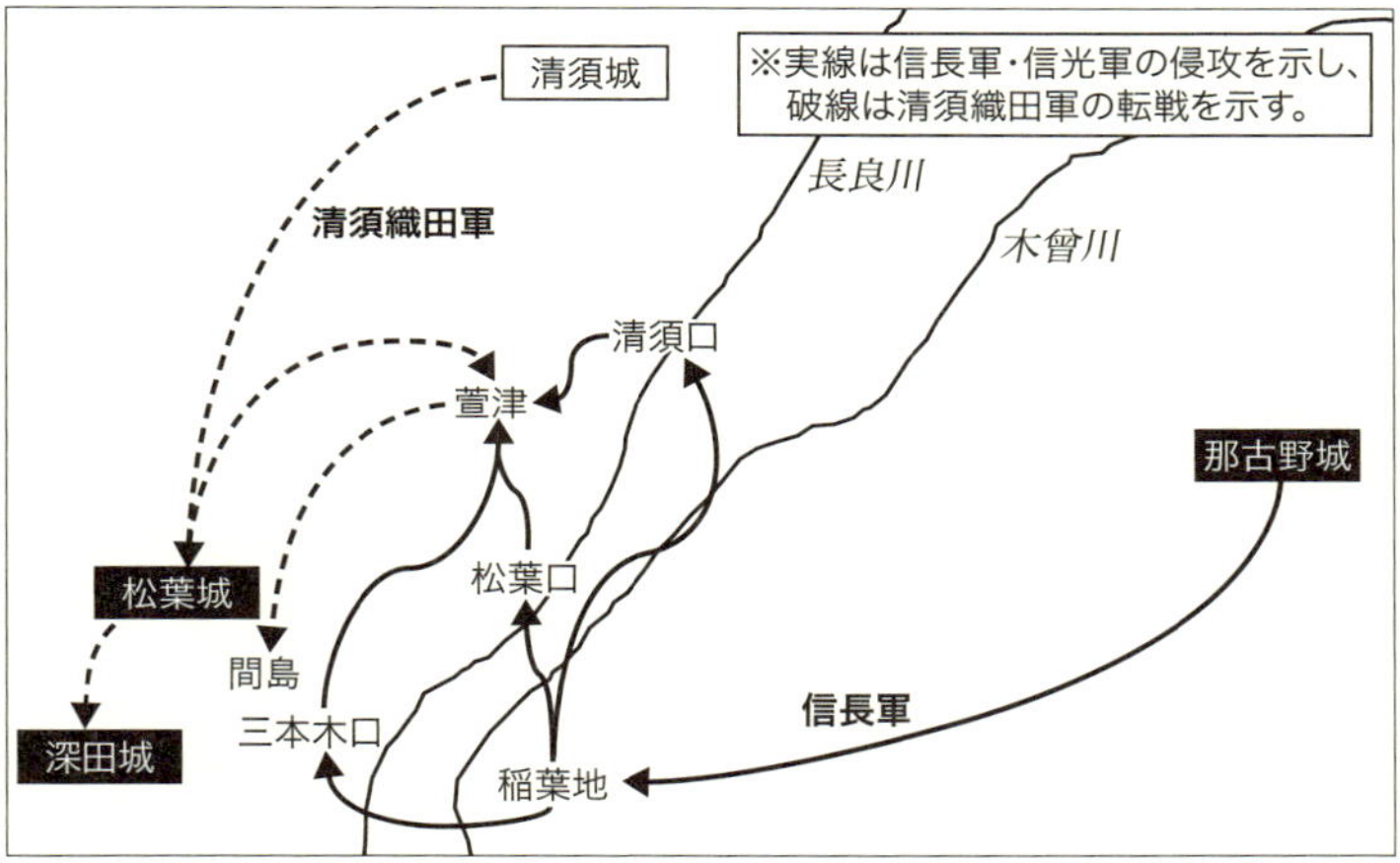

稲葉地町）の川岸まで出陣。守山城（名古屋市守山区守山）から叔父（おじ）・織田信光が駆けつけた。柴田勝家が敵将を討った記述があるので、末盛城の部隊も参陣したのだろう。

　信長・信光軍は松葉口、三本木口（さんぼんぎ）（愛知県海部郡大治町三本木）、清須口の三方面を手分けして稲葉地の川（庄内川）を渡り、松葉城の東に位置する萱津（かやつ）（愛知県あま市上萱津・下萱津）に兵を進めた。清須織田軍も萱津に兵を進め、合戦に及んだ。俗に萱津合戦という。

　しばらくして清須織田軍の敗色が濃くなり、柴田勝家が坂井甚介の首を討ち取った。

　松葉城辺りで清須織田軍が城を取り囲むように陣を敷いていたが、信長軍に追われ、間島（まじま）（愛知県海部郡大治町馬島）辺りで防戦一方となり、敗退した。

深田城辺りの清須織田軍は、三本木村で守備陣形を敷いたが、防御するものもない地形だったので信長軍に追い崩され、敗退を余儀なくされた。

信長軍が松葉城・深田城に攻めかかると、清須織田軍は降参して両城を明け渡し、清須城に帰陣した。信長は清須城下の田畑の農作物を刈り取って、兵糧を断ったという。

この合戦は『信長公記』に「織田上総介信長、御年十九の暮八月」のことと記されているので、『新修　名古屋市史　2』では天文二一年に比定している。しかし、『信長公記』では先の赤塚合戦を「天文弐十弐年癸丑四月十七日、織田上総介信長公十九の御年」と誤っているので、赤塚合戦と同年（天文二二年）の八月のことと思われる。

村木合戦（天文二三年一月）

信長が清須織田家と合戦を繰り返していた頃、駿河の今川軍は三河岡崎城に在陣し、織田方の鴫原（重原、刈谷市重原本町）城を落とし、織田方の緒川（愛知県知多郡東浦町緒川）城の陥落を狙った。緒川城主・水野十郎左衛門信元は、今川方だった父・水野右衛門大夫忠政の死後、織田方に転じており、今川家にとって非常に目障りな存在だった。

今川軍が緒川城の北にあたる村木（愛知県知多郡東浦町森岡）に砦を築くと、知多半島の東岸に位置する寺本城（知多市八幡）も今川方につくと人質を出した。

信長は緒川城が孤立することを恐れ、村木方面への出陣を考えた。

村木合戦

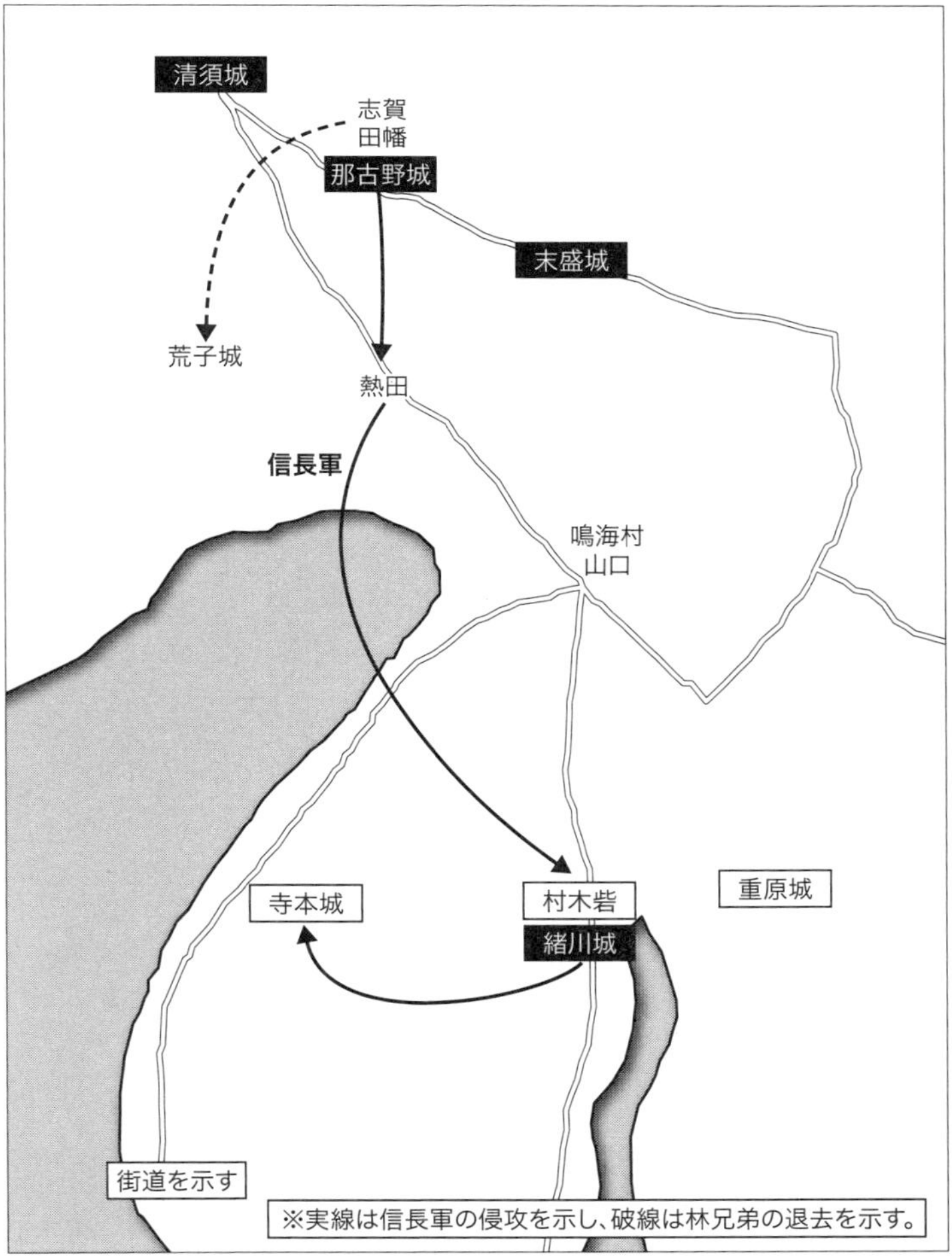
清須城
志賀
田幡
那古野城
末盛城
荒子城
熱田
信長軍
鳴海村
山口
寺本城
村木砦
緒川城
重原城
街道を示す
※実線は信長軍の侵攻を示し、破線は林兄弟の退去を示す。

しかし、留守中に清須織田家によって那古野城下が荒らされることを危惧し、信長は美濃の舅殿・斎藤道三に留守部隊の出兵を要請。天文二三（一五五四）年一月二〇日、斎藤家家臣・安藤伊賀守守就が一〇〇〇の兵を率いて那古野城の北・志賀村、田幡村（名古屋市北区志賀町、金城町）付近に陣を敷いた。道三との会見がここで生きたのだ。

信長の筆頭家老・林佐渡守と弟の林美作守はこの措置に不服を申し立て、与力の前田与十郎（種定?）の居城・荒子城（名古屋市中川区荒子町）に退去した（与十郎は前田又右衛門利家の本家筋にあたる）。

信長の家臣は林兄弟にいかに対応するか尋ねたが、信長は「それならそれで構わぬ」と言い捨てて、一月二一日に出陣した。熱田（名古屋市熱田区）に泊まり、翌二二日に船で知多半島に渡り、信長は緒川に泊まった。

二二日は暴風雨で渡海が危ぶまれ、船頭・水夫たちは反対したが、信長は強引に押し切り、二〇里ばかり（おおよそ七八キロメートル）の距離を半刻（おおよそ一時間）で移動したという。

一月二四日の辰の刻（午前八時頃）から信長は村木砦を攻めはじめた。俗に村木合戦という。

村木砦の北側は天然の要害で、南側を信長が攻め、西側を叔父の信光、東側を水野信元が攻めた。信長自ら采配を振り、攻守双方、甚大な死傷者を出し、籠城方の人数が少なくなったため、中の下刻（午後五時頃）に降伏したという。おおよそ九時間に及ぶ合戦である。

一月二五日には寺本城を攻めて城下を放火し、信長は那古野城に帰陣した。

二六日に信長は安藤守就に礼を述べ、安藤は出陣し、翌二七日に美濃に帰国した。

帰国後、安藤は斎藤道三に一部始終を報告（おそらく安藤の部下が軍監として、信長軍に派遣されていたのだろう）。道三は信長を「恐るべき男だ。隣国には居てほしくない人物だな」と評価したという。

林佐渡守の離反

ここで重要なことは、なぜ林佐渡守が不服を申し立て、荒子城に退去したかである。

筆者は林佐渡守が清須織田家から派遣された附家老だと考えている。

信長と清須織田家の抗争で、林は難しい立場にあったのだろう。換言するなら、林はいつ信長に不服を申し立ててもおかしくない状況に置かれていた。だから信長もあえて林の離反を無視するような態度を取ったのだろう。

しかし、林が不服を申し立てたのはそれだけではない。そのヒントは、林が自らの居城に引き籠もらず、与力の居城である荒子城に退去したことにある。

谷口克広氏によれば、「林秀貞は、春日井郡西春（現北名古屋市）あたりに領地を持ち、その界隈の国人たちを与力にして、大きな勢力を誇っていた」という（『信長と消えた家臣たち』）。たしかに西春近くの沖村には林主計（かずえ）の城跡がある。巷間（こうかん）伝わる林家系図では、林佐渡守通勝（みちかつ）の父を林主計通安（みちやす）としているが、筆者はこの系図を信じておらず、田幡城を林佐渡守の居城と考えている（158〜164ページ参照）。

信長は、安藤守就に那古野城の守備を任せるにあたって、わざわざ林佐渡守の居城・田幡城の周辺に一〇〇〇もの兵を配備したのだ。林は身の危険を察知して、与力の居城に逃げ込んだのだろう。

清須織田家の滅亡（天文二三年四月）

守護代・清須織田家の当主は織田彦五郎であるが、実権は又代（まただい）（小守護代ともいう）の坂井大膳ら宿老が握っていたという。

しかし、信長との抗争で、宿老の坂井甚介、河尻左馬丞、織田三位が討ち死にしてしまったので、坂井大膳は一人では劣勢と感じ、守山城主・織田孫三郎信光に同盟を持ちかける。信光は信長の叔父で、清須織田家との抗争では常に信長とともに出陣している有力者である。

坂井大膳は信光と織田彦五郎を「両守護代」として扱うと提案し、信光に起請文を書かせて清須城の南櫓（やぐら）に招き入れた。

前田家系図

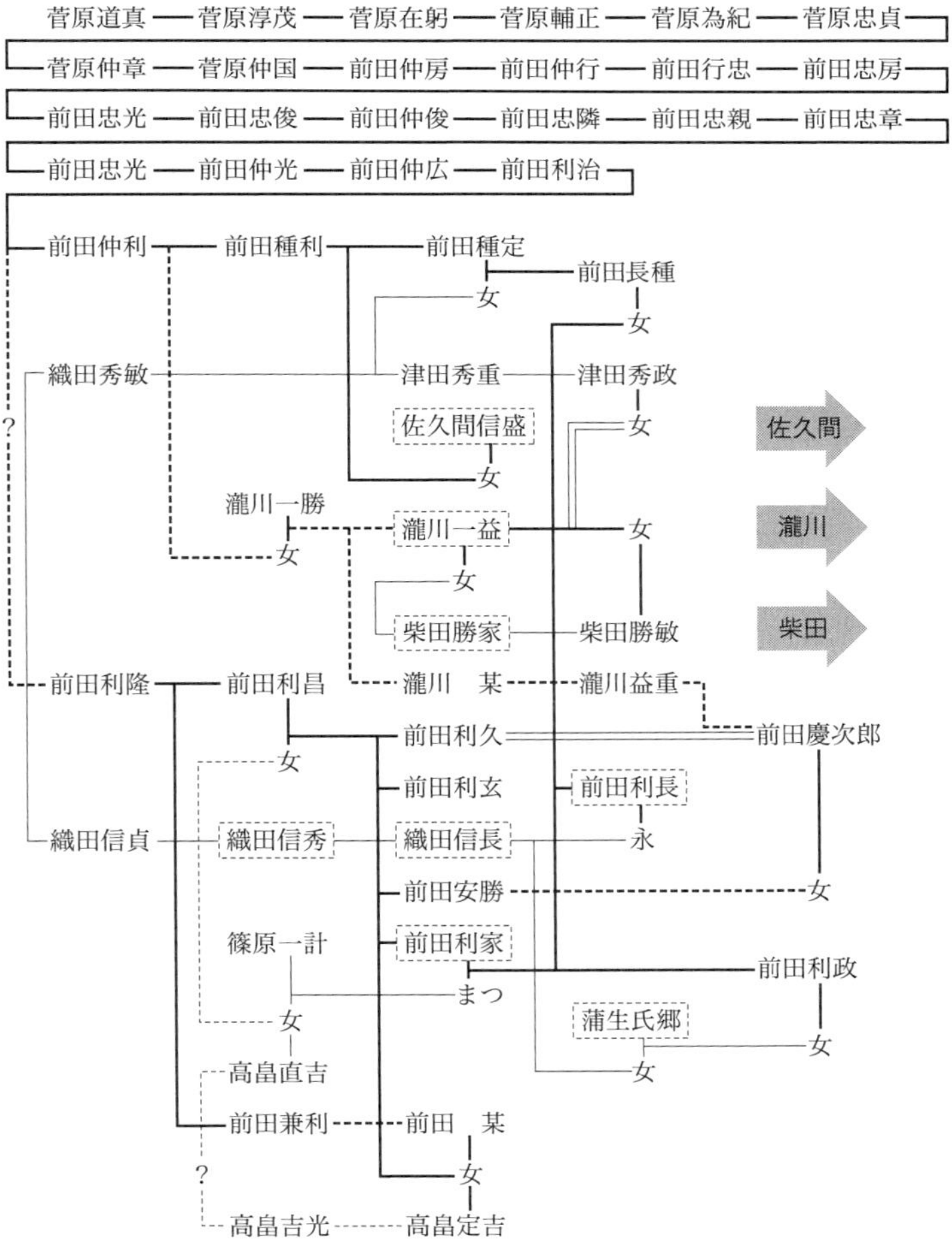
菅原道真
菅原淳茂
菅原在躬
菅原輔正
菅原為紀
菅原忠貞
菅原仲章
菅原仲国
前田仲房
前田仲行
前田行忠
前田忠房
前田忠光
前田忠俊
前田仲俊
前田忠隣
前田忠親
前田忠章
前田忠光
前田仲光
前田仲広
前田利治
前田仲利
前田種利
前田種定
前田長種
女
女
織田秀敏
津田秀重
津田秀政
?
佐久間信盛
女
佐久間
女
瀧川一勝
瀧川一益
女
瀧川
女
女
柴田勝家
柴田勝敏
柴田
前田利隆
前田利昌
瀧川　某
瀧川益重
前田利久
前田慶次郎
女
前田利玄
前田利長
織田信貞
織田信秀
織田信長
永
前田安勝
女
篠原一計
前田利家
前田利政
まつ
蒲生氏郷
女
女
女
高畠直吉
前田兼利
前田　某
?
女
高畠吉光
高畠定吉

ところが、信光は信長と裏で盟約を結び、守護代・清須織田家を滅ぼして、その支配する地域を於多井川（庄内川）で分け、東側を信光、西側を信長で分割統治しようと提案していた。

天文二三年四月二〇日、信光は坂井大膳が南櫓を訪れたら討ち果たそうと画策していたが、大膳は不穏な気配を感じ取って城から脱出し、駿河の今川家を頼って逃げ落ちた。

横山住雄氏は「坂井大膳が今川義元を頼って落ちのびたことからも、背後に今川義元がいると考えたほうがよいのではないか。これら一連の彦五郎反逆事件は、今川義元の工作と考えると理解しやすい」と指摘している（『織田信長の尾張時代』）。

しかし、坂井大膳が逃亡するには東の駿河か西の美濃くらいで、かつ斎藤道三が信長と同盟関係にある以上、今川家しか選択肢がなかったというのが事実であろう。従って、逃亡先から今川家の暗躍を考えるのは考えすぎだと思われる。

信長、清須城に入る（天文二三年四月）

信光は守護代・織田彦五郎に切腹を迫り、清須織田家は滅んだ。

かくして、清須城、那古野城、守山城の城主は以下のように入れ替わった。

・清須城主　織田彦五郎　↓　織田信長
・那古野城主　織田信長　↓　織田信光

・守山城主　織田信光　→　織田孫十郎信次（信光の弟、信長の叔父）

『新修　名古屋市史　２』では天文二三年四月に「清須に入城した信長は、斯波義統の子義銀（よしかね）を国主として迎え、自身は同城北矢蔵（やぐら）に居住することにした」と見ている。

『信長公記』を素直に読めば、弘治（こうじ）二（一五五六）年もしくは永禄四（一五六一）年四月、斯波義銀と吉良義昭（きらよしあき）が参会した後に「信長は北屋蔵へ御隠居」したように読める。

しかし、天文二三年に斯波義銀を清須城に迎えたのでなければ、その間、義銀がどこにいたのかという素朴な疑問が生じる。

斯波家当主が那古野城の信長のもとに逃げてきたから、信長は清須織田家を滅ぼす大義名分を得たのである。手元に置いておかないと、いつ義銀を擁して信長に敵対する者が出てきてもおかしくない。那古野城に置いておくわけにはいかないだろう。『清須合戦記』においても、信長は清須城に移った際に義銀を元服させ、本丸に置いたと記している。したがって、斯波義銀は、天文二三年四月に信長とともに清須城に入城し、家督を継いだと考えるのが順当であろう。

そして、その時、義銀が信長に守護代就任を要請したことは想像に難くない。

当時の尾張国内はまだ守護代の名において軍兵の動員などが円滑に行えたと思われるので、信長は守護代に就任したのかもしれない。

ちなみに、信長の実弟・織田勘十郎信勝は、天文二二年一〇月から天文二三年一一月二三日の間に「織田勘十郎達成（みちしげ）」と名を改めている。いうまでもなく元守護代・織田大和守達勝を意識しての改名だと見られている（達成はのちに信成と改名する。本書では混乱を避ける意味から「信勝」に表記を統一する）。

横山住雄氏は改名の時期を清須織田家滅亡以前と考え、「信勝が達成と改名したのは、心が信長から離れて清須方に気脈を通じていたからであろう。しかし天文二十三年五月に、清須の守護代・織田彦五郎が切腹させられたので（『定光寺年代記』）、信勝が清須と手を組んで信長を倒すという戦略は消滅した」（『織田信長の尾張時代』）と指摘しているが、天文二三年四月の清須織田家滅亡に、信勝を守護代にしようとする勢力があり、信勝はそれに乗って改名したと考える方が自然だと思われる。

織田信光の死（天文二三年一一月）

信光は那古野城に入城の半年後、一一月二六日に不慮の事件で死去した。

谷口克広氏は「家臣坂井孫八郎のために暗殺された（公記・高野山過去帳）」（『織田信長家臣人名辞典』）と記し、桐野作人氏は小瀬甫庵（おぜほあん）著『信長記』をもとに「一説によれば、近習の坂井孫八郎が信光夫人と密通しており、それが露見しそうになったので、夫人と共謀して先手を打ったという」との説を披瀝（ひれき）している（桐野作人『織田信長』）。

横山住雄氏は、信光を暗殺した「坂井孫八郎の背後に信長がいるとの説もあるが、そのような策略をめぐらすにはまだ若い感じがする」と指摘している（『織田信長の尾張時代』）。横山氏は明言していないが、坂井孫八郎を坂井大膳の近親と考え、大膳の指示で信光を暗殺したように考えておられるのではないか。

坂井家の先祖は越前出身で、織田家が越前から尾張に移ってきた時に、ともに尾張に移ってきた家柄である。そのため、織田各家の被官には坂井家の人物が多く、必ずしも近親とは限らない。信光暗殺の陰に大膳を見るには、証拠不足だと思われる。

3　筆頭家老・林佐渡守との対立

林佐渡守を那古野城代とする（天文二三年一一月）

信光の死後、信長は林佐渡守を那古野城代とした。

父・信秀の死後、筆頭家老の林佐渡守は一貫して信長と対立姿勢をあらわにしている。そんな林をなぜ那古野城代に据えたのだろうか。

おそらく、同じ城に不満分子を抱えておくよりも、切り離した方が得策だと考えたのだろう。もしくは、信長は清須城に移った時に林佐渡守を那古野城に残しておき、信光が死んだので、城代に昇格させたと考えた方が賢明かもしれない。

弟・秀孝の死、叔父・信次の出奔（天文二四年六月）

清須織田彦五郎、信光と立て続けに織田一族の有力者が死去する中、今度は信長の弟が事故死してしまう。天文二四（一五五五）年六月二六日（一〇月に弘治元年に改元）、守山城主・織田孫十郎信次の家臣が、信長の弟・織田喜六郎秀孝を誤って射殺してしまった。信次は信長・信勝兄弟の報復を恐れて、城に帰らずそのまま出奔する。

信勝は末盛城から守山に駆けつけて城下を放火し、守山城の周囲を灰燼に帰した。

信長も清須から駆けつけたが、事の次第を聞いていったん帰陣した。

守山城には信次の家臣・角田新五、高橋与四郎、喜多野下野守、坂井七郎左衛門、坂井喜左衛門・孫平次父子、岩崎城の丹羽源六氏勝などが籠城した。

そこで、信勝は柴田勝家、津々木蔵人を大将として、守山城の西に一キロメートル強の木が崎口（木賀崎、名古屋市東区矢田町）に派遣し、信長も飯尾近江守・讃岐守父子、その他大勢を差し向けて守山城を包囲した。

佐久間右衛門尉信盛は、信長の異母兄弟・織田安房守秀俊（別名・信時）に才覚があるから守山城に差し向けるように、信長に進言した。

秀俊は、信次の家老・角田新五、坂井喜左衛門と謀って謀叛を起こさせ、守山城を乗っ取り、城主となった。秀俊は佐久間の取りなしに恩義を感じ、佐久間に下飯田村（名古屋市北区下飯田）の知行一〇〇石を与えたという。

織田弾正忠家略系図

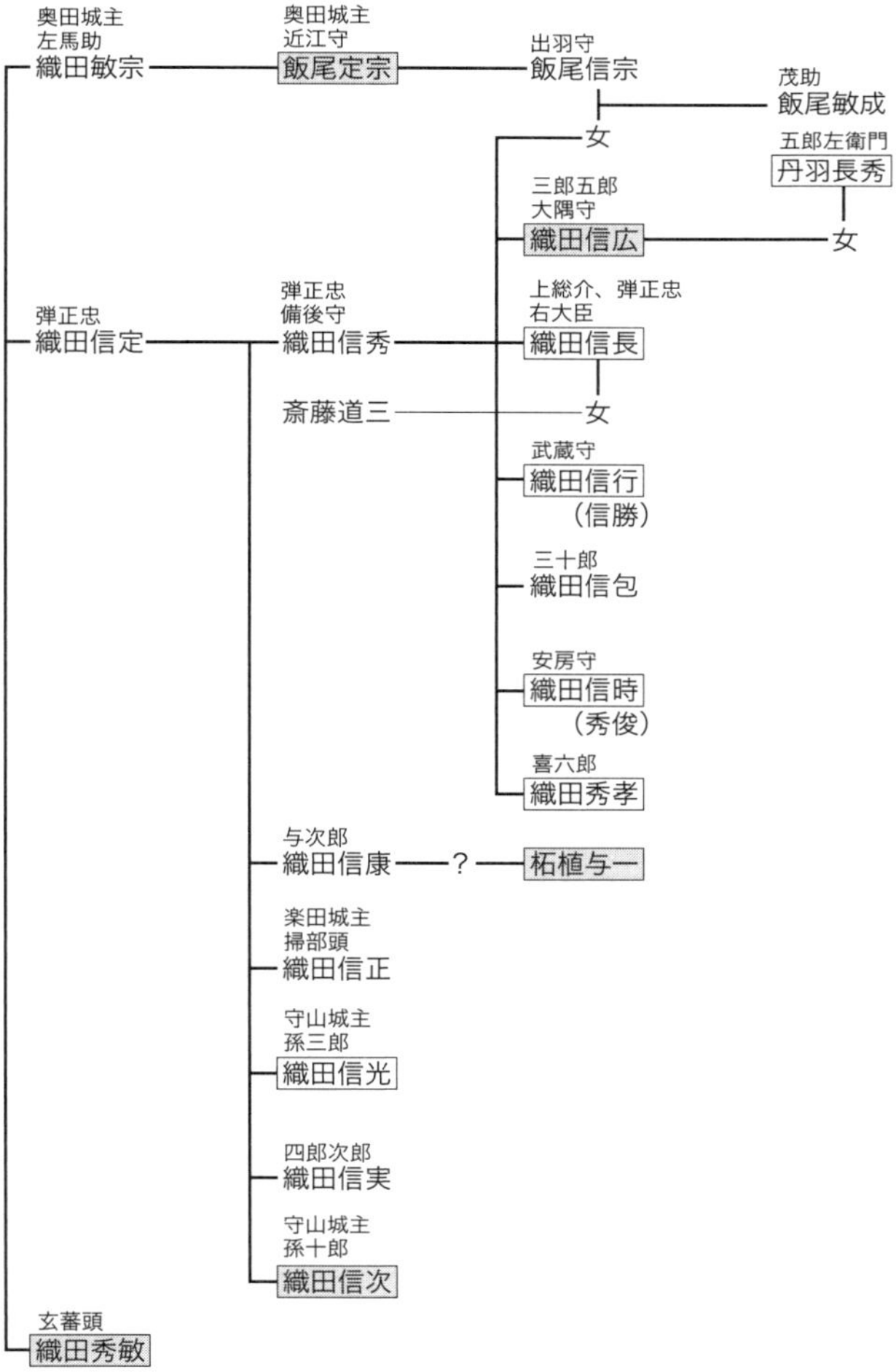
奥田城主
左馬助
織田敏宗
奥田城主
近江守
飯尾定宗
出羽守
飯尾信宗
茂助
飯尾敏成
女
五郎左衛門
丹羽長秀
三郎五郎
大隅守
織田信広
女
弾正忠
織田信定
弾正忠
備後守
織田信秀
上総介、弾正忠
右大臣
織田信長
斎藤道三
女
武蔵守
織田信行
（信勝）
三十郎
織田信包
安房守
織田信時
（秀俊）
喜六郎
織田秀孝
与次郎
織田信康
？
柘植与一
楽田城主
掃部頭
織田信正
守山城主
孫三郎
織田信光
四郎次郎
織田信実
守山城主
孫十郎
織田信次
玄蕃頭
織田秀敏

その後、秀俊は坂井孫平次を寵臣として重用したため、角田新五の恨みを買い、弘治二（一五五六）年六月、角田によって切腹させられる（ちなみに秀俊の死後、未亡人は池田恒興と再婚した）。角田は岩崎源六氏勝らを守山城に引き入れて籠城した。

『信長公記』によれば、信長は、放浪していた叔父・信次を不憫に思って赦し、守山城主に復帰させたという。しかし、実際は、信次の遺臣の内部抗争に手を焼き、旧主を復帰させることで円満解決を図ったのだろう。

なぜ佐久間信盛なのか

織田喜六郎秀孝は『信長公記』で「勘十郎殿（信勝）御舎弟」と記されているが、信勝は信長の同母弟といわれているので「信長公御舎弟」とすべきである。あえて「勘十郎殿御舎弟」と記しているのは、信勝と同じく末盛城にいたからではないか。

一方、織田安房守秀俊は『信長公記』で「織田三郎五郎（信広）と申すは、信長公の御腹かはりの御舎兄なり。其弟に安房守殿と申候て、利口なる人あり」と記されており、谷口克広氏は「信広と同じく信長の異母兄」ではないかと推定している（『織田信長家臣人名辞典』）。

ここで興味深いのは、佐久間信盛が秀俊の人物評を信長に進言していることである。

おそらく秀俊も末盛城に住んでいたので、幼時から那古野城に住んでいた信長は、その人物をよく知らなかったのではないか。その反面、佐久間信盛は末盛城附きだったと考えられるので、秀俊の人となりをよく知っていたのだろう。

ではなぜ、末盛城附きだった信盛が信長に進言したのか。いつの間に信長方に転じたのだろうか。

弘治二年八月の稲生（いのう）合戦（信長と林佐渡守・柴田勝家連合軍との戦い）では、信盛の一族・佐久間大学助盛重が信長方として名塚砦を守っている。少なくとも信秀の死去（天文二一［一五五二］年三月）から弘治元（一五五五）年六月のおよそ三年の間に佐久間一族が信長方に転じたものと思われる。

実は清須城主・信長には宿老と呼べる人物が見当たらないことに気付かされる。

信長は、叔父・信光の死後、筆頭家老の林佐渡守を那古野城に追いやった。次席家老の平手政秀はすでに死去している。そこで、佐久間一族を自陣に引き入れ、宿老に据えたのだろう。

斎藤道三の敗死（弘治二年四月）

信長が一族の内紛を乗り越えてきつつあった頃、最大の後ろ盾である美濃の斎藤道三を失った。弘治二年四月一八日、道三の子・斎藤義龍（よしたつ）（正式には一色（いっしき）新九郎高政（たかまさ））が父に叛（はん）旗（き）を翻し、合戦に及んだのだ。

信長は道三を救援するため、美濃へ出兵したが、二〇日に道三は長良川畔で討たれてしまう。しかも、信長軍は義龍の襲撃に遭い、山口取手介、土方彦三郎信治が討ち死にした。森三左衛門可成が膝近くを斬られた。道三の討ち死にを知った信長は、自ら殿を務めて退却した。

その頃、尾張上四郡の守護代で岩倉城主・織田伊勢守は、義龍と示し合わせ、信長の留守を狙って清須城の北ほぼ一・五キロメートルに位置する下の郷（下之郷、清須市春日富士塚）を放火した。信長は岩倉城近辺を放火して、清須に戻った。

父・道三を討ち果たした斎藤義龍は、岩倉織田家や信勝・信広兄弟と連携し、信長と敵対していったのだ。

林佐渡守の謀叛（弘治二年五月）

信長の筆頭家老・林佐渡守とその弟の林美作守は、末盛城附きの柴田勝家を誘引し、信長に離反して信勝を守り立てようとしているとの風説が流れた。

林佐渡守は清須織田家からの附家老として、清須織田家の抗争では信長側に加担しない姿勢を取っており、清須織田家滅亡後はさらに難しい立場に立たされた。信長以外の人物を擁立することで、立場の好転を狙ったものであろう。

『信長公記』には、「林兄弟が才覚にて、（信長・信勝）御兄弟の御中不和となるけり」との記述がある。この記述を信じるならば、信長・信勝兄弟の不和に乗じて林兄弟が謀叛を起こしたのではなく、林兄弟が謀叛を起こす過程で、信長・信勝兄弟を不和に導いたといえよう。

また、林兄弟が信勝擁立に動いたのは、信長の行儀が悪く、信勝が礼儀正しいといった個人の資質に基づくものではなく、清須織田家と信長の対立の延長と考えられる。

弘治二年五月二六日、信長は、守山城主・織田安房守秀俊と二人で那古野城の林佐渡守を訪れた。佐渡守の弟・林美作守は、絶好のチャンスとして、兄・佐渡守に信長の謀殺を進言するが、佐渡守は「三代相恩の主君を、おめおめと爰（ここ）にて手を懸け討申（うちもう）すべき事、天道おそろしく候」と言って、その場で討ち果たすことは避け、そのまま信長を帰した。

しかし、それから一両日して、林佐渡守・美作守兄弟は信長に叛旗を翻し、林の与力である荒子城、米野（こめの）城（名古屋市中村区上米野町）、大秋（おおあき）城（名古屋市中村区大秋町）が林兄弟に味方した。

荒子が清須と熱田の間、米野・大秋が清須と那古野の間を遮断する意図があったという。荒子城主・前田与十郎、米野城主・中川弥兵衛はともに林佐渡守の与力とする説があり、林佐渡守は那古野城を居城として、少なくともその西南に居住する織田家臣団を与力にしていた可能性が高い。

稲生合戦（弘治二年八月）

林兄弟は信長の直轄地・篠木三郷（春日井市内津町）を横領し、その近辺に砦を構えた。

これに対して、信長は清須から於多井川（庄内川）を越えて、八月二二日に那古野城の北北西ほぼ三キロメートルの名塚（名古屋市西区名塚町）に砦を築かせ、佐久間大学助盛重を置いた。

翌二三日は雨となり、川の水かさも増して砦の建築も進んでいないとみた柴田勝家、林美作守は、先手を打つべく出陣した。

八月二四日、信長も七〇〇弱の兵を率いて清須城から出陣し、稲生村（名古屋市西区稲生町）の東に布陣した。稲生村は清須城の東にほぼ四・四キロメートル、那古野城の北北西ほぼ二・八キロメートルに位置する。

一方、柴田勝家は一〇〇〇の兵を率いて稲生村はずれの街道を西に向かい、林美作守が七〇〇の兵を率いて南の田園地帯から北上してきた（甫庵『信長記』では、柴田が一〇〇〇余騎、林が一〇〇〇騎計）。

同日午の刻（正午）、信長軍は南東の柴田勢に合戦を挑んだ。

合戦が佳境に入ったところで、信長は大きく怒声を発した。これを見た柴田勢は信長の威光を恐れて立ち止まり、ついに逃げはじめた。

次いで、信長は南の林勢に転じて攻撃を加え、自ら林美作守を討ち取った。

稲生合戦

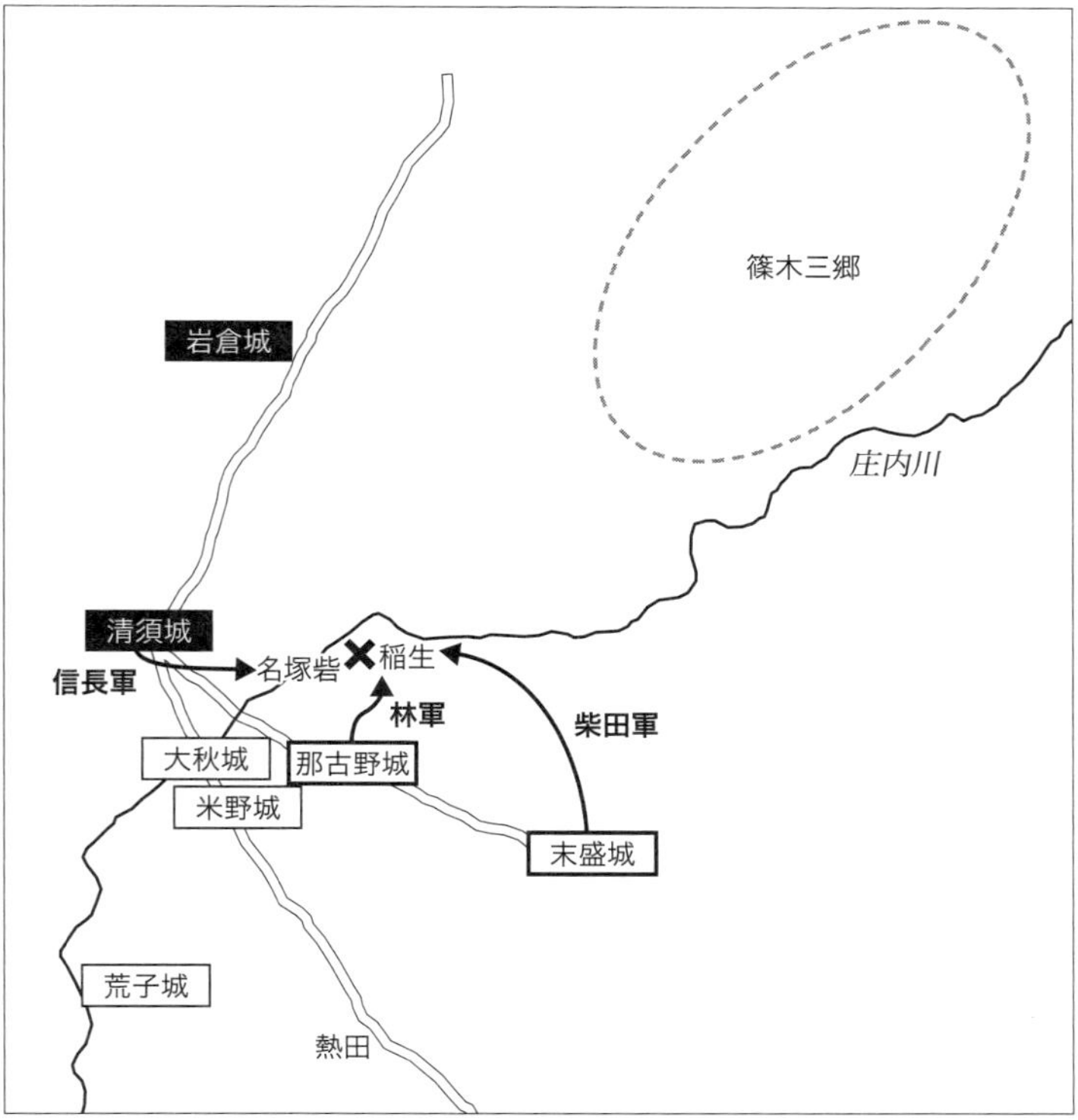
篠木三郷
岩倉城
庄内川
清須城
名塚砦
稲生
信長軍
林軍
柴田軍
大秋城
那古野城
米野城
末盛城
荒子城
熱田

これで柴田・林勢は総崩れとなり、四五〇人もの死者が出た。信長軍が勝利したのだ。この戦いを俗に稲生合戦という。

稲生合戦の後、柴田・林勢はそれぞれ末盛城、那古野城に籠城を余儀なくされた。信長は両城近くまで攻め込んだが、落城するには至らなかった。

そうこうするうちに、末盛城にいた土田御前（信長・信勝兄弟の母）が、信長の奉行・村井長門守貞勝、島田所之助秀満を呼び寄せ、一連の所行について詫び言を伝えたので、信長は末盛城・那古野城の者たちを赦すことにした。

信勝は母・土田御前をともなって、家老の柴田勝家、津々木蔵人と清須城に登城し、信長に御礼を申し上げた。『信長公記』では、合戦の場面に信勝は一切登場しないが、柴田勝家の行動は信勝の意思に沿ったものであり、実際には信勝も合戦に参加していたのかもしれない。

4　尾張の統一

同母弟・信勝の離反（弘治三年四月）

稲生合戦で敗れたものの、信勝は美濃の斎藤義龍や岩倉織田家と連携して捲土重来を期していたらしい。

なお、織田勘十郎信勝は天文二三年秋に「達成（みちしげ）」と改名し、天文二四年五月から弘治三年一一月の間に「織田武蔵守信成（のぶしげ）」と名を改めている。稲生合戦の敗退を機に改名したとの説もあるが、岩倉織田家と連携するのに「達成」という名は不都合だと思ったのではないか。

弘治三（一五五七）年四月、斎藤義龍が織田信勝に誼（よしみ）を通じた書状があり、「義龍は末盛城主の信行（信勝）に対してたびたび連絡をとり、ひそかに同盟関係を継続していた」。また、同時期に信長の異母兄・織田三郎五郎「信広の方から義龍に贈り物をして連絡を取り、今後仲良くしてほしいと申し出た」という（『斎藤道三と義龍・龍興』）。

永禄元（一五五八）年三月、信勝は岩倉織田家と結んで竜泉寺（りゅうせんじ）（名古屋市守山区竜泉寺）に砦をつくった。「信長の御台所（直轄領）である篠木三郷（春日井市）を、天文二十二年六月に信勝側が占領した。そのまま五年がたち、永禄元年にいたってこの占領地を恒久化しようとしての砦造りらしい」（『織田信長の尾張時代』）。

異母兄・信広の謀叛未遂

信長の庶兄・織田三郎五郎信広もまた、弘治二（一五五六）年頃、斎藤義龍と組んで謀（む）叛（ほん）を企図していたという。義龍が陽動作戦を仕掛け、信長が出陣したら、その隙に信広が清須城を乗っ取ってしまうという算段である。

ところが、美濃の斎藤軍の動きがいつもより慎重さを欠き、「うきうきと」木曾川を渡ったことを不審に思った信長は、陽動作戦ではないかと訝しんだ。そこで、城の留守居役・佐脇藤右衛門に「一切城を出るな」ときつく申し付け、町人たちにも「惣構えの城戸を閉ざすように」命じた。

こうして信広の謀叛は未然に防がれ、信広も制裁を受けずに済んだ。

浮野合戦、岩倉織田家の滅亡（永禄元年七～一〇月）

守護代織田家は、上四郡を治める岩倉織田家と下四郡を治める清須織田家から構成されていた。清須織田家は信長によって滅ぼされたが、岩倉織田家は斎藤義龍と組んで、しばしば信長に対して敵対行動を見せた。

そこで、信長は、永禄元年七月一二日に岩倉城（岩倉市下本町）攻略のため、岩倉城の背後、北西ほぼ四キロメートル弱の浮野（一宮市千秋町浮野）に布陣した。

これに対し、岩倉勢は三〇〇〇の兵で出陣して応戦したが、信長軍が勝利し、討ち取った首は一二五〇を超えたという。

「小瀬甫庵の『信長記』では、信長勢二〇〇〇余騎に、犬山城主織田十郎左衛門信清勢一〇〇〇騎が来援し、岩倉勢三〇〇〇騎を破ったという。翌永禄二年と推定されるが、織田

浮野合戦

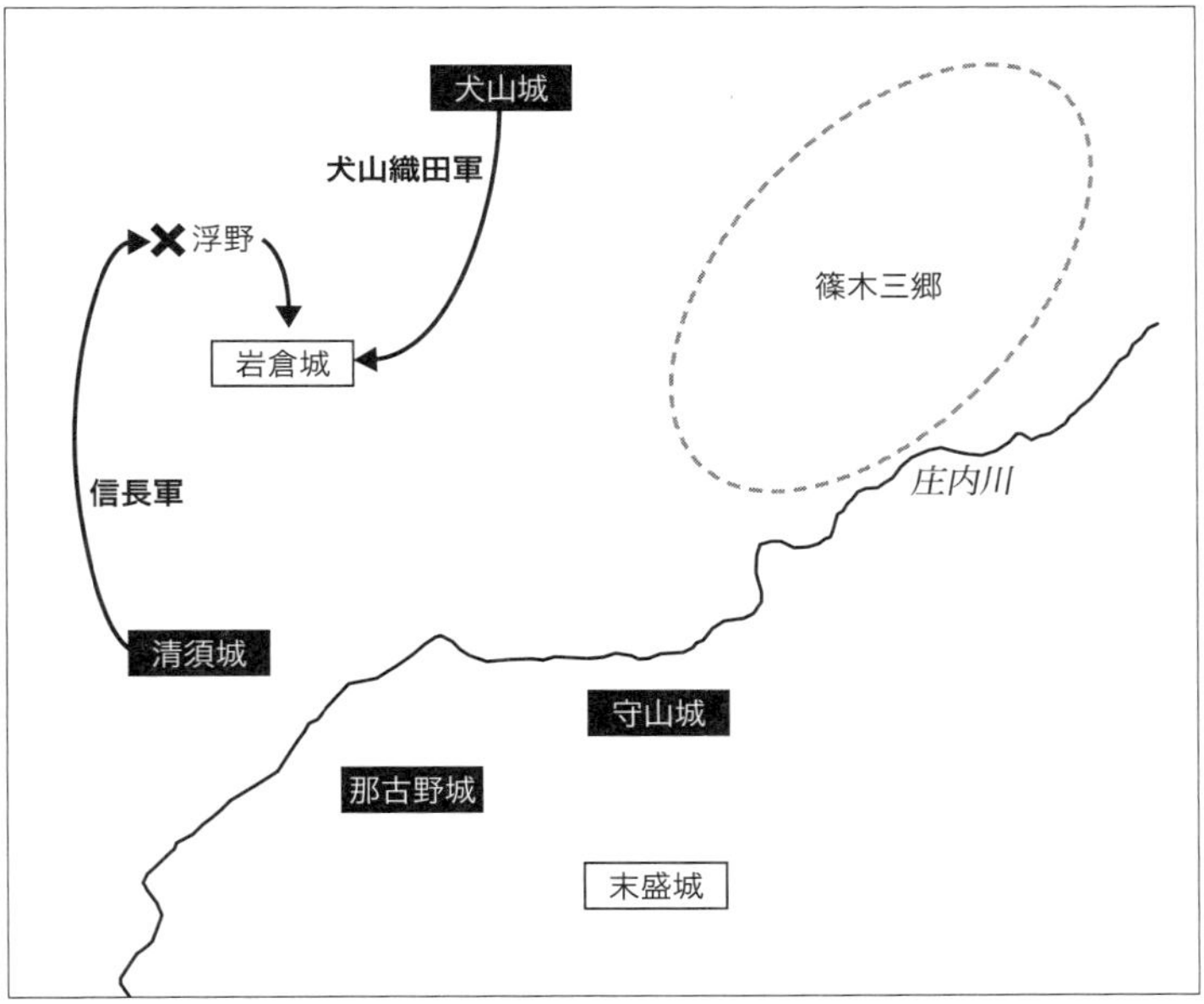

信長は、岩倉城を攻めて、二、三カ月の攻囲ののち、城主伊勢守信賢（のぶかた）を降伏させた」（『新修名古屋市史　2』）。

信長はそれまで七〇〇〜八〇〇の兵しか動員していなかったが、ここに至って単独で二〇〇〇の兵を率いており、動員能力が格段にアップしたことを示唆させる。

なお、岩倉落城の時期について、横山住雄氏は「永禄二年二月二日には信長が上洛しているので（『言継卿記（ときつぐきょうき）』）、それ以前に落城していたことは確実である。岩倉落城は『信長公記』に月日すら記述がないが、七月十二日の浮野合戦後二・三ヶ月、つまり永禄元年九月から十月頃というのが目安になるだろう。諸書は落城を永禄二年としており判断に苦しむところである」（『織田信長の尾張時代』）と述べている。

『信長公記』では、浮野合戦が終わった後、「或時岩倉を推詰(おしつ)め、（中略）二・三ヶ月近く陣にとりより、（中略）まかり退き」と記されており、横山氏が記すように「七月十二日の浮野合戦後二・三ヶ月、つまり永禄元年九月から十月頃」という時期感は厳密ではない。ただし、永禄元年一一月に信長が仮病を使って信勝を暗殺しているので、その前に落城したという横山説を支持したい。

岩倉城の陥落で、信長は敵対する織田一族をほぼ平らげ、残るは弟・信勝だけになった。

弟・信勝を殺害（永禄元年一一月）

こうした中、信勝附きの家老・柴田勝家が、信長に信勝謀叛ありと讒訴(ざんそ)した。

当時、信勝附き家老は、柴田勝家、津々木蔵人だった。稲生合戦の敗退で、信勝が信長に謝罪しに行った際、この二人が付き従っていたことでもわかる。

ところが、信勝は津々木を男色の相手にして肩入れし、信勝配下の有能な家臣を津々木の与力とした。この結果、津々木は驕(おご)り高ぶり、柴田勝家を侮蔑(ぶべつ)することがあったので、柴田が信長に訴えたのだという。

これを聞いた信長は、永禄元年一一月二日、仮病を使って信勝を清須城に招き入れ、殺害した（切腹させたともいう）。

『信長公記』では、これ以前にも柴田勝家の武功をたびたび記しており、信勝家臣団において群を抜いた実力の持ち主だったのだろう。有力家臣の擡頭（たいとう）を抑えるため、対抗馬として側近を取り立てることは往々にしてあるが、それで失敗したというのが実態ではないか。

あるいは、岩倉城が永禄元年の秋に落城していたのであれば、不利を悟った柴田勝家が信勝を見限って信長に鞍替（くらが）えしたという可能性も充分にあると思われる。

かくして、信長は清須織田家を統一し、反乱分子になりそうな弟・信勝の存在を抱えながら、岩倉織田家を倒した。そして、信勝を暗殺することによって、尾張の武士を傘下に収めたのである。

第3章　桶狭間の合戦と美濃・近江侵攻

1　桶狭間の合戦（永禄三年五月）

桶狭間の合戦の評価

永禄三（一五六〇）年五月一九日、信長軍は、尾張に進軍していた駿河の今川治部大輔義元を桶狭間（名古屋市緑区有松町桶狭間。愛知県豊明市栄町の二説がある）にて討ち取った。世にいう桶狭間の合戦である。

従来の説では、今川義元が四万五〇〇〇（実際は二万五〇〇〇といわれている）の兵を率いて上洛し、尾張を蹂躙していこうとするのに対し、信長は二〇〇〇の兵を率いて、風雨の中、休んでいた今川軍を桶狭間で奇襲して義元を討ち取ったという筋書きで語られていた。

これを一変したのが、一九八二年に藤本正行氏が発表した論考「異説・桶狭間合戦」で、『信長公記』を素直に読むと、信長軍は迂回による奇襲を行っておらず、正面からの攻撃で今川軍を破ったとする説である。この説が一九九三年に『信長の戦国軍事学』として刊行され、一般にも流布し、今では定説となりつつある。

しかし、二〇〇〇の信長軍が正面攻撃で二万五〇〇〇の今川軍に圧勝するという筋書き

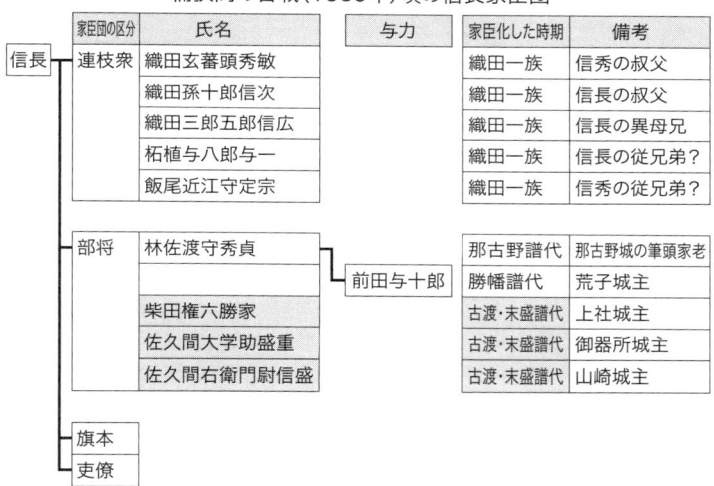

桶狭間の合戦（1560年）頃の信長家臣団

信長

家臣団の区分	氏名	与力	家臣化した時期	備考
連枝衆	織田玄蕃頭秀敏		織田一族	信秀の叔父
	織田孫十郎信次		織田一族	信長の叔父
	織田三郎五郎信広		織田一族	信長の異母兄
	柘植与八郎与一		織田一族	信長の従兄弟？
	飯尾近江守定宗		織田一族	信秀の従兄弟？
部将	林佐渡守秀貞		那古野譜代	那古野城の筆頭家老
		前田与十郎	勝幡譜代	荒子城主
	柴田権六勝家		古渡・末盛譜代	上社城主
	佐久間大学助盛重		古渡・末盛譜代	御器所城主
	佐久間右衛門尉信盛		古渡・末盛譜代	山崎城主
旗本				
吏僚				

※出典　『信長軍の司令官』をもとに作成。

に納得し得ない部分があり、作家・研究者が新たに新説を唱えて現在に至っている。

桶狭間の合戦の概要

『信長公記』には、桶狭間の合戦の前段として、その北西に位置する鳴海(なるみ)城の離反が記されている。

それによれば、鳴海（名古屋市緑区鳴海町根古屋）城主・山口左馬助(さまのすけ)教継(のりつぐ)、およびその子・山口九郎次郎は信長に敵対し、付近の大高城（名古屋市緑区大高町城山）、沓掛(くつかけ)城（豊明市沓掛町）を調略して乗っ取ってしまった。ところが、今川家は、鳴海城に部将・岡部五郎兵衛元信を城代として入れ、山口父子を駿河に呼び寄せて切腹させてし

桶狭間の合戦

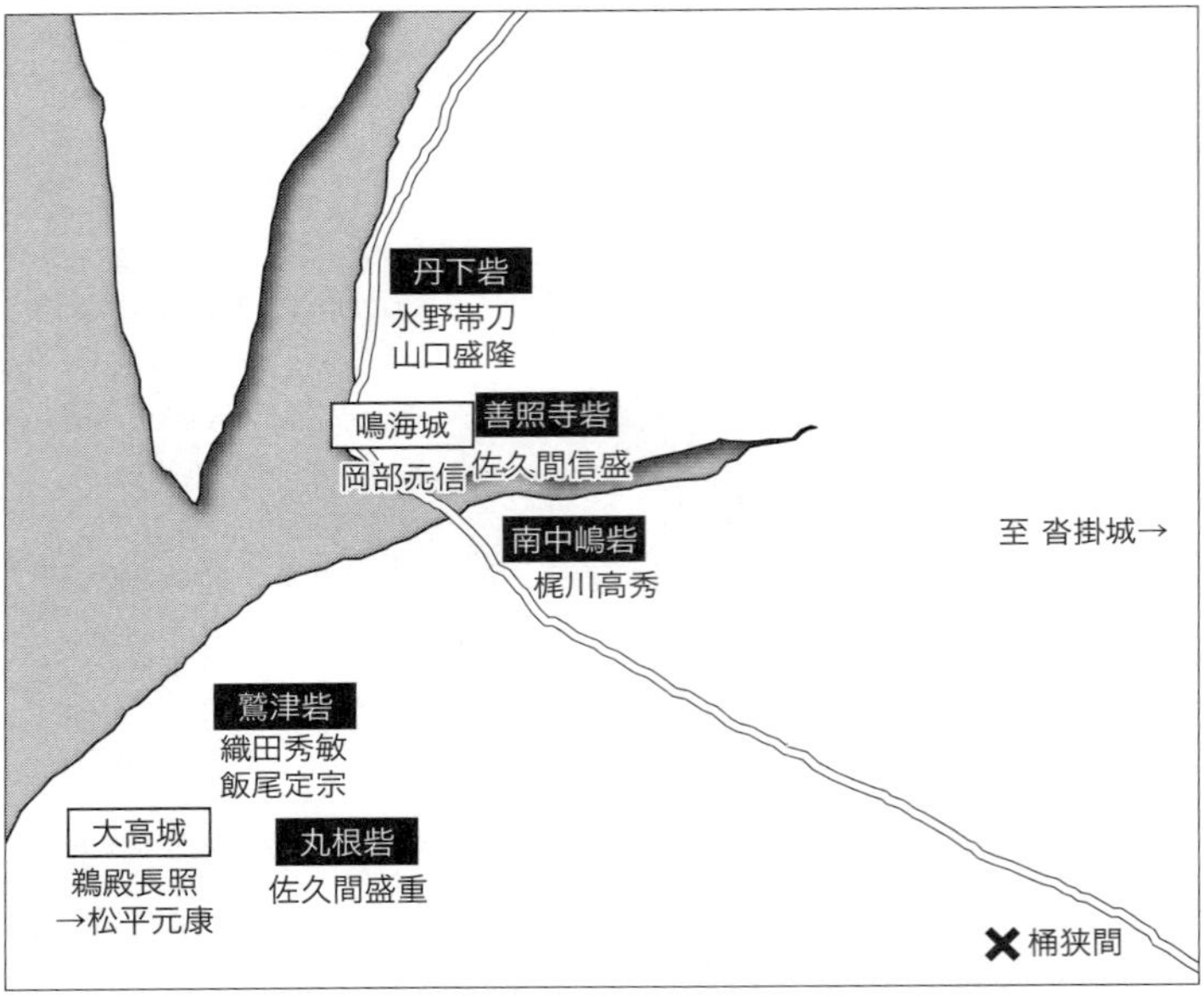

まったという。

ちなみに、大高城は元々水野一族の居城で、今川方の三河国西郡上之郷城主・鵜殿長照が城番として置かれ、沓掛城主・近藤九十郎景春は今川家に転じたという。

一方、信長は、鳴海城を取り囲むように、丹下（名古屋市緑区鳴海町清水寺）、善照寺（名古屋市緑区鳴海町砦）、南中嶋（名古屋市緑区鳴海町下中）に砦を築き、さらに大高城の東側を遮断するように、丸根（名古屋市緑区大高町丸根）、鷲津（名古屋市緑区大高町鷲津山）に砦を築いて家臣を置いた。

五月一七日に今川義元は沓掛城に入った。

一八日夕刻、信長のもとに、大高城を取り囲んでいた丸根砦の守将・佐久間大学助盛重、および鷲津砦の守将・織田玄蕃秀敏から「今川軍は、孤立した大高城に五月一八日夜の間に兵糧を入れ、一九日朝の潮の干満を考慮して、織田の援軍が来る前に丸根・鷲津砦を攻撃するつもりだ」との報告が入った。

しかし、信長は軍議も開かず、雑談で終わらせ、みなを帰宅させた。

一八日夜、今川軍の松平元康（のちの徳川家康。以下、徳川家康と記述を統一する）は大高城に兵糧を入れ、一九日朝、丸根砦を攻め落とした。一方、朝比奈泰朝が鷲津砦を攻め、開城させた。大高城の鵜殿長照は在番が長かったことから、守将を家康に代えた。

信長は、一九日朝に両砦から攻撃を受けているとの報告を受け、小姓数人を従えたまま、馬で熱田（名古屋市熱田区）まで駆け抜けた。熱田に着いて東側を見ると、鷲津・丸根の両砦の方から煙が上がっていた。すでに陥落したようだ。海岸沿いに行けば近いものの、潮が満ちて馬では不便なので、熱田から上手の街道を進んで、まず丹下砦に着いた。次いで善照寺砦に着いてから兵を集め、戦況を見極めた。

信長が中嶋へ移動しようとしたところ、家老衆は「中嶋への道は両側が深田で一騎ずつしか進めないので、寡兵であることが敵に知られてしまいます」と諫めたが、信長はその声を振り払って中嶋へ移動した。付き従う兵は二〇〇〇弱であったという。

一方、義元は桶狭間山で人馬を休めていたという。

信長が山際まで兵を寄せた時、にわか雨が激しく降りつけた。

空が晴れたのを見て、信長は槍（やり）を取り、大声を上げて「急ぎかかれ、かかれ」と叫んだ。

黒煙を立てて攻撃する信長軍を見て、敵は水を撒（ま）くように後方に崩れた。

信長は義元を取り囲む旗本を見つけ、「かかれ」と命じた。

信長軍は東に向けて攻めかかった。三〇〇騎ばかりの旗本が丸くなって、義元を囲みながら退いていたが、数度打ち合った結果、五〇騎ばかりに減っていった。

信長も馬を下り、若武者どもがわれ先へと敵に斬りかかっていった。

服部小平太が義元に斬りつけたが、かえって膝（ひざ）口を切られて倒れ伏した。毛利新介良勝（しんすけよしかつ）が義元を斬り伏せて首を取った。今川軍の死者は三〇〇〇余といわれている。

不可思議な『信長公記』の構成

『信長公記』では、桶狭間の合戦を以下の順序で記載している。
①今川方に内応した鳴海城の山口左馬助教継父子が駿河に呼ばれ、切腹させられた。
②天沢（てんたく）という僧侶（そうりょ）が関東に下向し、甲斐（かい）の武田信玄に信長の鷹狩（たかが）りの様子を語った。
③鳴海城の抑えとして、信長がその周辺に砦を築いた。
④今川義元が尾張に出陣した。以下、桶狭間の合戦に続く。

ここで疑問となるのは、②僧・天沢が武田信玄に信長の鷹狩りの様子を報告した条が、なぜこんなところに入っているのかということである。

仮にこの話が事実であり、時期的にこの間に挿入することが正しいとしても、前後の流れを中断するこの場所にあえて挿入する必然性がまったく感じられない。

そこで、まったく別の観点から考えてみよう。

つまり、この話は天沢という人物を借りて、桶狭間の合戦に至る背景を比喩的に語っているのではないか。

ちなみに、天沢が報告した信長の鷹狩りの様子は以下のような内容になっている。

すなわち、信長が鷹狩りをする時は、

・二〇人の鳥見を二、三里先まで走らせて雁や鶴の居場所を報告させる。

・馬に乗った家来に、藁の先に虻をつけたものを持たせ、鳥の気を引かせる。

・信長は鷹を腕に据えて鳥に見つからないように近付き、鷹を放つ。

・その向かい側には、農民に扮した家来に鍬を持たせて待機させ、鳥を捕まえさせる。

これを桶狭間の合戦の情景に完璧にあてはめることはできないが、あえて想像するなら、信長はエサ（鳴海城・大高城の抑えの砦）をちらつかせて、鳥（今川義元）を呼び込み、鷹（織田軍）を放って、鳥の逃げる方向を見極め、その先に農民（今川方の内紛者？）を待たせて捕まえた（討ち取った）というストーリーが浮かび上がる。

つまり、『信長公記』は、今川義元の尾張侵攻が信長におびき寄せられたこと、そして、何らかの方法を使って、義元を挟み撃ちにしたことを示唆しているのだ。

ではなぜ、『信長公記』は桶狭間の合戦の真実を暗喩に込めねばならなかったのか。

それは義元を挟み撃ちした人物が、今川を裏切った徳川家康だからだろう。

『信長公記』は、筆者・太田牛一が日々メモしていた綴（つづ）りをまとめて書き上げられたものと伝えられ、慶長年間に成立したといわれている。当時、天下は家康のものになっていた。桶狭間における家康の裏切り行為を書くわけにはいかず、暗喩に込めたというのが真相であろう。

ちなみに義元の法名は「天沢（てんたく）寺殿四品前礼部侍郎秀峰哲公大居士」という。

つまり、『信長公記』では、僧・天沢（＝義元）が信長の鷹狩りの様子に仮託して、武田信玄に桶狭間の合戦の真実を伝えるという夢物語になっているのだ。

義元の出兵目的

ではなぜ、家康は今川義元を裏切らなければならなかったのか。

かつては義元が東上した目的が上洛だといわれていたが、そうであれば、家康が今川家を裏切る必要はなかったはずだ。

しかし、義元の目的が上洛ではないとする説が優位になりつつある。

そもそも義元の東上を上洛目的としたのは、慶長一六（一六一一）年に小瀬甫庵(おぜほあん)が著した『信長記』（以下、甫庵『信長記』と呼ぶ）がはじめで、比較的信憑性(しんぴょうせい)が高いとされる『信長公記』や『三河物語』には義元の東上目的を記していない。

近年では、義元の東上目的が尾張東部の制圧、ひいては西三河支配の安定と考えられている。たしかに、信秀時代から今川家の尾張侵攻を振り返ってみても、一進一退を繰り返して愛知郡の東部に橋頭堡(きょうとうほ)を築くのが精一杯で、一足飛びに上洛できるとは思えない。

さらに今川家の三河侵攻を指揮していた太原崇孚雪斎(たいげんすうふせっさい)が、弘治(こうじ)元（一五五五）年閏(うるう)一〇月に死去しており、義元は三河および尾張侵攻プランの再構築を余儀なくされた。

どうやらそれは、義元自らが三河を制圧し、家康に三河衆を指揮させて尾張に侵攻していこうとするものだったようだ。

弘治三（一五五七）年頃、義元は今川家の重臣・関口刑部少輔親永(ぎょうぶのしょうちかなが)（義広、氏広ともいう）の女(むすめ)（築山殿）と家康を結婚させた。

築山殿の母は義元の妹であり、築山殿は義元の姪(めい)にあたる――と伝えられてきたのだが、『寛政重修諸家譜』の井伊家の項では、井伊直政の曾(そう)祖父（実は祖父の兄）・井伊宮内少輔(くないのしょう)直宗(なおむね)の妹が「今川義元が養妹となり、関口刑部少輔親永に嫁す」と記されている。

この説を信じるならば、築山殿と今川義元には血縁関係がなくなってしまう。

しかし、母親が今川義元の妹でなければ、実の娘という可能性が生まれてくる。

築山殿の母は、今川家の遠江(とおとうみ)侵攻の過程で今川家の人質に取られ、義元の手が付いた。そして、懐妊したまま、関口親永に下げ渡されたのではないか。

義元は家康のことを高く買っており、実の娘と結婚させて絆(きずな)を深め、尾張侵攻の最前線に送り込もうとしたのだろう。

さらに、義元はまだ三九歳の若さで家督を嫡男・氏真(うじざね)に譲り、尾張侵攻に専心できるフリーな立場を得て、出発する四日前に朝廷から三河守(みかわのかみ)に任ぜられている。

そして、三河以西を制圧するための新たな拠点とすれば、岡崎城をおいて他にない。

つまり、今川義元が岡崎城代に赴任して、自ら三河を支配し、腰を据えて尾張攻略に取りかかろうとしたのだろう。

しかし、それは三河松平家の家臣団にとって、絶望的な事態である。

かれらは家康が成長して岡崎城に帰参することを願っていたはずだ。ところが、義元が岡崎城代になれば、家康が岡崎城主として帰参する可能性は低い。

おそらく、家康は義元から常に危険な先陣を任されるだろう。

一方、信長にとって、義元が自ら尾張まで出張(でば)ってくることは千載一遇のチャンスでもある。家康と秘(ひそ)かに和議を結べば、尾張に侵攻した義元を袋の鼠(ねずみ)にすることができる。

換言するなら、桶狭間の合戦は、義元の岡崎城駐留を阻止するために、松平家が織田家と結託して義元を謀殺したクーデターだと思われる。

松平軍は内応できるのか

ここで問題になるのは、大高城に在番していた家康が、果たして桶狭間で味方を裏切らせ、義元を挟み撃ちにできるのかという点である。

では、三河衆のすべてが家康に従って大高城にいたのだろうか。

実は、今川占領下の三河は、家康の下で一元統治されていたわけではなかった。『松平記』によれば、「三河衆半分は皆今川殿へ出仕被申(もうされ)。殊に一門の中に手も一分を被(たて)立(られ)し人々、大給和泉守(おぎゅういずみのかみ)（松平親乗(ちかのり)）殿、酒井将監（忠尚）殿、同左衛門尉（忠次）殿、桜井内膳（松平家次？）殿などは、皆在府被成(なされ)候」。

今川家は、松平一族や重臣をいくつかの部隊に分け、直接出仕させていたのだ。当然、今川家が指揮する軍事行動もその単位で行われたはずだ。

たとえば、家康の叔母(おば)の婿で、松平一族の中でも大身である長沢松平上野介(こうずけのすけ)政忠は、『寛政重修諸家譜』によれば、「桶狭間にを(お)いて討死」しているが、家康の軍に従っていない。

なぜ、そんなことが断言できるかといえば、家康が「丸根を攻めたときの岡崎衆の氏名が『武徳編年集成』に記されている」が、そこに掲載された「松平一族は、長沢・五井・大給・滝脇・桜井・東条の六家を除いた一七騎」だからである（『戦国時代の徳川氏』）。

つまり、長沢松平政忠は、家康軍とは別個の部隊として今川軍に従い、桶狭間の合戦で討ち死にしたのだ。桶狭間の今川軍に従っていたと考えるのが妥当であろう。

たとえば、信長が桶狭間山を駆け上り、いざ合戦という時に、長沢松平の兵が「裏切り者だぁ。裏切り者が出たぞ」と叫びながら、周囲の今川軍を斬りつけていったら、今川軍はパニックに陥るだろう。

甫庵『信長記』では、信長軍の襲来に慌てた今川軍が「余りに敵共あわて騒いで、謀反人がありてかくやといふ者もあり、いやいや喧嘩ぞと云ふ者もありて、同士討などして摑み合ふ者もあり」と記している。

混乱によって足軽クラスは水を撒くように逃走し、かろうじて旗本が義元の周りを固める。その集団護衛は浮かび上がるように、目立ったであろう。それこそ大将に違いない。信長がめざとく見つけ、総攻撃を命じる。防戦一方の今川旗本が一人また一人と脱落していく。そんなところではないだろうか。

義元もまた挟み撃ちを画策していた？

桶狭間の合戦の後、信長は尾張国守護の斯波義銀を追放した。

『信長公記』によれば、「尾張国端海手へ付いて石橋殿（斯波家の支流・石橋左馬助義忠）御座所あり。河内の服部左京助、駿河衆を海上より引入れ、吉良（三河の吉良義昭）・石橋・武衛（斯波義銀）仰談らはれ、御謀叛半の刻、家臣の内より漏れ聞え、則御両三人御国追出し申され候なり」と記され、『清須合戦記』では永禄四年のこととする。

引用文中の「河内の服部左京助」とは、尾張国海西郡鯏浦村（愛知県弥富市鯏浦）の服部左京助友定のことで、「河内」は木曾川・揖斐川に挟まれた中州を指している。

実は、信長が清須織田家を滅ぼした際、『信長公記』は「信長は、尾張の国半分は支配することができるはずなのだが、河内一帯は二の江（荷之上）の入道・服部友定が奪って信長の手中に属さず、智多郡（知多郡）には駿河勢が侵入し、残りの二郡も乱世のことであるから、確実には信長の支配に従ってはいない」と記している。

荷之上（愛知県弥富市荷之上町）村は鯏浦村の隣村で、一向宗の荷上山興善寺があり、服部左京助と組んで一向宗門徒が自治を行い、織田家に対抗していた。

服部は中州を本拠としていることもあって、水軍を駆使しての戦を得意とした。桶狭間の合戦にも、今川軍に味方しておよそ一〇〇〇艘（『清須合戦記』では数十艘）の軍船で、大高城の下、黒末川の河口まで乗り入れたが、格別の働きもなく引き返したという（『信長公記』）。

斯波家謀叛はその逆で、服部が駿河衆（今川軍）を海上より引き入れる手はずになっていたという。

『清須合戦記』では永禄四年の計画としているが、桶狭間の合戦の翌年に、今川軍が西尾

桶狭間の合戦のウラ戦略

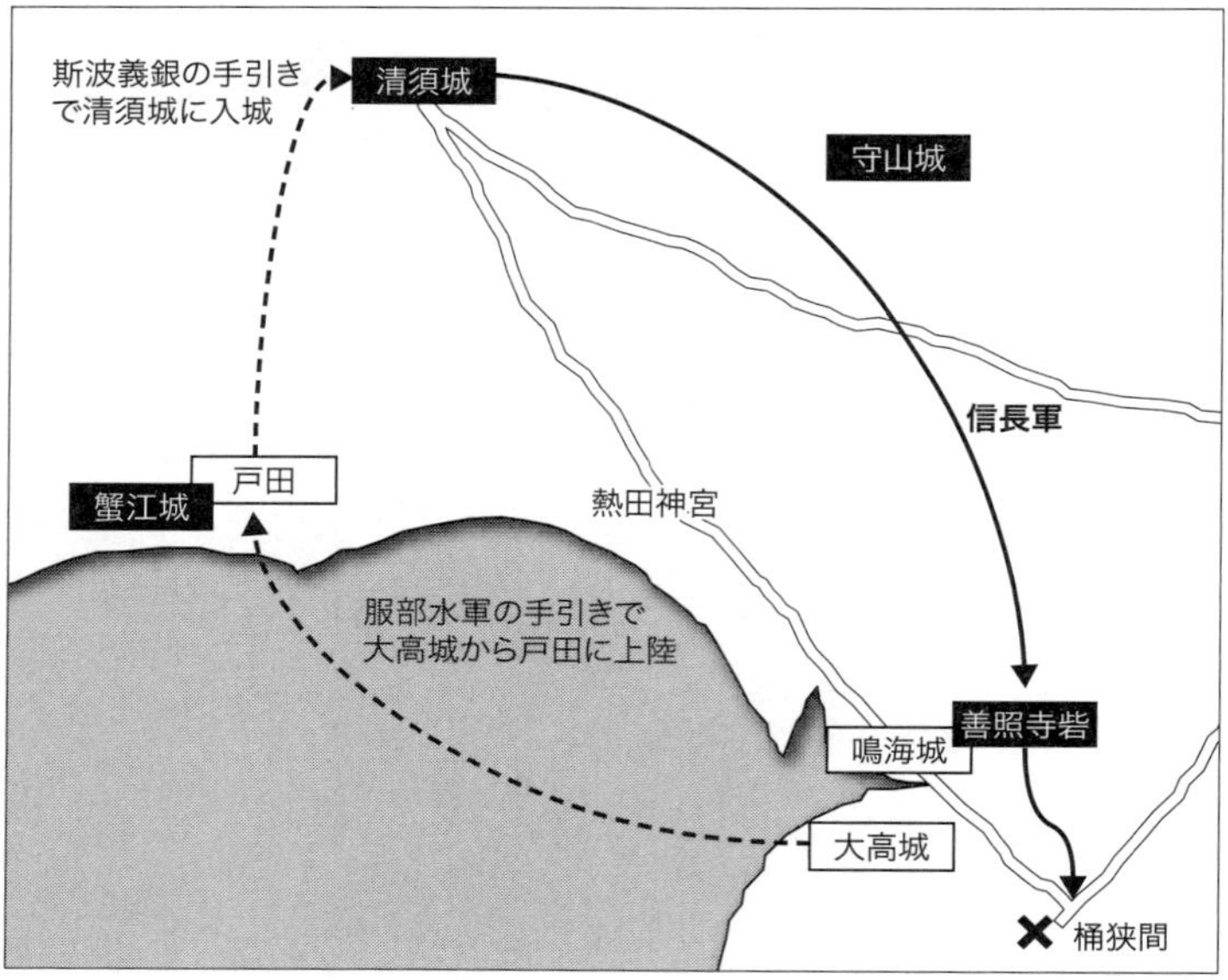

張まで侵入することは、状況的に不可能と思われる。桶狭間の合戦、もしくはそれ以前の計画が露見して、永禄四年に追放されたと考えた方が妥当だろう。

服部左京助は、桶狭間の合戦で、大量の軍船を率いて大高城下までやってきた。大高城の兵（家康軍）を軍船に乗せて、石橋家の御座所・戸田庄（とだのしょう）（名古屋市中川区富田町戸田）近くに上陸させる計画だったのではないか。

『松平記』によれば、弘治元（一五五五）年に「尾州前田の蟹江の城」（愛知県海部（あま）郡蟹江町蟹江本町）に大給（おぎゅう）松平家（徳川家康の分家の中でも最大勢力）をはじめとする三河衆、および駿河衆が攻め寄せ、功名を上げたという。これが服部の手によるものかは定かでないが、那古野城の西側まで陸路で攻め入ったとは考えられず、水上交通を使ったものに違いない。

今川軍はかつて西尾張の蟹江城まで進出した実績があった。しかも、戸田は蟹江村のすぐ隣だ。さらに戸田の北北東ほぼ九キロメートルには清須城がある。信長が出陣し、留守になった清須城には斯波義銀が在城しているので、家康軍を引き入れ、焼き払うなり、占領するなり、自由自在である。

桶狭間の合戦が奇襲戦ではないと提唱した藤本正行氏は、「義元が丸根砦の戦闘後に家康を大高城へ下げることは既定路線だったろう。ただし常に先陣を命じていた家康を下げたことは、その後に起きた主力決戦を義元がこの時点では予想していなかったことを窺（うかが）わせる」と記している（『桶狭間・信長の「奇襲神話」は嘘だった』傍点は引用者）。「大高城へ下げる」とは、家康を主戦場から離脱させるという意味だと思われるが、実際には家康を敵の本拠地を叩く決死隊に任命したのではなかろうか。

しかし、それには信長を清須城から出陣させなければならない。そこで、義元は大軍を率いて鳴海城・大高城周辺の砦を一掃する動きを見せ、信長が救援に来るのを待っていた。そう考えると、義元の本軍は実は陽動部隊で、まだ合戦する気がなかったとも思える。

大高城を囲んだ丸根砦・鷲津砦を今川軍が蹴散（けち）らした。信長は鳴海城周辺の砦（丹下砦、善照寺砦、中嶋砦）の救援に出陣するだろう。その間に家康軍に背後（清須城）を突かせ、狼狽（ろうばい）する信長軍を横綱相撲で正面から押しつぶせばよい。

ところが、信長にとって丹下砦・善照寺砦は中継地点でしかなく、そのまま真っ直ぐ義元の本陣まで急襲してきた。

義元にとっては、信長の到着が早過ぎた。そして、家康の移動が遅すぎたのだろう。おそらく家康は軍船に乗る気がなく、「天候が悪い」などと言を左右にして服部をごまかしたのだろう。そうこうするうちに桶狭間で義元が討たれ、服部は「別の働きなく」帰還せざるをえなかった。

なぜ家康が動かなかったのか。

義元が信長を挟み撃ちしようと考えていた時、家康もまた挟み撃ちで義元を討つことを考えていたからだろう。

2　美濃侵攻

森部合戦（永禄四年五月）

桶狭間の合戦で勝利した信長は、三河の松平元康（のちの徳川家康）と同盟を結んで西

森部合戦、軽海合戦

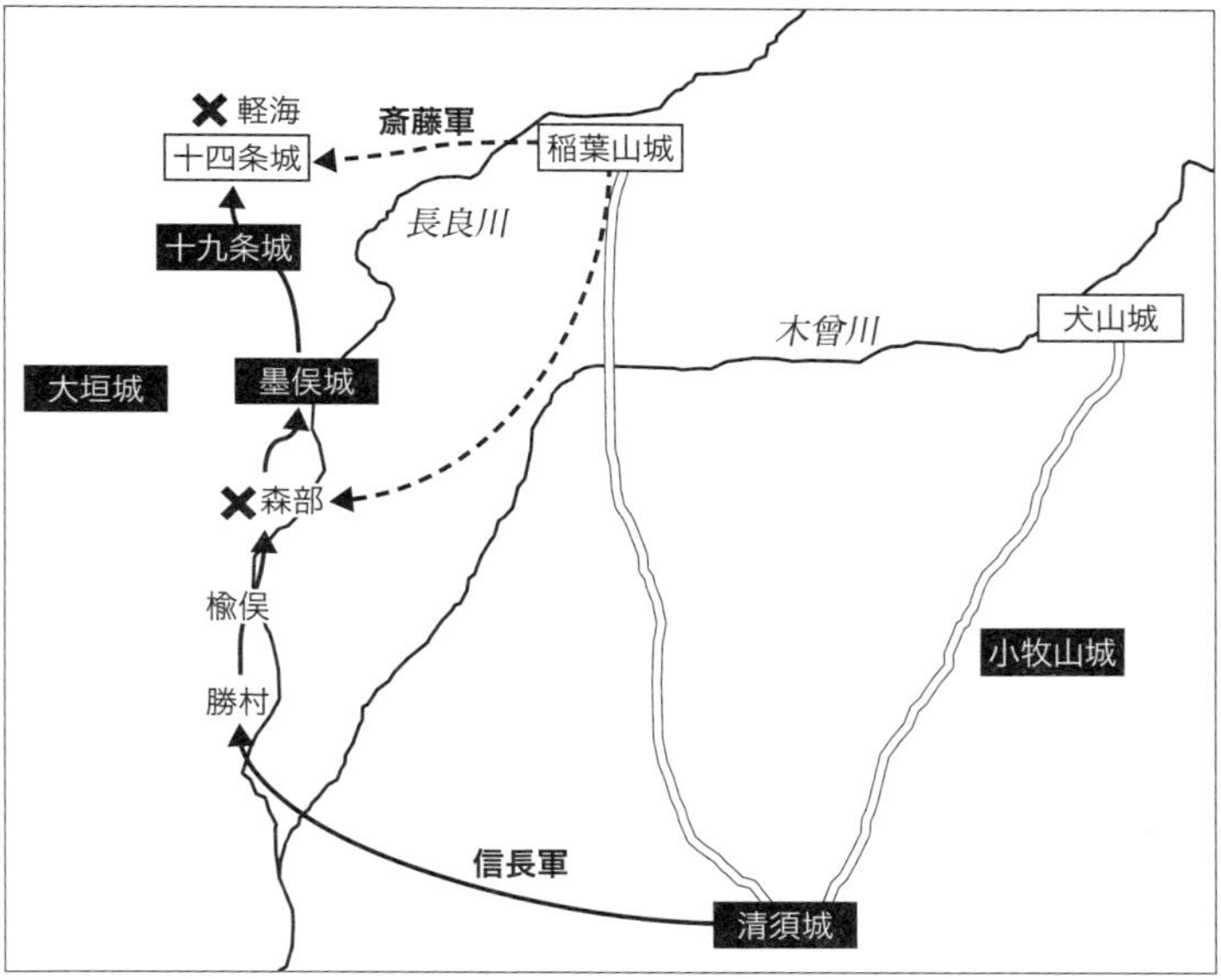

側からの憂いを絶つと、一転して美濃（みの）方面の攻略を進めていく。

一方、美濃の斎藤義龍は、永禄三年頃に犬山城主・織田信清を調略していた。ところが、永禄四（一五六一）年五月一一日、義龍が急死する。享年三三。

跡を継いだ嫡男・虎福丸（斎藤龍興（たつおき）、のち一色治部大輔義棟（いっしきじぶだゆうよしむね）、義糺（よしただ）と改名。一五四七？～七三）は一五歳。当然、当主の急死で、美濃斎藤家は混乱を余儀なくされる。

これを好機と見た信長は、五月一三日に早くも出陣。柴田勝家、森可成（よしなり）、毛利新介、木下雅楽助（うたのすけ）、水野帯刀ら一五〇〇～一六〇〇の兵を率いて木曾川を越えて美濃に侵攻し、勝村（岐阜県海津市平田町勝賀）に陣を敷いた。

一方の斎藤軍は、翌一四日に長井甲斐守衛安、日比野下野守清実を大将として六〇〇〇余りの兵で、墨俣城（岐阜県大垣市墨俣町）から森部（岐阜県安八郡安八町森部）口に進軍した。

信長は楡俣（岐阜県安八郡輪之内町楡俣）の川を越えて合戦に及び、斎藤軍は長井・日比野をはじめとして一七〇余りの死者を出し、大敗を喫した（森部合戦）。

なお、『信長公記』には、大将首をあげた武士の名が列記されている。

・長井甲斐守　津島の服部平左衛門広康が討ち取る。
・日比野下野守　津島の恒川久蔵信矩が討ち取る。
・神戸将監　津島の河村久五郎将昌が討ち取る。
・足立六兵衛　前田又左衛門利家が討ち取る。信長から勘当されていたが赦免される。

津島衆の活躍が目立つ。西美濃を急襲するため、信長は濃尾国境に近い津島の家臣を総動員したのかもしれない。

軽海合戦（永禄五年五月）

五月上旬、信長軍は木曾川、飛驒川を越えて西美濃に侵入し、所々を放火。墨俣城を修築して在陣した。五月二三日、墨俣の北北西におおよそ七キロメートルに位置する軽海村

（岐阜県本巣市軽海）で信長軍と斎藤軍が合戦に及んだ（軽海合戦）。

『信長公記』によれば、まず斎藤軍が稲葉山城（岐阜城）から墨俣のおよそ北八キロメートルに位置する十四条（じゅうしじょう）村（岐阜県本巣（もとす）市十四条）に陣を敷いた。

それを聞いた信長軍は墨俣から出陣し、翌朝、足軽同士の合戦になったが、足軽大将の瑞雲庵（ずいうんあん）の弟が討ち死にしたので、いったん退いて西に迂回。斎藤軍が十四条村の北に位置する北軽海村で西向きに陣を敷き、信長軍が西軽海村の古宮（軽海神社）の前で東向きに陣を敷き、対峙（たいじ）する格好となった。

夜になって斎藤軍の牧村牛之助政倫（まきむらうしのすけまさのり）が攻め込んできて合戦になったものの、なにぶん暗い中なので互いに要領を得ず、一進一退の攻防を繰り返した後、斎藤軍は撤退してしまった。

池田恒興（つねおき）と佐々成政が二人がかりで、敵将・稲葉又右衛門を討ち取った。信長は夜が明けるまで在陣していたが、二四日の朝に墨俣を引き払って尾張に戻った。

以上が『信長公記』が伝える軽海合戦のあらましである。

『信長公記』では軽海合戦を永禄四年辛酉（かのととり）五月のこととしている。そのため、横山住雄氏は一三日の森部合戦ののち、墨俣城に在陣から一〇日後の二三日に軽海合戦がはじまったと解釈している。しかし、甫庵『信長記』によれば、森部合戦を永禄四年五月一三日、軽海合戦をその翌年の永禄五年五月二三日のこととしており、記述も詳しい。

五月一三日の森部合戦の後、「五月上旬」の話がでてくるのは繋がりが悪く、軽海合戦は永禄五年と考えた方が適切であるように思う。

甫庵『信長記』によれば、永禄五年五月上旬、信長軍は西美濃に侵入して所々を放火。数千騎を率いて、多芸山の麓から北上して放火し、墨俣城を築いて在陣した。さらに、西美濃攻略の前線基地として十九条（岐阜県瑞穂市十九条）に砦をつくり、織田勘解由左衛門尉を置いていた。

ところが、美濃斎藤家は、折からの大雨で墨俣川が氾濫して十九条砦が孤立し、墨俣からの支援が難しいと見抜き、「一陣牧村牛ノ介（牛之助政倫）、二陣稲葉又右衛門尉」を十九条砦攻略に差し向けた。

一方、信長は「先陣池田勝三郎（恒興）、二陣佐久間右衛門尉信盛、其の次柴田権六勝家」を従え、墨俣川に着いた。大洪水で川を越えられない状況であったが、信長は「いやいや勘解由左衛門尉を討ち取られてはならぬ。心ある者はわれに続けや続け」と馬で渡った。しかし、ぬかるみに足を取られ、軍勢は中々進まず、織田勘解由左衛門尉は野々村三十郎に討たれてしまう。果敢に下知する稲葉又右衛門を、敵の大将とみた池田恒興と佐々成政が二人がかりで討ち取った。その後、夜になって合戦は混乱の様相を呈したので、信長は退却を命じた。山口海老之丞（盛隆）、織田左馬允（津田盛月）、松岡九郎次郎、水野帯刀左衛門、神戸四方助が不満を漏らしたので、信長は残念に思った。

稲葉家系図

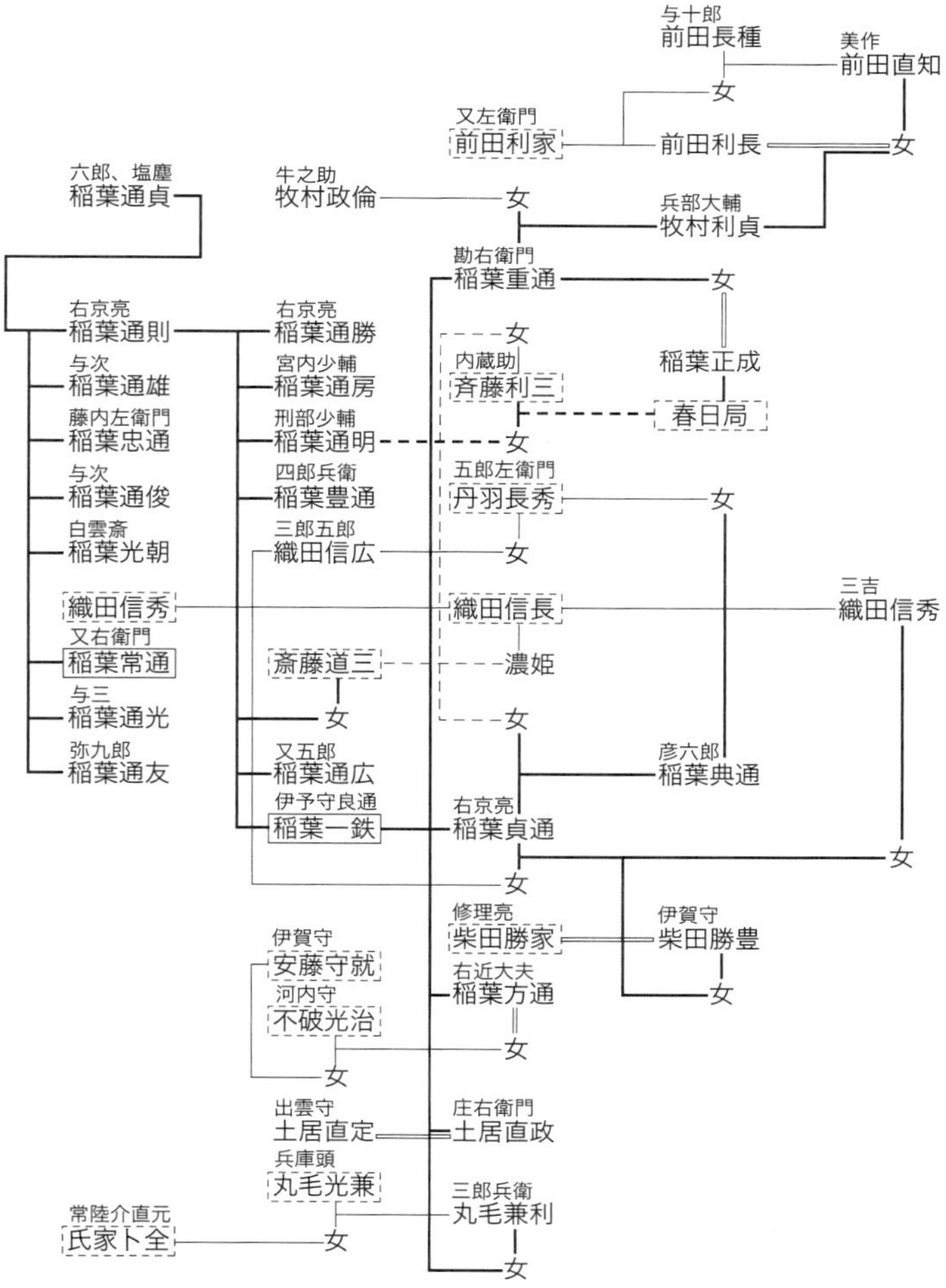
与十郎
前田長種
美作
前田直知
女
又左衛門
前田利家
前田利長
女
六郎、塩塵
稲葉通貞
牛之助
牧村政倫
女
兵部大輔
牧村利貞
勘右衛門
稲葉重通
女
右京亮
稲葉通則
右京亮
稲葉通勝
女
稲葉正成
与次
稲葉通雄
宮内少輔
稲葉通房
内蔵助
斉藤利三
春日局
藤内左衛門
稲葉忠通
刑部少輔
稲葉通明
女
与次
稲葉通俊
四郎兵衛
稲葉豊通
五郎左衛門
丹羽長秀
女
白雲斎
稲葉光朝
三郎五郎
織田信広
女
織田信秀
織田信長
三吉
織田信秀
又右衛門
稲葉常通
斎藤道三
濃姫
与三
稲葉通光
女
女
弥九郎
稲葉通友
又五郎
稲葉通広
彦六郎
稲葉典通
伊予守良通
稲葉一鉄
右京亮
稲葉貞通
女
女
修理亮
柴田勝家
伊賀守
柴田勝豊
伊賀守
安藤守就
右近大夫
稲葉方通
女
河内守
不破光治
女
女
出雲守
土居直定
庄右衛門
土居直政
兵庫頭
丸毛光兼
三郎兵衛
丸毛兼利
常陸介直元
氏家卜全
女
女

甫庵『信長記』は、『信長公記』を目にした小瀬甫庵が独自の視点で書き足したものの、誤謬が少なくないといわれている。しかし、軽海合戦については独自のニュースソースがあったとみえ、おおむね信用してもよいように思われる。

なお、通説では織田勘解由左衛門尉を犬山城主・織田十郎左衛門尉信清の弟・信益とするが、横山住雄氏は信清が信長と敵対していたことから、岩倉織田家の庶流・広良ではないかと指摘している（『斎藤道三と義龍・龍興』）。

稲葉又右衛門は稲葉一鉄（伊予守良通）の叔父・稲葉又右衛門常通に比定される。稲葉家の居城・曾根城（大垣市曾根町）が軽海に近く、稲葉一族が総動員されたのだろう。牧村は、一鉄の庶長子・稲葉勘右衛門重通の義父にあたり、重通の養子・稲葉佐渡守正成（春日局の夫）の実兄・林市助長正（新助政行）も軽海合戦で討ち死にしている。

小牧山城への移転（永禄六年二月）

永禄六（一五六三）年二月、信長は新たな居城・小牧山城（別名・火車輪城）を築城し、清須城から移転した。

それは単なる居所の移動を意味するものではなかった。

われわれは「城」というと、姫路城のような天守閣を備えた近世城郭を想像しがちであるが、一六世紀前半の「城」の実態は、堀と塀に囲まれた土造りの館だった。

清須城もその例に漏れず、「清須城本体は伝統的な室町時代の将軍の館を手本にしていた（中略）この時期には多くの大名たちは山城に拠点を移していて、清須城のような室町時代の将軍の館を手本にした館城を拠点としたのは、大名の本拠の変化に遅れた城郭形態だった」（『信長の城』）。

これに対し、小牧山城は『信長公記』に「御要害」と記され、三段築状の石垣で取り囲まれた主郭を持つ城であった。それまで尾張で石垣を使用した城はなく、「いわば小牧山城は建物ではなく、壁状に連なる石垣を見せるために作られた城であった」（『織田信長の城』）。

犬山城攻略（永禄八年八月）

信長は小牧山城に移ると、本格的に犬山城攻略に着手する。

犬山城の城主・織田十郎左衛門信清（のぶきよ）は、織田与次郎信康の子で、正室は信長の姉。信長の従兄弟（いとこ）で、かつ義兄弟にあたる。岩倉城攻略では信長に加勢したが、その後、美濃斎藤家につき、信長に叛旗（はんき）を翻したという。

犬山城の支城に於久地（おくち）城（愛知県丹羽郡大口町小口（おぐち））、黒田城（一宮市木曽川町黒田）があったが、於久地城は小牧山城からおよそ六キロメートルしか離れていない。信長の小牧山城への移転を目にして、城主・中嶋豊後守（ぶんごのかみ）はたまらず降伏したという。その調略に手腕を発揮した丹羽長秀は、すかさず黒田城の和田新介定利も調略する。

両城の調略によって、犬山城は孤立。丹羽は犬山城の四方を二重三重の鹿垣で取り囲んで王手をかけた。兵糧攻めである。かくして犬山城は落城する。

ただし、落城の時期については、永禄七年、永禄八年、永禄一〇年の三説があって定かでない。

信長が「九月九日」に上杉謙信の重臣・直江景綱に宛てた書状に、「井口（稲葉山城）近所に取出の城を所々に申し付け候、然らば犬山落居せしめ候、その刻、金山（兼山城）落居候」とあるのだが、何年の九月九日かの記述がない。『織田信長文書の研究』では永禄七年に比定されているが、近年では永禄八年とする説が強い（『織田信長の尾張時代』）。

また、この文書によれば、犬山城とともに、斎藤方の兼山城（岐阜県可児市兼山）が落城したという。『寛政重修諸家譜』によれば、森三左衛門可成が永禄八（一五六五）年に兼山城に移転した記述があり、時期的におおよそ一致していることが裏付けられる。

東美濃攻略（永禄八年八月）

犬山城攻略と併行して、東美濃攻略が着実に進められていった。

信長は犬山城の木曾川の対岸・伊木山（岐阜県各務原市鵜沼）に砦をつくって、西に隣接する鵜沼城（岐阜県各務原市鵜沼南町）を木下藤吉郎秀吉に攻めさせ、城主・大沢次郎

犬山城攻略、東美濃攻略

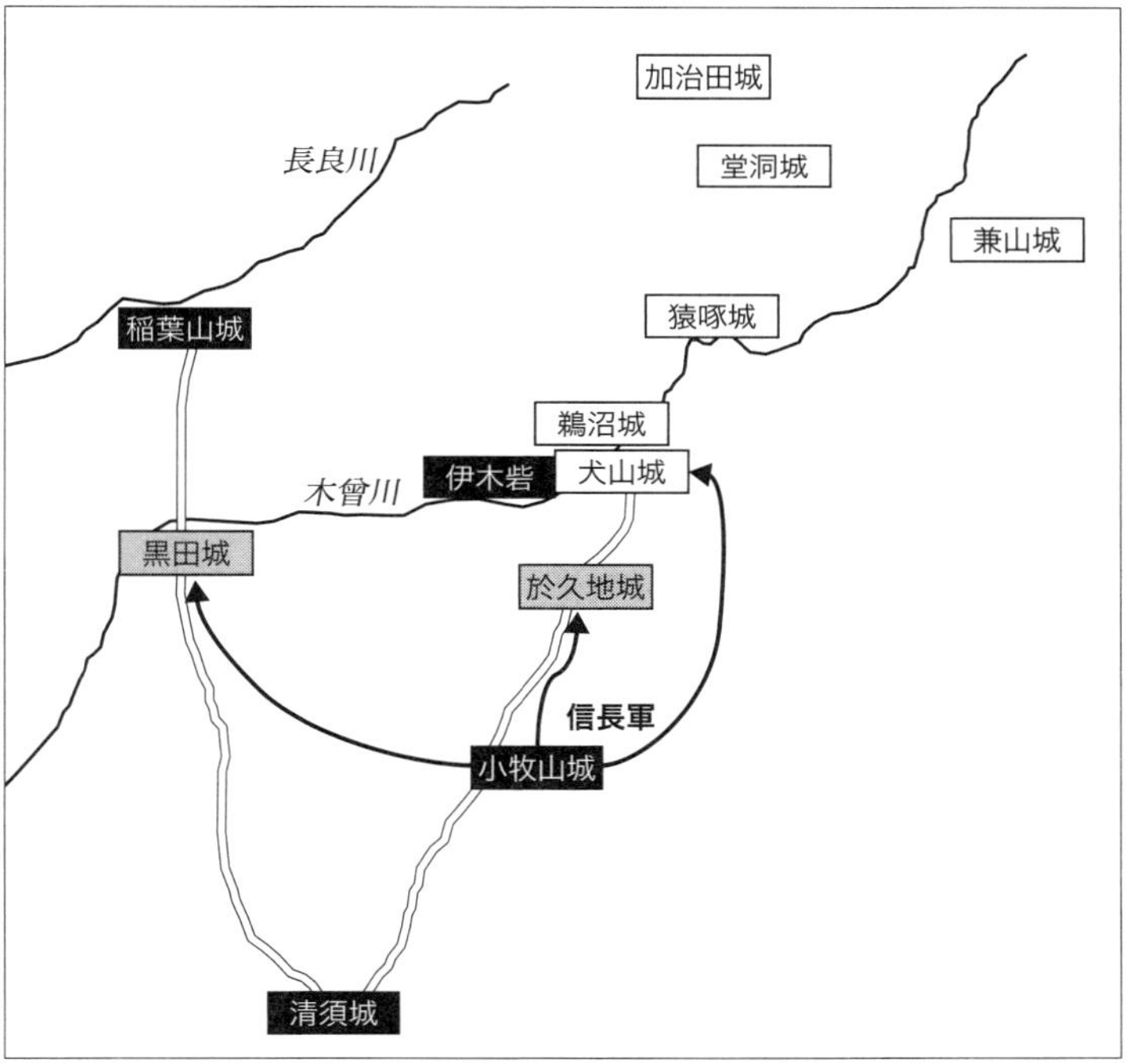

左衛門基康を降した。

鵜沼城の落城でその北東に位置する諸城に動揺が走る。丹羽長秀はその機を見逃さず、永禄八年七月、加治田城（岐阜県加茂郡富加町加治田）の佐藤紀伊守三省、佐藤右近右衛門父子の調略に成功する。

東美濃の奥に位置する加治田城の投降で、鵜沼城との間に位置する諸城の攻略が容易となる。まず、鵜沼城の北東に位置する猿啄城（岐阜県加茂郡坂祝町勝山）を攻め、丹羽長秀が山上に駆け上がって水源を止め、山裾から河尻秀隆らが攻め入り、城主・多治見修理は敗走。信長は河尻を城主に据えた。

残る堂洞城（岐阜県加茂郡富加町夕田）の岸勘解由左衛門信周に対して、信長は金森長近を遣わして投降を説得するが、聞き入れなかった。一方、斎藤家の重臣・長井隼人正道利が後詰めとして堂洞峠の下に布陣した。

九月二八日、信長軍は長井を牽制しつつ、堂洞城に攻撃を加えはじめた。

信長自ら周囲を見回し、風が強いその日の天候を活かして松明を城内に放り込むように命じた。二の丸が焼け落ちた後、河尻秀隆が本丸に攻め入り、丹羽長秀が続いて乱戦となり、岸は討ち死に。城は陥落した。

信長は加治田城に泊まって、翌二九日に城下で首実検をしていると、長井が三〇〇〇の軍兵を率いて攻めてきた。信長軍は七〇〇～八〇〇に過ぎず、苦戦を強いられ、撤退した。

義昭から上洛の要請（永禄八年一二月）

これより先の永禄八（一五六五）年五月一九日、室町幕府の一三代将軍・足利義輝が、三好三人衆と松永久通（久秀の子）によって殺害され、弟の一乗院覚慶（のちの足利義秋、義昭）、鹿苑院周暠が襲撃される事件が起こった。

周暠は殺害されたが、覚慶は一命を取り留め興福寺に軟禁された。しかし、将軍家の血筋を引く覚慶を何とか救出しようと、義輝近臣が画策。七月に幕府奉公衆・細川兵部大輔藤孝（のちの幽斎）の助けで、覚慶は興福寺からの脱出に成功。近江国甲賀郡油日村（滋賀県甲賀市油日）の土豪・和田伊賀守惟政を頼った。

八月、覚慶は室町幕府再興を宣言し、越後の上杉弾正少弼輝虎（謙信）に書状を送って上洛の支援を促した。しかし、輝虎は相模の北条、甲斐の武田を警戒して容易に動こうとしなかった。そこで、覚慶は武田晴信（信玄）、薩摩鹿児島の島津貴久・義久父子、肥後人吉の相良義陽にも協力を求めた。

外交活動を積極化すると、山深い和田館では不便極まりないことから、近江半国守護・六角家の庇護の下、覚慶は交通の便がよい野洲郡矢島に居館を移した。そして、翌永禄九年二月、覚慶は還俗して足利義秋と改称。将軍候補に名乗りを上げた（以下、義秋と称す）。

義秋が信長に上洛を要請したのは永禄八年一二月のことだという。

信長は義秋を奉じて上洛する覚悟を披瀝するものの、美濃斎藤家、近江六角家を警戒して容易に動こうとしなかった。そこで、義秋は斎藤龍興に信長との和平を斡旋し、細川藤孝を上使として派遣。両者の和睦が成立した。

しかし、猜疑心の強い信長は、斎藤龍興が和睦を破棄すると疑ってかかり、上洛を逡巡。

翌永禄九年八月二九日、信長は濃尾国境に進出。閏八月八日、龍興は河野島（岐阜県羽島郡岐南町）でこれを迎え撃った。信長は散々の敗北を喫し、上洛を断念する。

これには三好三人衆の暗躍があったらしい。斎藤龍興および六角家を調略し、信長と義秋の上洛を阻止したのだ。

三好三人衆は三〇〇〇の兵を率いて近江坂本に進出。義秋は矢島では支えきれないと諦め、八月に若狭の武田義統の下に逃げ落ちた。

ところが、義統が子の元次と争う事態となり、義秋は越前の朝倉左京大夫義景を頼って、越前敦賀金ケ崎、ついで一乗谷の義景の居館に移動した。

稲葉山城攻略（永禄一〇年八月）

一進一退を繰り返す信長の美濃攻略に転機が訪れる。

永禄一〇（一五六七）年八月一日、「西美濃三人衆」と呼ばれた斎藤家の重臣、稲葉一鉄、氏家卜全（うじいえぼくぜん）、安藤伊賀守守就（もりなり）が信長に投降した。信長は三人からの人質を受け取るため、村井民部丞貞勝と島田所之助秀満（ひでみつ）を西美濃に派遣した。

ところが、その人質がまだ到着しないというのに、信長はにわかに出陣し、稲葉山に連なる瑞龍寺山（ずいりょうじさん）（岐阜市上加納山（かみかのうやま））に駆け上った。

その日は風が強かった。

斎藤方が「これはどうしたことか。あれは敵か味方か」と迷っているうちに、信長は速やかに町に火をかけ、稲葉山城の周辺を焼き尽くしてしまった。

翌二日、信長は稲葉山城の四方を鹿垣（ししがき）で封鎖し、兵糧攻めにした。

八月一五日、斎藤龍興は降参し、船で飛騨川（長良川（ながら））を渡り、伊勢長島に遁走（とんそう）した。

信長は小牧山城から稲葉山城に移り、井ノ口（いのくち）という地名を岐阜に改めた。

3　足利義昭を奉じて上洛

伊勢侵攻（永禄一一年二月）

永禄一一（一五六八）年二月、上洛の地ならしとして、信長は四万の大軍を率いて北伊勢に侵攻した。

伊勢は中小領主が多く、おそらく数万の大軍を見るのは、はじめてだろう。北伊勢の領主たちはたちまち投降した。そんな中、神戸氏、長野氏が抵抗した。

鈴鹿郡神戸城主・神戸具盛は、信長の三男・三七（のちの信孝）を養子に迎える条件で和睦した。

長野城主・長野具藤は、伊勢国司・北畠具教の次男で、まだ一二歳。支城の安濃郡安濃津（三重県津市）城主・細野藤敦は、実弟・分部光嘉らの説得で降伏。分部は具藤を追放して、その後釜に信長の弟・三十郎を迎え、長野信良（のちの織田信包）と名乗らせた。

義昭を美濃に迎える（永禄一一年七月）

永禄一一年四月、義秋は一乗谷で元服して足利義昭と改称。

信長は義昭を美濃に迎えて、上洛の計画を実行に移すと打診。和田伊賀守惟政、不破河内守光治、村井民部丞貞勝、島田所之助秀満を越前に派遣して折衝を重ねた。

七月一三日に義昭は越前を旅立ち、一六日に近江小谷城（滋賀県長浜市湖北町伊部）の浅井備前守長政（一五四五～七三）の饗応を受け、二五日に岐阜に到着。立政寺（岐阜市西荘）を宿舎とした。

信長の義弟・浅井長政

浅井家はもともと北近江の守護・京極家の家臣であったが、大永年間（一五二一～二八）、京極家の家督相続争いの過程で、浅井備前守亮政（？～一五四二）が擡頭して京極家の執政となった。

晩年の亮政は京極家と離反するようになり、子の浅井下野守久政（一五二六～七三）は天文二二（一五五三）年に南近江の守護・六角左京大夫義賢（承禎）と合戦に及んで敗北し、六角家に臣従する。

久政の嫡男・新九郎は、義賢から偏諱を与えられて賢政（のちの浅井長政。以下、長政で表記を統一する）と名乗り、六角家重臣・平井加賀守定武の娘と結婚した。

長政は永禄二（一五五九）年に元服すると、妻を離縁し、六角家との対立姿勢を露わにする。そして、翌永禄三年秋、久政から家督を譲られる。

同じ頃、美濃の斎藤家が六角家と連携して近江に侵攻。逆に、永禄四（一五六一）年三月には長政が美濃に侵攻している。すると、長政の留守を狙って、六角義賢・義弼父子が北近江の佐和山城を攻略している。

同年五月、浅井賢政は長政と改名している。いうまでもなく織田信長から偏諱を与えられてのことであり、六角家や美濃斎藤家と対抗するために信長と同盟を結んだのであろう。

長政は信長の妹・お市の方と結婚しているが、永禄二年から永禄一一（一五六八）年まで諸説がある。

宮島敬一氏は「長政とお市の婚姻は、およそ永禄二年六月以降遅くとも同六年を下らない早い時期が考えられる。永禄一〇・一一年説はない」（『人物叢書　浅井氏三代』）と指摘している。

近江侵攻（永禄一一年九月）

八月七日、信長は近江佐和山に出馬し、六角義賢に対して義昭の上洛に協力するように要請したが、聞き入れられなかった。

九月七日、信長は近江に侵攻し、六角承禎を討つ覚悟を固め、尾張・美濃・伊勢・三河から軍勢を集め、美濃国不破郡平尾村に布陣した。総勢五万という。

八日に近江高宮（滋賀県彦根市）、一一日に愛知川近辺に移動した。

そして、信長自ら馬で戦場を視察した後、「わきわき数ヶ所の御敵城へは御手遣もなく」承禎父子が立て籠もる観音寺城（滋賀県近江八幡市安土町石寺）、箕作山城（滋賀県東近江市）に向かった。

「わきわき数ヶ所の御敵城へは御手遣もなく」とは、どういうことかというと、「六角方の主な拠点は、中山道沿いにまず和田山城があり、その背後に居城の観音寺城、その右翼（南東に一里ほど）に箕作城があった。さらに愛知川中流の喉口を押さえていたのが鯰江城である。そのほか、観音寺城の後方には長光寺城があった」（桐野作人『織田信長』）

浅井家系図

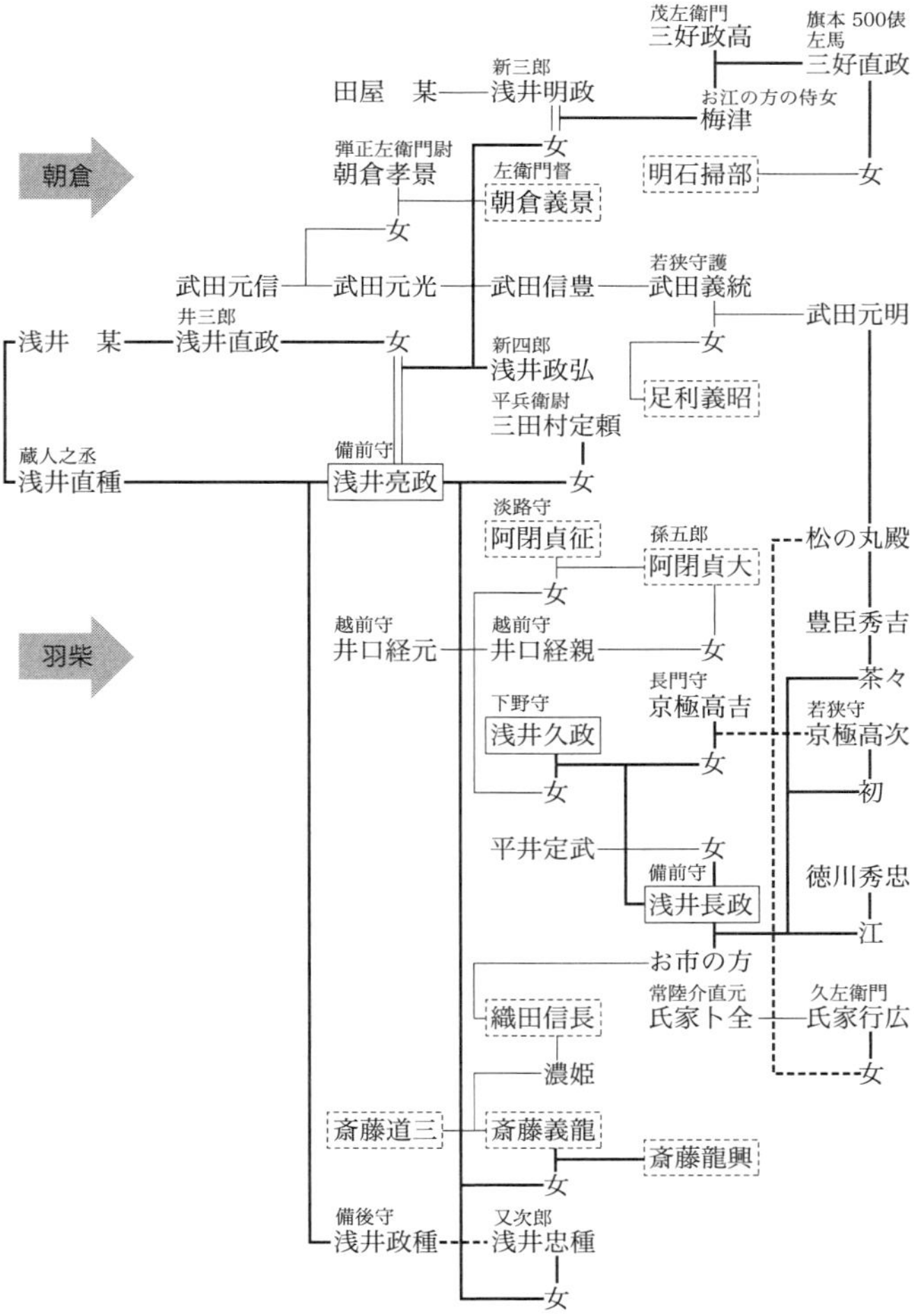

朝倉
羽柴
茂左衛門
三好政高
旗本 500俵
左馬
三好直政
新三郎
田屋　某
浅井明政
お江の方の侍女
梅津
女
弾正左衛門尉
朝倉孝景
左衛門督
朝倉義景
明石掃部
女
女
武田元信
武田元光
武田信豊
若狭守護
武田義統
武田元明
井三郎
浅井　某
浅井直政
女
女
新四郎
浅井政弘
足利義昭
平兵衛尉
三田村定頼
蔵人之丞
浅井直種
備前守
浅井亮政
女
淡路守
阿閉貞征
孫五郎
阿閉貞大
松の丸殿
女
越前守
井口経元
越前守
井口経親
女
豊臣秀吉
茶々
長門守
京極高吉
若狭守
京極高次
下野守
浅井久政
女
女
初
平井定武
女
備前守
浅井長政
徳川秀忠
江
お市の方
常陸介直元
氏家卜全
久左衛門
氏家行広
織田信長
濃姫
女
斎藤道三
斎藤義龍
斎藤龍興
女
備後守
浅井政種
又次郎
浅井忠種
女

つまり、六角家は山々に支城をめぐらしていたのだが、信長はそれら支城には抑えの軍兵を置いたのみで、主城の箕作山城にいきなり総攻撃をかけたのだ。

一二日、佐久間右衛門（信盛）、木下藤吉郎（秀吉）、丹羽五郎左衛門（長秀）、浅井新八に箕作山城を攻めさせ、わずか半日で陥落させてしまう。これを見た和田城も開城した。

「『氏郷記』によれば、箕作城を攻めるにあたって、信長は和田山城の押さえに美濃三人衆の氏家卜全・安藤守就・稲葉一鉄、観音寺城の押さえに柴田勝家・池田恒興・森可成・坂井政尚をそれぞれ置いている」（桐野作人『織田信長』）

翌一三日、信長が観音寺城に攻めかかろうとすると、六角父子は戦う前に伊賀に敗走。あっけなく落城した。

なお、西美濃三人衆は、信長に征服された美濃の衆が、先鋒（せんぽう）を任されると思ったのに、声がかからなかったことに「奇特（きどく）の思（おもい）（＝不思議な思い）」にかられたという。

あくまで想像の域を出ないが、美濃侵攻で軍功をあげた丹羽長秀・木下秀吉らが抜擢（ばってき）されていく様子を見て、信長の旗本は出世のチャンスとばかりに先陣を志願したのだろう。「美濃衆なんかに、先鋒を横取りされてたまるか！」くらいの意気込みだったに違いない。

一方の美濃衆は、他国に攻め入って恩賞を手にした経験が少なかったので、合戦を「出世のチャンス」ではなく、「軍役（＝義務）」と思っていたのではないか。

義昭を奉じて上洛（永禄一一年九月）

観音寺城陥落を受け、翌一四日に信長は不破光治を立政寺に差し向け、義昭を迎えに遣わした。

義昭を乗せた輿は二一日に柏原の上菩提院（じょうぼだいいん）（滋賀県米原市相原の成菩提院）、二二日に近江桑実寺（くわのみでら）（滋賀県近江八幡市安土町桑実寺）に進んだ。

京都では、地方から大軍勢が上洛すると聞いて大パニックになっていた。

天皇はかつてない騒乱が起こるだろうと怯（おび）え、二一日に「天下静謐（てんがせいひつ）」（＝平和祈願）の臨時の祈禱（きとう）を行ったという。

これを聞いた信長は、二六日に義昭を清水寺に移したものの、自らは入洛せず、東福寺（京都市東山区、一説に東寺）に着陣した。

朝廷はこの二月に足利義栄（よしひで）（義昭の従兄弟。一五四〇～六八）を征夷（せいい）大将軍に補任してしまい、いまさら二重に将軍宣下を行うことができないことを危惧（きぐ）していたが、ちょうどその頃、義栄が摂津富田で死去したとの噂が伝わってきた。

義昭を将軍にして、信長を京都に迎え入れる環境が整ったのだ。

三好三人衆を一掃（永禄一一年一〇月）

義昭の敵対勢力である三好三人衆は、三好長逸（ながやす）が摂津芥川城（あくたがわじょう）（大阪府高槻市）、三好宗（そう）

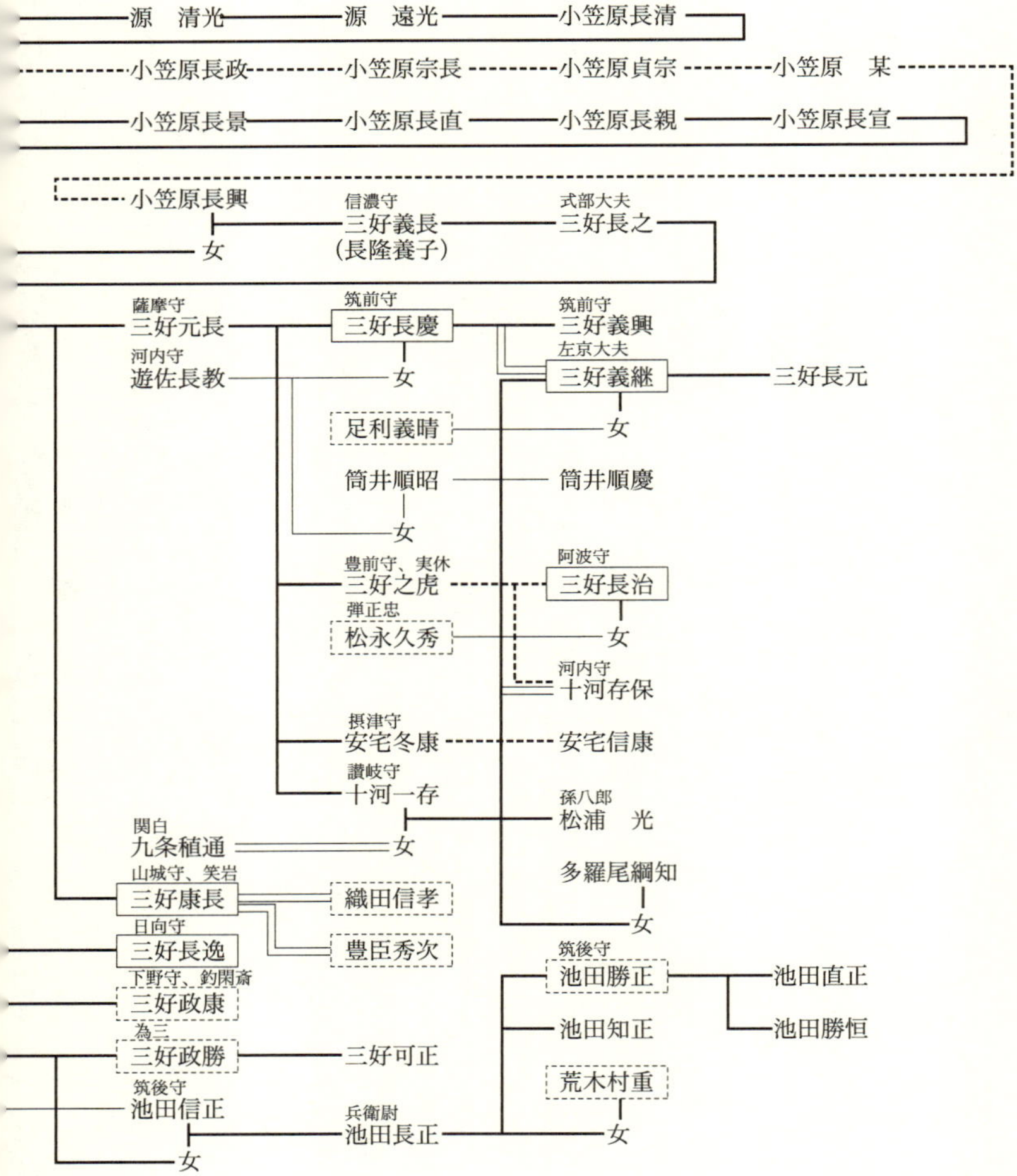
源　清光
源　遠光
小笠原長清
小笠原長政
小笠原宗長
小笠原貞宗
小笠原　某
小笠原長景
小笠原長直
小笠原長親
小笠原長宣
小笠原長興
信濃守
三好義長
(長隆養子)
式部大夫
三好長之
女
薩摩守
三好元長
筑前守
三好長慶
筑前守
三好義興
左京大夫
三好義継
三好長元
河内守
遊佐長教
女
足利義晴
女
筒井順昭
筒井順慶
女
豊前守、実休
三好之虎
阿波守
三好長治
弾正忠
松永久秀
女
河内守
十河存保
摂津守
安宅冬康
安宅信康
讃岐守
十河一存
孫八郎
松浦　光
関白
九条稙通
女
多羅尾綱知
山城守、笑岩
三好康長
織田信孝
女
日向守
三好長逸
豊臣秀次
筑後守
池田勝正
池田直正
下野守、釣閑斎
三好政康
池田知正
池田勝恒
為三
三好政勝
三好可正
荒木村重
筑後守
池田信正
兵衛尉
池田長正
女
女

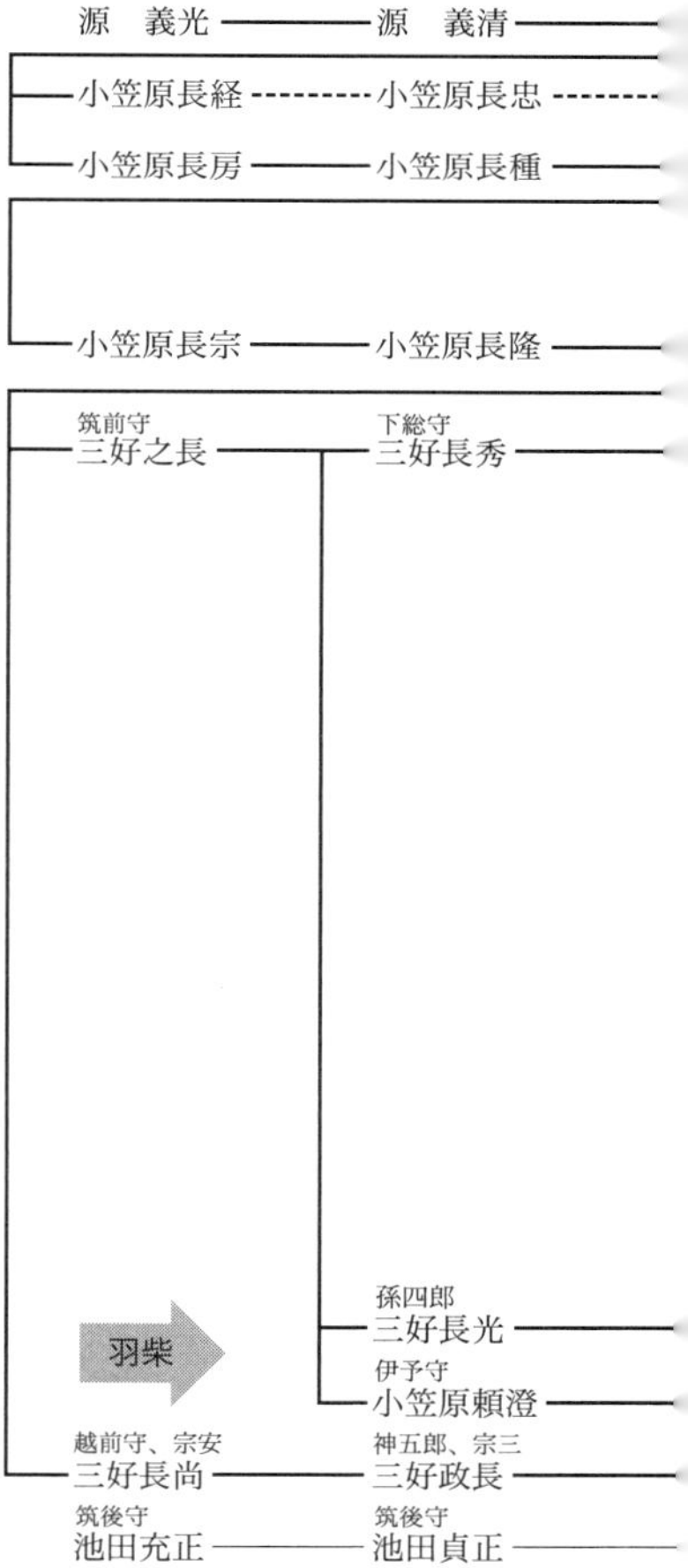

三好家系図

渭が木津平城（木津川市）、石成友通が山城勝龍寺城（京都府長岡京市）をそれぞれ守るのみで、兵を集めて信長と戦を交える体制を取らなかった。そもそも三好三人衆の手勢は一万〜二万くらいで、五万の兵を率いた信長軍の敵ではなかった。

九月二八日、信長は柴田日向守（修理亮勝家の誤りか）、蜂屋兵庫頭頼隆、森三左衛門可成、坂井右近政尚に、石成友通が立て籠もる勝龍寺城攻めを命じた。翌二九日、信長自ら勝龍寺攻めに赴くと、石成は降参し、山城の淀城に逃亡した。

九月三〇日、信長が山崎に陣を移すと、芥川城の三好長逸と細川六郎（のちの昭元、信良）は一兵も交えず逃亡してしまう。信長は義昭をともなって芥川城に入った。

三好方の瀧山城（神戸市中央区）、越水城（兵庫県西宮市）は守兵が逃亡。伊丹城（兵庫

近畿

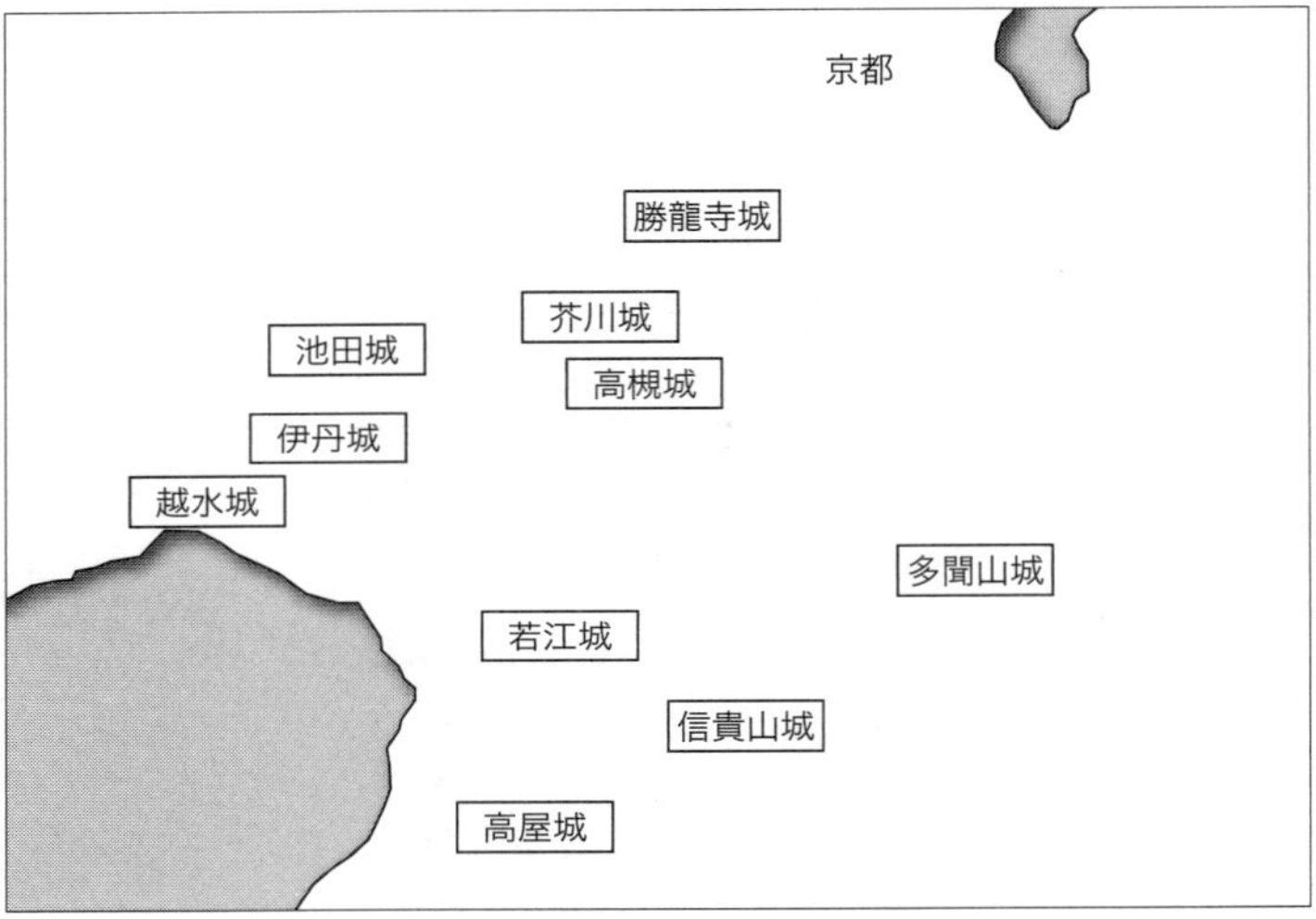

県伊丹市）の伊丹忠親も降伏した。わずかに反抗したのは池田城（大阪府池田市）の池田勝正だったが、一〇月二日に信長自らが出陣し、これを攻めるとあえなく落城し、池田は降伏。織田軍の進軍ぶりに、畿内の敵対勢力は続々と信長に投降した。

義昭、将軍に就任（永禄一一年一〇月）

一〇月六日、朝廷は万里小路（までのこうじ）輔房（すけふさ）を勅使として芥川城に遣わし、義昭上洛の祝辞を述べるとともに太刀を贈り、信長へも酒肴（しゅこう）一〇合一〇荷を下賜した。朝廷が将軍候補のみならず、供奉する武将にまで気を遣うことは異例中の異例といわれる。

一〇月一八日、義昭は参内して征夷大

将軍就任の宣下を受けた。

一〇月二三日、義昭は盛大な宴を催し、信長を慰労。その上で信長に副将軍か管領の就任を打診するが、信長はすべて固辞し、堺・大津・草津に代官を置くことのみを望んだ。

一〇月二五日、義昭は信長に「御父」と敬称を付けた後内書を下し、足利家の家紋である「二つ引両（ひきりょう）」と「桐」を与えた。義昭からの下賜をすべて固辞している信長だが、「桐」紋には喜んだといわれる（信長の肖像画で有名な長興寺の信長像には桐紋を付けている）。

また、義昭は信長に主家・斯波家の家督継承を促し、武衛（左兵衛督）に補任しようとしたが、固辞したらしい。

第4章　織田家臣団の形成

1　信秀家臣団はあったのか

信秀家臣団の形成過程

信長家臣団は、信秀から譲られた家臣団と、信長が自ら形成していった家臣団の融合体だと思われる。ここでは、まず信秀家臣団について見ていこう。

信秀は勝幡（しょばた）→那古野（なごや）→古渡（ふるわたり）→末盛と西から東へ居城を遷移していき、家臣団はそれにともなって拡大していったと思われる。徳川家では家臣になった時期によって「安城譜代」「山中譜代」「岡崎譜代」と譜代家臣を分類していた。

ここではそれに倣って、織田家臣団を仮に「勝幡譜代」「那古野譜代」「古渡・末盛譜代」と分類しておこう。

勝幡譜代とは

信長の家系・勝幡織田家が清須織田家から分家してから、父・信秀が天文七（一五三八）年に那古野城へ移転するまでに仕えた家臣を本書では「勝幡譜代」と呼ぶ。

勝幡に城を築いたのは、信長の祖父・織田弾正忠信貞といわれている。勝幡は木曽（きそ）川（がわ）流域の商業都市・津島（津島市）の北東に位置しており、勝幡に城を築いた目的は津島の支配を狙ってのものだろう。これに対し、大永年間（一五二一～二八）に津島の在地領主・津島衆が、信貞からの介入を拒み、大規模な反乱を起こしたが、結局、信貞に鎮圧され、その麾下に入ったという。

津島衆こそ「勝幡譜代」の代表例であろう。

この他に、信秀の事実上の筆頭家老であり、信長の傅役（もりやく）でもある**平手政秀**（ひらてまさひで）、信長の乳兄弟である**池田恒興**（つねおき）も「勝幡譜代」であるに違いない。

ちなみに、平手・池田家は同族という説があり、両家とも尾張国海東郡（おわりのくにかいとう）荒子村（名古屋市中川区荒子町）を本拠としていたという伝承を持つ。

荒子といえば、前田利家の生誕地としても有名である。利家自身は小領主の庶子として、那古野城主の信長に仕えた「那古野譜代」に分類されるべきと考えられるが、実家の**前田家**は「勝幡譜代」なのだろう。

また、前田家と姻戚関係があるといわれる**瀧川一益**（たきがわいちます）は、近江（おうみ）国甲賀郡（滋賀県甲賀市）出身といわれているが、筆者は尾張出身か、近江生まれで幼少時に尾張に移り住んだと考えている。

那古野譜代とは

信秀は天文七（一五三八）年に那古野城主・今川氏豊（うじとよ）を放逐して那古野城を奪い、天文一五（一五四六）年頃に信長を残して古渡城へ移転した。その間に信秀に（仕えたか、もしくは信秀移転以後に信長に）仕えた家臣を本書では「那古野譜代」と呼ぶ。

那古野今川家の旧臣の多くは、信秀の家臣団、もしくは清須織田家の家臣団に転じた。

また、信秀・信長父子は、那古野今川家領近郊の国人・土豪の庶子をカネで雇って家臣団を充実化したと推察される。かれらが「那古野譜代」なのである。

「家臣の伝承地からみれば、今川那古野氏は、庄内川と天白川に挟まれた愛知郡・春日井郡南部のかなり広範な地域を勢力下において」いた（『新修　名古屋市史　2』）。

信長の有力家臣のうち、この地域出身であるのは以下の通りである。

- **丹羽長秀**（にわ）　春日井郡児玉村（名古屋市西区児玉町）
- **佐々成政**（さっさ）　春日井郡比良村（名古屋市西区山田町大字比良）
- **塙　直政**（ばん）　春日井郡大野木村（名古屋市西区大野木町）
- **簗田広正**（やなだ）　春日井郡九坪村（北名古屋市九之坪（くのつぼ））
- **河尻秀隆**　愛知郡岩崎村（日進市岩崎町）
- 丹羽氏勝（うじかつ）　愛知郡岩崎村（日進市岩崎町）

この他、信長を離反したが、父・信秀の有力家臣だった山口教継（のりつぐ）（愛知郡鳴海村）。那古野城の筆頭家老・**林佐渡守秀貞**。

「那古野譜代」には、父・信秀の代から勝幡織田家に仕えていた武士と、信秀が古渡城に移った後に信長が採用した武士の二通りがある。前者の代表は河尻・佐々・山口・林、後者の代表は丹羽長秀・前田利家だろう。前田利家の実家は「勝幡譜代」に属すると思われるが、利家自身は土豪の庶子がカネで雇われた「那古野譜代」に分類したい。

古渡・末盛譜代とは

信長の父・織田信秀は、天文一五（一五四六）年頃に那古野城に信長を残して古渡城へ移転した。その後に信秀に仕えた家臣、もしくは与力として附けられた愛知郡東部の国人・土豪を本書では「古渡・末盛譜代」と呼ぶ。

信秀の死後、「古渡・末盛譜代」は、末盛城主・織田勘九郎信勝の家臣、もしくは与力とされ、信勝の死後、信長家臣団に加えられた。

『信長公記』では、父・信秀の葬儀で、信勝に付き従った家臣を以下に挙げている。

・**柴田権六**（勝家）　愛知郡下社村（名古屋市名東区一社）
・**佐久間大学**（盛重）　愛知郡御器所村（名古屋市昭和区御器所）
・佐久間次右衛門　愛知郡御器所村
・長谷川（橋介）

・山田（弥太郎）

この他、佐久間一族の佐久間右衛門尉信盛が「古渡・末盛譜代」の代表といえるだろう。

ちなみに、本能寺の変後、織田家の行く末を決めた「清須会議」の参加メンバーは、光秀を討った羽柴秀吉と、池田恒興（勝幡譜代）、丹羽長秀（那古野譜代）、柴田勝家（古渡・末盛譜代）だった。各譜代グループの代表者がメンバーに選ばれたともいえる。

信秀家臣団の特性と疑問

さて、織田家臣団を仮に「勝幡譜代」「那古野譜代」「古渡・末盛譜代」と分類してみたのだが、かれらは信長時代には家臣であったものの、信秀時代に家臣であったか疑わしい。信秀が居城を移すと、その近辺を本拠地とする国人や土豪が信秀に臣従したかの如く記述しているが、実際にはそんな単純な話ではない。

主従関係とは「主君は家臣に本領安堵（あんど）し土地を充（あ）て行（が）い（御恩）、家臣は主君に軍役（ぐんえき）を勤仕する。いわゆる御恩と奉公の関係が基本であった」（『角川日本史辞典』）。

たとえば、信秀が古渡・末盛城に移った際、旧主を放逐して得た土地ではないので、新たな土地を捻出（ねんしゅつ）して、近辺の武士に与える（新恩給与）わけにはいかない。つまり、かれらが先祖代々受け継いできた本領地に対して、信秀が本領安堵することで主従関係が成立するのである。

では、古渡や末盛近辺の武士に対して、信秀が単独で本領安堵していたかといえば、非常に疑問が残る。

事例としては、熱田(あつた)の商人・加藤家に対して、天文八年三月二〇日に守護代・織田大和守達勝(やまとのかみみちかつ)と信秀からそれぞれ安堵状が発給されているケースがあり、同様に天文二一年二月二一日にも両者から安堵状が発給されている。

従来、守護代・清須織田家からしか安堵状を得ていなかった加藤家が、信秀からも安堵状を得るようになった。この事実をどのように解釈するかであるが、「天文七年の那古野城攻略後、信秀の勢力が熱田に及んできたことを示す」反面、「尾張国内全体に対する支配は、守護―守護代体制に由来するものと考えられる」（『尾張織田氏』）。

つまり、信秀は守護―守護代体制を否定せず、体制と協調していくことで勢力拡大を図っていった。だから、先述の加藤家は、とみに実力を蓄えてきた信秀に商売上の特権を保証してもらう一方、既存権力の守護代・織田大和守からも保証を得ていたのだ。

こうした状況の下で、信秀が単独で古渡・末盛近辺の武士と主従関係を結ぶとは考えにくい。

古渡・末盛近辺の武士は、信秀の軍勢が優勢にみえれば与力として合戦に参加し、不利と悟れば従軍を拒む。そんな煮え切らない態度を取るであろう。

なぜなら、かれら国人・土豪は先祖代々受け継いだ本領地を持ち、本領地は「その侍の私有地であって代々相続され、敗戦や罪によって没収されないかぎり存続した。（中略）さらに代々もち伝えたものなのだから、大名などに知行として認めてもらったとしても、当然なので、とくに感謝する必要はない、という気分が入っている」からである（脇田修『織田信長』）。

戦国時代の武士は、近世のサラリーマン化した武士とは違い、むしろ個人事業主的な感じなのである。

一方、信秀の方も、自らの立ち位置を曖昧（あいまい）にしたまま、かれらを動員しようと考えていたと思われる。先述した通り、信秀は主家を凌ぐ実力を蓄えていたが、表面上は守護の斯波家─守護代の清須織田家─三奉行の勝幡織田家（信秀）という秩序の中で行動していた。それは信秀が主家に敬意を払っていたわけではなく、軍兵の動員を容易にする仕掛けだったからだ。

たとえば、天文一三年に信秀が越前の朝倉孝景との連合軍で美濃（みの）稲葉山城の斎藤道三を攻めた時、「信秀の場合は、尾張一国の兵を動員出来る権限が無いので、守護の斯波義統（しばよしむね）に頼み、その号令のもとで兵が動員されたらしい」（『織田信長の系譜』）。つまり、信秀は斯波─清須織田家の傘下にいることで、自らでは成し得ない動員能力を可能としたのである。

換言するなら、信秀が動員した軍勢の多くは、信秀の家臣ではなく、与力であった可能性が高い。

たとえば、信秀は佐久間一族に対して「ワシの家臣になれ」とは言えず、「守護代の支配下にある尾張武士として、ともに戦ってほしい」と言うのが精一杯だったのではないか。

信長の宿老・柴田勝家、佐久間信盛は、父・信秀時代は与力でしかなく、家臣と自認していなかったのではないか。

のちに信長は天下を統一するほどの武将に育ったので、難なく尾張統一を成し遂げたように思われがちであるが、実は想像以上に困難な道だったのである。

2　青年期・信長の部将は家柄で選ばれた

信秀から信長への継承

信秀の死後、「那古野譜代」は信長に引き継がれ、「古渡・末盛譜代」は弟・信勝に引き継がれた（「勝幡譜代」の多くは信長に継承されたと思われる）。

ただし、信秀時代は、それらすべての武士が、信秀と主従関係を結んでいたかは定かでない。

しかし、信長は天文二三（一五五四）年四月に守護代・清須織田家を滅ぼし、その代わりに守護・斯波家を推戴することで、尾張国内の武士を動員する大義名分を得た。そして、永禄元（一五五八）年一一月に信勝を暗殺し、信勝附きの武士を家臣団に包摂した。

谷口克広氏によれば、尾張統一頃の信長家臣団は、織田一族の五人の「連枝衆」、一軍を率いる四人の「部将」、一騎駆けの武士、もしくは小部隊を率いる「旗本」、および「吏僚」から成っていたという（『信長軍の司令官』。正確にいえば、桶狭間の合戦の頃［一五六〇年］）。

四人の「部将」の内訳は、「古渡・末盛譜代」が三人（柴田勝家、佐久間盛重、佐久間信盛）、残る一人が「那古野譜代」の林佐渡守という極めて偏った布陣になっている。

佐久間家　愛知郡でも屈指の名門

『新修　名古屋市史　2』では、室町時代における名古屋市内の有力武士として、①那古野の今川氏、②熱田の千秋氏、③御器所の佐久間氏の三家をあげている。この佐久間氏こそ、四部将の内、佐久間盛重、佐久間信盛の二人を出した一族である。

建治元（一二七五）年に鎌倉幕府の政所が作成したリストに、すでに尾張の御家人・佐久間二郎兵衛入道の名が見え、寛正二～三（一四六一～六二）年に御器所の佐久間美作守が熱田神宮の地下人とトラブルを起こした記録があるという（『新修　名古屋市史　2』）。また、永禄七（一五六四）年の御器所八所大明神　修理棟札に、佐久間美作守家勝、佐久間右衛門尉信盛、余語久兵衛勝盛（よごきゅうべえかつもり）の名が見える。

なお、佐久間信盛とともに棟札に名を連ねた余語勝盛は、佐久間信盛の家臣らしい。

「余語氏は、天野・加藤・近藤・鈴木・早川・松浦・水野・村瀬氏と共に、川原神社（名古屋市昭和区川名本町）九族と称された（松浦雁声『寺史太平寺』）。この九族は御器所を中心に分布する佐久間一族の家臣団と推定される」（『尾張群書系図部集』）

つまり、佐久間家は鎌倉幕府の御家人の系譜を引き、独自に家臣団を抱え、愛知郡でも屈指の国人領主だった。佐久間信盛は信長に諫言（かんげん）し、不興を買ったことでも有名だが、尾張時代には織田家と遜色のない、有力者の家柄だったのだ。

柴田家　土豪クラスか？

もう一人の柴田勝家について、谷口克広氏は「信秀の生前に信勝付きとされており、信秀の葬儀の時には、信勝随行の家臣の筆頭にその名が記されている。（中略）彼は信秀の時代からそれなりの地位にいたはずである。

ところが、柴田に関しては、その父の名さえわかっていないのである。出身地は愛知郡上社村（現名古屋市名東区）といわれている。おそらく、土豪クラスの家の出身なのだろう。信秀に剛勇さを見込まれ、槍働きで出世した人物とするのは、あまりに推測が過ぎるであろうか」と評している（『信長軍の司令官』）。

しかし、勝家の姉が愛知郡屈指の有力者である佐久間家に嫁いでいることを考えると、柴田家が取るに足らないほどの家柄だったとは思えない。勝家の姉が絶世の美女であるなら話は別だが、通常、婚姻関係は釣り合った家格で行われるからだ。

『尾張群書系図部集』所収の系図によれば、柴田家の歴代は、柴田修理大夫義勝―柴田源六勝重（?～一五〇三）―柴田土佐守勝義（?～一五四二）―柴田権六勝家だという。

『尾張志』の一色城の項では「一色城の城主は柴田源六と里の人は伝えている。（中略）同村の神蔵寺には、柴田源六勝重がこの寺を創建し、雲岫麟棟和尚を招待して開祖としたという記録が残っている。勝重は文亀三（一五〇三）年七月二日に没した。（中略）織田家の老臣・柴田権六勝家はこの隣村・上社村の人で、天正一〇年四月、越前国北ノ庄城内で死んだ時、六〇余歳だったというから、勝家がもし勝重の末裔ならば、勝重は祖父か曾祖父にあたるのではないか」（意訳）と記している。先の系図とも一致しており、勝重は勝家の祖父と考えてもよいのではないか。

義勝、勝義は伝説上の人物の域を出ていないが、柴田家が寺を建立するだけの財力を持ち、その周辺の有力者だったと推察される。

林家　デタラメな系図

林佐渡守は通勝、信勝、もしくは秀貞といわれる。

かつて、林佐渡守の諱は通勝といわれていたが、近年では否定されている。古文書で「林佐渡守通勝」と署名されたものがない反面、「林佐渡守秀貞」と署名しているものがあるからだ（「林源左衛門信勝」と署名した古文書もあるが、これは別人らしい）。だが、いつの頃からか、巷間では「通勝」という説が広まってしまったため、「秀貞（一般には通勝）」という書き方がされることが多い。

山科言継が記した『言継卿記』に「林新五郎秀貞」の名があり、「父八郎左衛門代歟」の記述がある。また、『浅井文書』によれば、秀貞の養父は林九郎勝隆であるらしい（『織田信長総合事典』）。

『尾張群書系図部集』では、守護代・清須織田家の大和守達勝の家臣として、林九郎定次、林九郎勝次の発給した古文書があることを伝えている。秀貞の養父・林九郎勝隆もこの一族だと推定される。

なお、織田達勝の父は織田達定と推定され、林一族が守護代から偏諱を与えられる重臣であることがわかる。これに対して、秀貞は信秀から偏諱を与えられた可能性が高い。おそらく、秀貞は勝幡織田家（信秀）の与力として附けられ、信長の「一おとな」に抜擢されたのであろう。

林佐渡守秀貞の家系および居城にいくつかの説がある。

・『尾張名所図会』によれば、天文二四（一五五五）年に林佐渡守の父・宏綱（法名・養蓮院）が死去し、佐渡守が菩提を弔うために宏綱山養蓮寺（名古屋市千種区池上町）を建立したという。

・尾張藩士・天野信景がまとめた『塩尻』では、尾張国春日井郡山田荘の田幡城（名古屋市北区金城町）について以下のように述べている。

田幡城は越智右馬允信高の居城で、信高は尾張の林氏の祖といわれる。同郡狩宿（尾張旭市狩宿町）城主・林弥助は信高の子であり、信長の家老・林佐渡守信勝は弥助の子であるという。

『尾張群書系図部集』では、『尾張名所図会』と『塩尻』の折衷案として、「林弥助」の諱を「宏綱」としているが、定かでない。

・林佐渡守秀貞の家系および居城にいくつかの説があるが、最も著名な説が林家を越智氏の流れを汲む伊予河野氏の末裔とする系図である。

林・稲葉家の祖である「稲葉七郎通弘ハ（河野）通義ガ三男。康暦元（一三七九）年冬、細川頼之、予州（＝伊予）ヲ押領シ、河野ヲ亡ス。時ニ河野一族四十八家、浪々ス。通弘ハ濃州（＝美濃）ニ来リ。大野ノ郡、清水ニ居ス」という（『群書系図部集』引用者が句読点を適宜付与した）。その子孫が、美濃国大野郡清水村（岐阜県揖斐郡揖斐川町清水）、美濃国安八郡林村（大垣市？）に移り住み、林と称したという。

林新左衛門通安は美濃国本巣郡十七条（岐阜県瑞穂市十七条）に移り住み、その子を林佐渡守通勝としている（『群書系図部集』）。

ほぼ同じ系図が『尾張群書系図部集』に採録されているが、通安（?～一五五三）の通称を新左衛門、および主計とし、「濃州本巣郡十七条城主。織田信定・信秀に仕え、尾州丹羽郡楽田城を守る」（犬山市字城山）と記している。

ちなみに、徳川家光の乳母・春日局の夫を稲葉佐渡守正成（旧姓・林）といい、父は十七条城主・林宗兵衛正三（惣兵衛政秀ともいう）、祖父を林佐渡守正長というのだが、林佐渡守秀貞とは同名異人で、まったく無関係の人物である。

おそらく、最後に掲げた最も有名な系図は、美濃の林佐渡守の系図に、林佐渡守秀貞を無理矢理はめ込んだ偽系図であろう。

谷口克広氏は「林秀貞は、春日井郡西春（現北名古屋市）あたりに領地を持ち」と記している（『信長と消えた家臣たち』）。

その根拠は「沖むらにあり、里老の伝へに林主計の城跡といへり、今は田圃となる」という『尾張志』の記述であろう（引用時に句読点を追加）。「沖むら」は春日井郡沖村（北名古屋市沖村西ノ郷）のことで、市町村合併前では旧西春日井郡西春町に位置し、「林通勝邸趾」の記念碑が建てられている。

林主計とは、『尾張群書系図部集』によれば、林佐渡守通勝の父・通安のことだ。

しかし、当然、林主計よりも林佐渡守の方が有名なので、佐渡守が沖村に居住しているのであれば、「里老の伝へに林佐渡守の城跡といへり」と記されているはずだ。

先述する通り、『群書系図部集』や『尾張群書系図部集』に掲載されている林佐渡守通勝が、林佐渡守秀貞と別人と考えると、林主計を秀貞の父と考えることはできない。そもそも、当時の史料を見る限り、秀貞の実父は林八郎左衛門、養父は林九郎勝隆なのだ。また、秀貞の居住地も沖村でない可能性が高い。

地理的に考えると、清須城の北に接する沖城が清須織田家の重臣・林家の居城。那古野城の北に接する田幡城が林佐渡守秀貞の居城とするのが妥当であろう。

秀貞は筆頭家老として織田家中に多くの与力を持ち、かなりの動員能力があったらしい。天文二三（一五五四）年一月、信長が村木砦（知多郡東浦町森岡）攻めに出陣した際、秀貞は弟の林美作守とともに不服を申し立て、与力の前田与十郎（種定？）の居城・荒子城（名古屋市中川区荒子町）に退去した（与十郎は前田又右衛門利家の主家筋にあたり、居城は下之一色城［名古屋市中川区下之一色町］とする説もある）。

さらに、弘治二（一五五六）年五月に秀貞・美作守兄弟が信長に叛旗を翻した時、荒子城、米野城（名古屋市中村区上米野町、城主・中川弥兵衛を秀貞の与力とする説がある）、大秋城（名古屋市中村区大秋町）が林兄弟に味方して、信長が居住する清須城と那古野、熱田の間を遮断した。つまり、秀貞は那古野城を居城として、少なくともその西南に居住する織田家臣団を与力にしていた可能性がある。その結果、同年八月に挙兵した林美作守の手

林佐渡守　系図

A「言継卿記」により作成

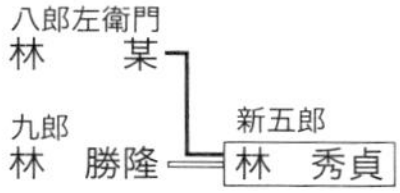

B『尾張名所図会』により作成

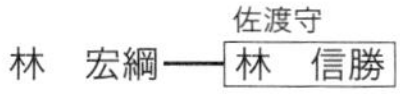

C『塩尻』により作成

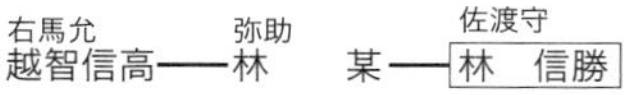

D『群書系図部集』収録系図

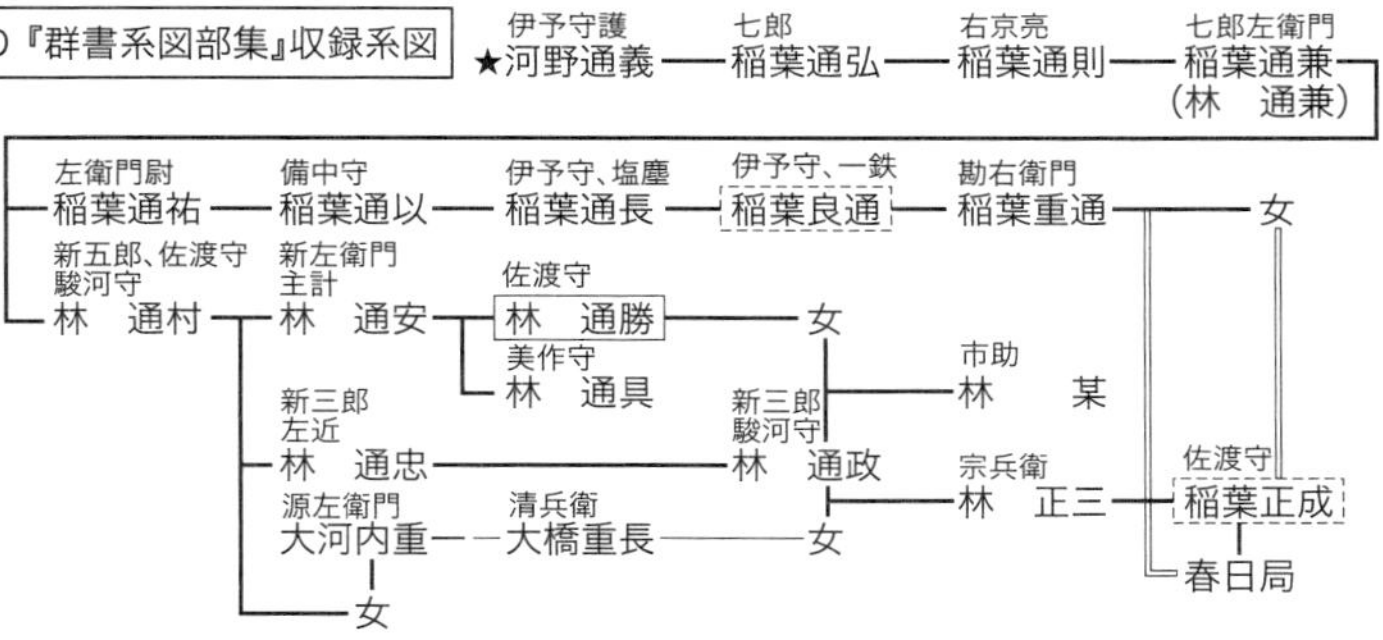

E『寛政重修諸家譜』収録系図

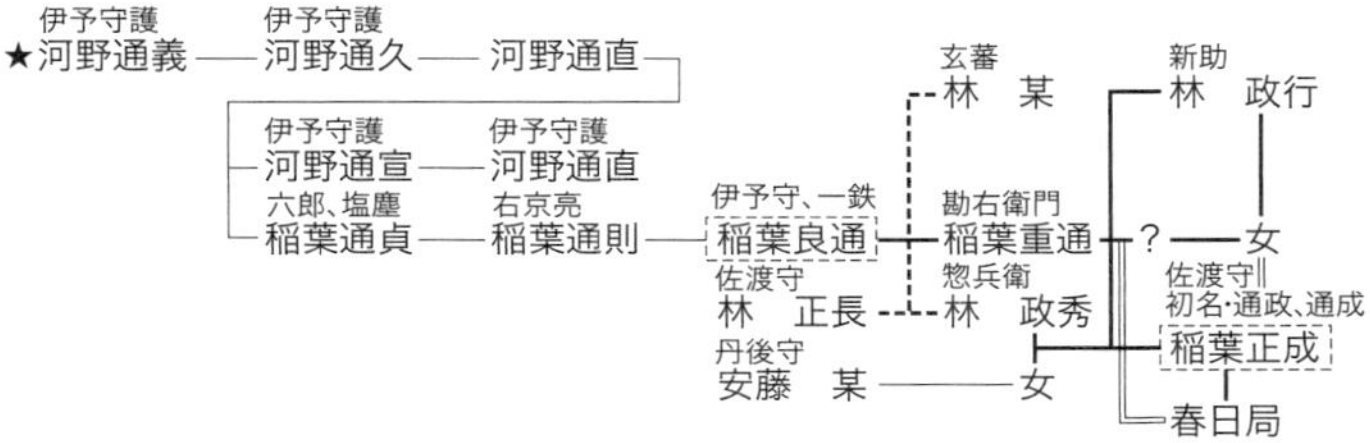

勢は七〇〇人余にも及んだという。

信長の部将登用は実力主義なのか

尾張統一の頃、信長家臣団の四部将のうち、「古渡・末盛譜代」の三人は、能力があったから部隊を任されたのではなく、数百の軍兵を動員する家柄に生まれたから部将になったと考えた方が自然であろう。そして、林佐渡守は守護代から「那古野譜代」「勝幡譜代」を与力に附けられた既得権で部将の地位にあったものと思われる。

つまり、信長は個人の才覚ではなく、家柄や立場による動員能力で武将を選んでいたのだ。決して、実力主義的な人材登用をしていたわけではない。

しかも、父・信秀が死去した時、部将クラスの佐久間・柴田一族はすべて信勝の与力となり、信長には林佐渡守しか附けてもらえなかった。多くの与力を抱える林佐渡守は信長と敵対していた。

だから、信長は那古野城近辺に住む次男・三男をカネで雇って、旗本を育成していかなければならなかったのだ。

3　カネで買った旗本を育てる

旗本・馬廻衆の具体例

天文二二（一五五三）年四月、赤塚合戦における信長軍は、直属の旗本のみの編制で、いわゆる部将クラスがいなかった（谷口克広氏の定義では「旗本」の中に馬廻衆と小姓衆を含め、桐野作人氏はほぼ同じ集団を「旗本馬廻衆」と呼んでいるようだ。本書では谷口氏の分類に従う）。

赤塚合戦の頃、信長は末盛城附きの柴田・佐久間を部下として動員することができなかった。さらに那古野城附きの林佐渡守はなかなか信長の意見に従わなかった。

つまり、信長は柴田・佐久間・林ら部将クラスを合戦に動員することができず、旗本に頼る他なかったのである。では、信長の旗本はどのように形成されていったのであろうか。

ここでは、尾張統一までに信長に仕えはじめた家臣で、後に部将クラスに出世したものの出自と、仕えた時期を具体的にみていこう。

○尾張の国人・土豪の庶子

・**丹羽長秀**（一五三五～八五）は愛知郡児玉村（名古屋市西区児玉）の丹羽修理亮長政の次男で、天文一九（一五五〇）年から信長に仕えた。丹羽家は代々斯波家に仕え、父および兄の丹羽将監長忠は斯波家に仕えたという（『寛政重修諸家譜』）。

児玉村は那古野城の北西二キロメートル弱しか離れておらず、実際は那古野今川家の家臣だった公算が大きい。信秀の那古野城攻略の後、長秀の父兄は守護・斯波家（清須織田家）家臣に組み入れられたが、次男である長秀は那古野城の信長に仕えるようになったのだろう。

・**前田利家**（一五三八〜九九）は海東郡荒子村（名古屋市中川区荒子町）の土豪・前田蔵人利昌（利春ともいう）の四男で、天文二〇（一五五一）年から信長に仕えたという（『織田信長家臣人名辞典』）。林佐渡守の与力・前田与十郎が前田家の本家筋で、利家の家系はその傍系。しかも、家督は兄・前田蔵人利久が継いでいた。

父・利昌は二〇〇〇貫文（のち二三〇〇貫文）の所領を持っていたが、利家はそれと別に五〇貫文の所領を与えられ、萱津合戦、稲生合戦、浮野合戦で武功を上げ、一五〇貫文に加増される。永禄一二（一五六九）年の伊勢大河内城攻めの後、信長の命で、兄・利久を廃嫡して利家が家督を継ぎ、二四五〇貫文を領したという。

○美濃出身

・**森　可成**（一五二三〜七〇）は葉栗郡蓮台村（岐阜県羽島郡郡笠松町田代）出身で、天文二三（一五五四）年の清須城攻めで軍功を上げたと伝えられる。谷口克広氏は「弘治年間にはもう信長の臣として名が見える」と指摘している（『織田信長家臣人名辞典』）。

可成が生まれた蓮台村は、濃尾国境に位置するが、清須城攻めの頃はまだ信長の勢力圏ではなかったと思われる。可成は蓮台村の領主として本領安堵されたのではなく、信長がカネで雇った家臣だったのではないか。

・**蜂屋頼隆**（?～一五八九）は美濃出身といわれ、永禄二（一五五九）年に信長が上洛した際に随行した「蜂屋」が頼隆だと考えられ、それ以前に信長に仕えていた可能性が高い（『織田信長家臣人名辞典』）。美濃に蜂屋庄（岐阜県美濃加茂市）があるので、その近辺の武士が美濃の内乱で尾張に逃亡し、信長に雇われたのかもしれない。

ただし、信長の家臣には、天文二二（一五五三）年四月の赤坂合戦の足軽衆・蜂屋般若介、弘治二（一五五六）年八月の稲生合戦で討ち死にした蜂屋市左衛門栄勝（無津志村、愛知県北名古屋市六ツ師の出身）がおり、その一族である可能性もある。

・**金森長近**（一五二五?～一六〇八）は土岐郡大畑村（岐阜県多治見市大畑町）出身とも、近江国野洲郡金森村（滋賀県守山市）の出身ともいう。永禄二（一五五九）年に信長が上洛した際、「蜂屋」とともに随行した「金森」が長近だと考えられ、それ以前に信長に仕えていた可能性が高い（『織田信長家臣人名辞典』）。

○その他

・**木下秀吉**（一五三七～九八、のちの羽柴・豊臣秀吉）は愛知郡中村村（名古屋市中村区中村町）の百姓・木下弥右衛門の子に生まれたといわれるが定かでない（『秀吉の出自と出世伝説』）。天文二〇年頃に実家を出奔して針売り・草履売りなどで食いつないだ後、今川家臣・遠江の松下加兵衛に仕え、天文二四（一五五五）年頃に信長の家臣になったという（『織田信長家臣人名辞典』）。

・**瀧川一益**（一五二五〜八六）は『寛政重修諸家譜』に近江国甲賀郡一宇野（滋賀県甲賀市甲賀町櫟野）の生まれで、一族の高安某を殺害して故郷を追われ、所々を遊歴した後、信長に仕えたと記されているが、定かでない。池田恒興、前田与十郎の従兄弟という説もあり、尾張出身もしくは幼年時に尾張に移住してきたと考えた方が妥当ではないか。

『信長公記』における一益の初見は首巻の「おどり御張行」であるが、この記事は弘治三（一五五七）年もしくは天文年間（一五三二〜五五）のことと考えられている。そこから逆算すると、一益は一五五〇年代前半に信長の家臣となった公算が大きい。『言継卿記』によれば、天文二年に織田家臣に瀧川彦九郎勝景がいたことが見え、一益はその一族なのかもしれない。

家臣団の就活

まとめてみよう。

信長は天文一九（一五五〇）年頃から尾張国内の国人・土豪の庶子（次男以下を指す）を

家臣として採用しはじめた。ちょうど、父・信秀が末盛城に移った頃にあたる。信長は信秀の家臣をすべて継承した訳ではなく、しかも比較的大身の武士は林佐渡守の与力に附けられてしまったため、自前の家臣団を充実化する必要に迫られたのだろう。

では、どうやって家臣団を充実化したのか。信長の家系（勝幡織田家）は津島と熱田を支配下に置き、抜きんでた経済力を誇っていたから、カネで家臣を買ったのであろう。それが旗本（いわゆる小姓衆・馬廻衆）を構成していったのだ。

天文二二（一五五三）年以降に清須織田家をはじめとする織田一族との抗争が本格化し、家臣団の増強に迫られる。

信長は美濃出身者の森可成、蜂屋頼隆、金森長近を家臣化していったが、当時はまだ美濃を制圧しておらず、かれらの本領を安堵して家臣団に組み込んでいったとは思われない。カネで買う家臣の対象を尾張国外にも拡げていった結果ではないか。

そして、やがて木下秀吉や瀧川一益のように、出自不明な者をも家臣に組み込んでいく柔軟性へと繫（つな）がっていったのだろう。

黒母衣衆・赤母衣衆

旗本のエリートとして「黒母衣（ほろ）衆」「赤母衣衆」があった。

母衣とは「戦場で用いる武具の一つで、幅広で長さも二メートル前後とった一枚の布で

黒母衣衆、赤母衣衆

区分	後	氏名	生年	年齢	出身	備考
黒母衣衆		河尻与兵衛(秀隆)	1527	34歳	愛知郡岩崎村	
		中川八郎右衛門(重政)	?			
		佐々内蔵助(成政)	1536	25歳	春日井郡比良村	
		津田隼人正(盛月)	?			中川重政の弟
		毛利新助(良勝)	?			
		平井久右衛門	?			
		伊東武兵衛	?		前田?	
		水野帯刀左衛門	?		?	刈谷水野氏の一族か
		松岡九郎次郎	?			
		生駒正之助	?		美濃?土田村	生駒甚助親重の甥?
	後	蜂屋兵庫頭(頼隆)	?		美濃	
	後	野々村三十郎(正成)	?		美濃?	
赤母衣衆		前田又左衛門(利家)	1538	23歳	海東郡荒子村	
		浅井新八郎(政澄)	?		中島郡苅安賀	
		木下雅楽助	?			中川重政の弟
		伊東清蔵(長久)	?		前田?	伊藤武兵衛の弟
		岩室長門守	?		?	
		山口飛騨守	?			
		佐脇藤八(良之)	?			前田利家の弟
		毛利河内守(長秀)	?			一説に斯波義統の子
		飯尾茂助(尚清)	1528	33歳		奥田城主・飯尾近江守定宗の子
		長谷川橋助	?			
	後	福富平左衛門(秀勝)	?		愛知郡岩塚村	
	後	塙　九郎左衛門(直政)	?		春日井郡大野木村	
	後	渥美刑部丞	?		?	
	後	金森五郎八(長近)	1525	36歳	美濃	
	後	猪子次左衛門(一時)	1542	19歳	猪子石村	兵助の兄
	後	織田越前守	?		?	
	後	加藤弥三郎	?		春日井郡篠木	加藤図書助順盛の子

※出典　『信長の親衛隊』他より作成。
※註　　「後」は出典史料に「後に入ル衆」と註記があるもの。

ある。これを鎧の背に結んで、馬を走らせる時には、裾の方を自分の頭越しに馬まで覆う。そうすると風をはらませる形になるので、流れ矢を避ける効果がある」（『信長の親衛隊』）。

信長は母衣の使用を制限して、旗本クラスの中でも誰がエリートなのかを明示し、互いに競わせたのだ。

谷口克広氏は「高木文書（もんじょ）」からの引用として、「黒母衣衆」「赤母衣衆」二九人の具体名をあげ、「最初に二十人が選ばれた時期は、永禄二年以前ということになるだろう」と指摘している（『信長の親衛隊』）。

織田家臣団の核「清須譜代」

「黒母衣衆」「赤母衣衆」が成立した永禄二年以前、つまりは永禄元（一五五八）年頃、織田家臣団がどのような状況にあったのか、振り返ってみよう。

永禄元（一五五八）年は、信長が岩倉織田家を滅ぼしてほぼ尾張を統一し、弟・信勝を殺害して織田家中の不満分子を排除した年である。順序は多少逆転するが、信長はまず清須織田家中を統一してから、そこに岩倉織田家の旧臣を組み込んでいったようだ。

実力はともかく名目の上では、信長は清須織田家の分家の一つでしかなかった。

簡単にいえば、那古野城主の信長と末盛城主の信勝、そして守山城主の叔父（おじ）・信光は、清須織田家の部将として対等な立場にあった。

だから、清須織田家を滅ぼす以前は、末盛城附きの柴田勝家や佐久間一族等は信長の家臣ではなかったはずだ。厳密にいえば、信勝の家臣ですらなかったかもしれない。清須織田家の支配下にある国人領主として、信勝の与力になっていただけかもしれない。

信長がそれよりも一段上の立場になったのは、天文二三（一五五四）年に清須織田家を滅ぼして守護・斯波家を推戴（すいたい）し、事実上、守護代となって清須織田家に取って代わってからである。

そして、肩を並べる立場にあった叔父・信光が同年に不慮の死を遂げる。さらに弟・信勝を永禄元年に殺害し、信勝附きの武士を組み入れることで、清須織田家支配下の武士はすべて信長の家臣となった。

清須織田家内を統一した信長は、その時点で、自前で数百人規模の兵力を動員できる佐久間一族、柴田勝家、多くの与力を抱える林佐渡守を「部将」として、それ以下を「旗本」部隊とした。

父・信秀の時代から家臣化・与力化した「勝幡譜代」「那古野譜代」「古渡・末盛譜代」、および、それ以降、清須織田家内を統一するまでに臣従した家臣を「清須譜代」と呼ぼう。

この「清須譜代」こそが、信長にとっての譜代家臣であり、天下統一に至る時代までも重臣クラスを構成する家臣団の核となったのである。

４　旗本から部将への昇格

桶狭間の合戦の家臣団

永禄三（一五六〇）年五月の桶狭間の合戦のはじまりは、信長が鳴海城と大高城を取り囲むように砦を築き、守将を置いたことだった。その顔ぶれは以下の通りだった。

○丹下砦

・水野帯刀（水野帯刀左衛門）、刈谷の水野一族と思われる。

・山口ゑびの丞（山口海老之丞盛隆）、鳴海城の山口教継の一族と思われる。

・柘植玄蕃頭、織田一族と思われる。

・真木与十郎・宗十郎（牧下野守長義・喜右衛門長治）兄弟、斯波一族と思われる。

・伴十左衛門尉、塙直政の一族か。

○善照寺砦

・佐久間右衛門（信盛）・左京助（信直）兄弟

○南中嶋砦

・梶川平左衛門（高秀）、水野家の家臣

桶狭間合戦における織田方の砦とその守将

砦	『信長公記』による守将	氏名	居住地	区分
丹下砦	水野帯刀	水野帯刀左衛門	刈谷城？	刈谷水野一族
	山口ゑびの丞	山口海老之丞盛隆		那古野譜代
	柘植玄蕃頭	柘植玄蕃頭？	―	織田一族か？
	真木与十郎・真木宗十郎	牧　下野守長義・喜右衛門長治兄弟	川村城主	斯波一族
	伴十左衛門尉	塙　十左衛門尉？	―	
善照寺砦	佐久間右衛門・左京助兄弟	佐久間右衛門尉信盛・左京助兄弟	山崎城主	古渡・末盛譜代
南中嶋砦	梶川平左衛門	梶川平左衛門高秀	楽田城主→奥村？	（水野家家臣）
丸根砦	佐久間大学	佐久間大学助盛重	御器所城？	古渡・末盛譜代
鷲津砦	織田玄蕃	織田玄蕃頭秀敏	稲葉地城主	織田一族
	飯尾近江守父子	飯尾近江守定宗・隠岐守尚清	奥田城主	織田一族

信長軍	林	林佐渡守秀貞	
	平手	平手監物	志賀城？
	池田	池田勝三郎恒興	荒子村
	長谷川	長谷川丹波守	葉栗郡北方？
	花井	花井三河守	星崎城？
	蜂屋	蜂屋兵庫頭頼隆	？

※出典　『信長公記』より作成。

○丸根砦
・佐久間大学（盛重）
○鷲津砦
・織田玄蕃（秀敏）、信長の大叔父
・飯尾近江守（定宗・隠岐守尚清）父子、織田一族

丹下砦は、やや混成部隊の感があるが、南中嶋には水野家臣団を配置し、鷲津砦に織田一族、善照寺砦と丸根砦に佐久間一族を置いている。

佐久間一族の重用が目立つが、換言するなら、この時期はまだ織田家臣団は形成途上であり、自前で数百人規模の一族・郎党を率いる大身の武

士にしか砦を守らせることができなかったのだろう。それに該当するのは、織田一族か佐久間一族くらいしかいなかったということだ。

一方、信長に付き従った家臣は、中嶋へ移動しようとした際に見咎めた家老衆として「陽明本には記述がないが、天理本一には『林・平手・池田・長谷川・花井・蜂屋』と書かれている。それぞれ林秀貞・平手五郎右衛門・池田恒興・長谷川丹波守・花井三河守・蜂屋頼隆だろうか」（桐野作人『織田信長』）。また、甫庵『信長記』では、「林佐渡守（秀貞）、池田勝三郎（恒興）、毛利新介（良勝）、柴田権六（勝家）」を挙げている。

美濃侵攻・近江侵攻の家臣団

ところが、永禄四（一五六一）年以降の美濃侵攻、永禄一一（一五六八）年の近江侵攻では、主力を成す織田家臣団の顔ぶれが徐々に変わってくる。

まず、永禄四年五月の森部合戦では、「柴田権六（勝家）、森三左衛門尉（可成）、毛利新介（良勝）、木下雅楽助、水野帯刀」が軍勢を構成し、翌永禄五年五月の軽海合戦では「先陣池田勝三郎（恒興）、二陣佐久間右衛門尉信盛、其の次柴田権六勝家」が軍勢を構成した。

永禄八（一五六五）年頃の犬山城の支城・黒田城の調略、および東美濃の加治田城の調略は丹羽五郎左衛門長秀、鵜沼城の調略は木下藤吉郎秀吉が担った。

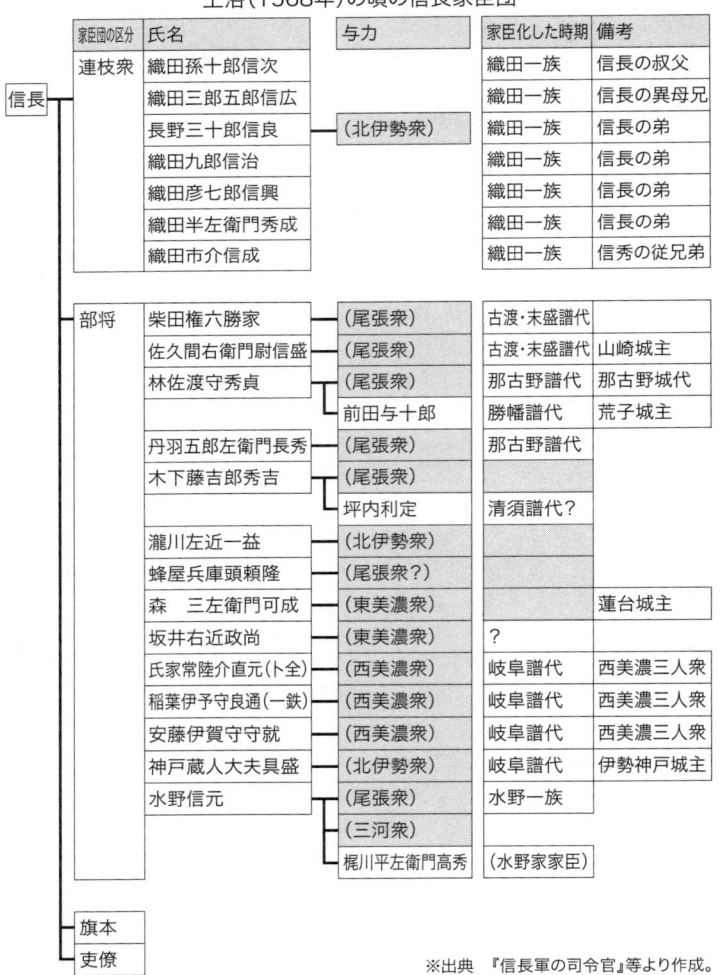

上洛（1568年）の頃の信長家臣団

信長

家臣団の区分	氏名	与力	家臣化した時期	備考
連枝衆	織田孫十郎信次		織田一族	信長の叔父
	織田三郎五郎信広		織田一族	信長の異母兄
	長野三十郎信良	（北伊勢衆）	織田一族	信長の弟
	織田九郎信治		織田一族	信長の弟
	織田彦七郎信興		織田一族	信長の弟
	織田半左衛門秀成		織田一族	信長の弟
	織田市介信成		織田一族	信秀の従兄弟
部将	柴田権六勝家	（尾張衆）	古渡・末盛譜代	
	佐久間右衛門尉信盛	（尾張衆）	古渡・末盛譜代	山崎城主
	林佐渡守秀貞	（尾張衆）	那古野譜代	那古野城代
		前田与十郎	勝幡譜代	荒子城主
	丹羽五郎左衛門長秀	（尾張衆）	那古野譜代	
	木下藤吉郎秀吉	（尾張衆）		
		坪内利定	清須譜代？	
	瀧川左近一益	（北伊勢衆）		
	蜂屋兵庫頭頼隆	（尾張衆？）		
	森　三左衛門可成	（東美濃衆）		蓮台城主
	坂井右近政尚	（東美濃衆）	？	
	氏家常陸介直元（卜全）	（西美濃衆）	岐阜譜代	西美濃三人衆
	稲葉伊予守良通（一鉄）	（西美濃衆）	岐阜譜代	西美濃三人衆
	安藤伊賀守守就	（西美濃衆）	岐阜譜代	西美濃三人衆
	神戸蔵人大夫具盛	（北伊勢衆）	岐阜譜代	伊勢神戸城主
	水野信元	（尾張衆）	水野一族	
		（三河衆）		
		梶川平左衛門高秀	（水野家家臣）	
旗本				
吏僚				

※出典　『信長軍の司令官』等より作成。

猿啄（さるばみ）城攻め、堂洞城攻めでは河尻与兵衛秀隆、丹羽長秀が先鋒を務めていたようだ。河尻はこの功績で猿啄城を任されている。「黒母衣衆」の筆頭で、永禄二年頃は旗本クラスだったが、永禄八年頃には一つの城を預かる部将クラスに出世したのだろう。

また、同年に森三左衛門可成が東濃の抑えである兼山城主になっており、部将クラスに引き立てられたと思われる。

一方、永禄一一年九月の近江侵攻では、箕作山城の攻め手として、佐久間信盛、木下秀吉、丹羽長秀、浅井新八。和田山城の抑えに西美濃三人衆の氏家卜全、安藤守就（もりなり）、稲葉一鉄、観音寺城の抑えに柴田勝家・池田恒興・森可成・坂井政尚を置いた。

桶狭間の合戦頃にはその名を見なかった丹羽長秀、木下秀吉が、美濃侵攻では重要な位置を占め、近江侵攻では一端の武将として箕作山城攻めの主力になっている。

丹羽長秀は那古野城近くの愛知郡児玉村の出身で、さほど大身ではなかった可能性が高い。木下秀吉に至っては、自前の家臣を持たない低い階層の出身だった。

桶狭間の合戦では、自前で数百人規模の一族・郎党を率いる大身の武士を主力とせざるをえなかった。しかし、美濃侵攻の頃には旗本クラスから部将に引き立てて一軍を任せる体制が整いつつあった。さらに、近江侵攻の頃にはそれら抜擢した部将が、主力部隊を構成するまでになっていったのである。

部将クラスの生成

自前の動員能力に乏しい旗本クラスを部将に引き立てるには、他の家臣を与力につけるしかない。そこで、旗本が部将へとランクアップする際に、かれらの家臣団がどのように生成されていったか。木下秀吉のケースをみていこう。

○岩倉織田家旧臣

・**蜂須賀小六正勝**（一五二六～八六）は海東郡蜂須賀村の土豪で、はじめ犬山城主・織田信清、次いで岩倉城主・織田信賢、斎藤道三に仕えた。

『寛政重修諸家譜』では、永禄三（一五六〇）年に信長に転じて桶狭間の合戦で軍功を挙げ、元亀元（一五七〇）年の金ケ崎の退き口で秀吉とともに活躍し、それを機に秀吉の与力になったという。

巷間伝わる矢作川の出会いはウソだとしても、もっと早くから秀吉に仕えていたと思うのは筆者だけではないだろう。『織田信長家臣人名辞典』では、『太閤記』で永禄九（一五六六）年九月に秀吉の仲介で信長に仕えた説を紹介しているが、それくらいが妥当なところかもしれない。

・**前野但馬守長康**（一五二八～九五）は、岩倉織田家の三奉行・前野右京宗康（一四八九～一五六〇）の次男だが、『信長公記』首巻の「おどり御張行」に登場しており、そこから逆算すると一五五〇年代前半に信長の家臣となった公算が大きい（瀧川一益の項を参照）。蜂須賀正勝と兄弟の契りを結んでいたといわれ、同時期に秀吉の与力とされたようだ（『織田信長家臣人名辞典』）。父・宗康も岩倉城陥落前から信長に転じていたらしい。

・**生駒甚介親正**（いこまじんすけちかまさ）（一五三五？～一六〇三）は美濃出身で、信長の母（土田御前）（どた）と側室（一般には吉乃と呼ばれる）の親族といわれる。『寛政重修諸家譜』によれば、親正は蜂須賀正勝と徒党を組んでいたが、永禄九（一五六六）年に秀吉の仲介で信長に仕え、本領を安堵されたという。

・**山内猪右衛門一豊**（やまうちいえもんかずとよ）（一五四六～一六〇五）は岩倉織田家の家老で黒田城主・山内盛豊（一五〇九～五八？）の三男である。『寛政重修諸家譜』によれば、父・盛豊、および兄・十郎が弘治三（一五五七）年七月に討ち死にと伝えるが、その翌年七月の浮野合戦で討ち死にしたのではないか。岩倉城陥落後に信長に仕え、元亀元（一五七〇）年頃から秀吉の与力になったという（『織田信長家臣人名辞典』）。

○美濃斎藤家旧臣

・**仙石権兵衛秀久**（一五五一～一六一四）は美濃国本巣（もとす）郡中村（岐阜県瑞穂市古橋？）出身で、永禄七（一五六四）年から信長に仕え、のちに秀吉の与力とされた（『織田信長家臣人名辞典』）。

・**一柳市助直末**（一五四六〜九〇）は美濃国厚見郡西野村（岐阜市西野町）の出身で、父・一柳又右衛門直高（一五二九〜八〇）は斎藤義龍の家臣から信長に転じ、直末は元亀元（一五七〇）年から秀吉に仕えるという（『寛政重修諸家譜』）。

・**竹中半兵衛重治**（一五四四〜七九）は美濃国不破郡菩提山城（岐阜県不破郡垂水町岩手）の出身で、西美濃三人衆の一人である安藤伊賀守守就の女婿。「信長に帰属したのは、竜興没落後の同十年頃であろう。秀吉の与力として付属された」（『織田信長家臣人名辞典』）。

○勝幡譜代

・**平野右京進長治**は津島衆で、尾張国海東郡津島（津島市）の奴野城に居城する。信長家臣で、秀吉の与力とされた。三男の平野権平長泰（一五五九〜一六二八）は秀吉に仕え、賤ヶ岳七本槍の一人となった。四男・平野九左衛門長重は織田信忠家臣ののち、秀吉に仕えた（『寛政重修諸家譜』）。

「清須譜代」偏重の部隊構成

まとめてみよう。

秀吉は永禄七〜九年頃に与力を附けられ、部将クラスに引き立てられたようだ。

与力とされたのは、旧岩倉織田家旧臣、美濃斎藤家旧臣が中心であり、信長が清須織田家内を統一する以前に信長に仕えた者で秀吉の与力とされたのは、わずかに平野長治・長泰父子くらいで少数派だった。

信長には、「清須譜代」の旗本を一軍と二軍に選抜して、前者を寄親、後者を与力とする選択肢もあったはずだ。しかし、信長はあえてそれをせず、「清須譜代」の旗本を互いに競わせて、その下に征服地の武士（旧岩倉織田家旧臣、美濃斎藤家旧臣）を与力として附け、部将に育てていったのだ。

ではなぜ、信長は前者の方式を採らず、後者を選択したのか。

信長は意外に部下の序列・人間関係に配慮していたのではないか。

だから、旗本を一軍・二軍に選別して、優劣を付けることを避けたかったのだろう。

旗本クラスを部将に引き立てるシステムが構築されれば、初期の部将であった柴田勝家や佐久間信盛を特別扱いする必要はない。ところが、それ以後も二人を織田家の筆頭家老として遇していたのはその証左であろう。

第5章　方面軍ができるまで

1　近江　有力部将による分封支配

近江衆と美濃衆の差異

池上裕子氏は『人物叢書　織田信長』の中で「信長が分国支配や京都支配で重用した顔ぶれには尾張出身者が圧倒的に多く、美濃出身者は少しだけいる。この両国出身者を仮に譜代家臣」と呼ぶと指摘している。

つまり、池上氏の分類によれば近江出身者は譜代家臣に入らないらしい。

しかし、信長が美濃を支配下に置いたのは（諸説あるが）永禄一〇（一五六七）年八月、南近江は翌永禄一一年九月とわずかな差でしかない。美濃衆と近江衆の差はどこで生じたのか。

筆者は美濃衆を二者に区分すべきだと考えている。一つは信長が清須織田家を統一するまでに仕えた者、そして、もう一つが美濃斎藤家を追放した後に臣従した者である（本書では前者を「清須譜代」という）。池上氏は両者を一括りに「美濃衆」と読んでいるが、信長が重用したのは美濃出身の「清須譜代」であって、征服地・美濃の武士団ではない。

次に近江固有の問題があった。それが近江分封であろう。

金ケ崎の退き口

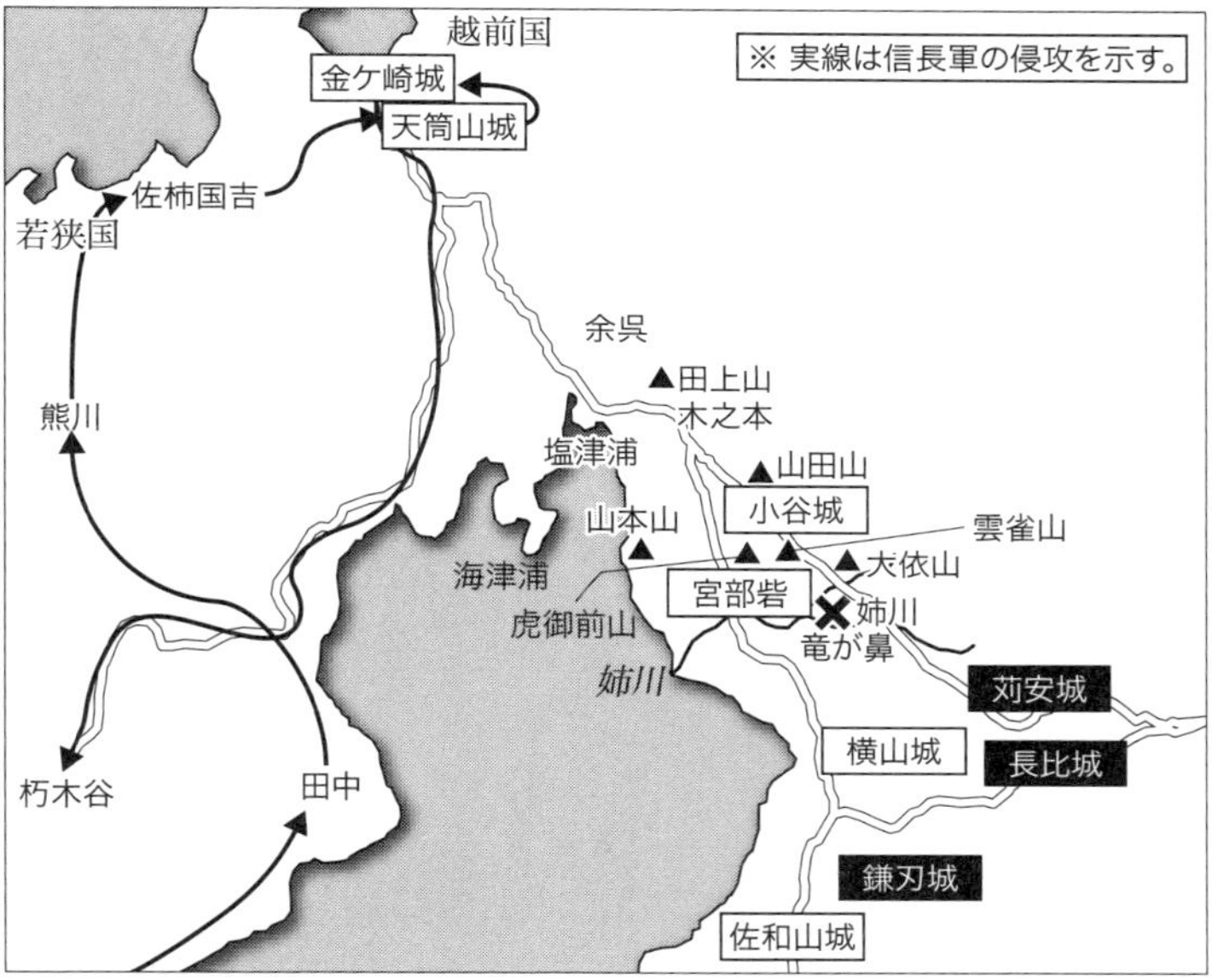

元亀元（一五七〇）年五月、信長は柴田勝家、佐久間信盛等の重臣を近江に分封支配し、六角旧臣をその与力に編制してしまったのだ。

ではなぜ、美濃と違って、近江は分封支配されたのか。それは近江の情勢が深く関係しているのだが、それにはまず「越前侵攻」から掻い摘んで説明しておこう。

越前侵攻

信長は義昭を奉じて上洛すると、畿内を制圧して「天下」を治め、義昭を将軍に据えた。

ところが、次第に信長・義昭

の間は険悪となり、永禄一三（一五七〇）年一月に信長は義昭に五ヶ条の条書を突きつけて勝手な行動を慎むように牽制した。

また、同日に畿内近国の諸大名に対して上洛を要請する触れ状を出したが、越前の朝倉義景はこれを無視した。

同年四月、信長は越前・朝倉家を征伐するため、越前に進軍。朝倉の支城・天筒山城（福井県敦賀市）、金ケ崎城（福井県敦賀市）、疋田城を開城させ、わずか二日で敦賀郡を制したが、義弟の近江小谷（滋賀県長浜市湖北町伊部）城主・浅井長政が離反してしまう。

信長は浅井軍に近江路を塞がれたり、背後から追撃されることを恐れ、殿軍に木下秀吉を置き（一説に池田勝正、明智光秀も同行）、急ぎ撤退した。有名な「金ケ崎の退き口」である。

信長の越前侵攻失敗が伝えられると、甲賀郡に敗退していた六角承禎が浅井長政と連携し、琵琶湖近くまで復帰してきた。しかも、これらに呼応するかのように、近江国野洲郡守山（滋賀県守山市）で一揆が起こった。

近江の分封支配（元亀元年五月）

信長は六角家を追放した後、南近江を支配下に組み入れ、美濃のように治めることができると思っていたに違いない。ところが、追放したはずの六角承禎は、信長の隙を窺って

近江の分国体制

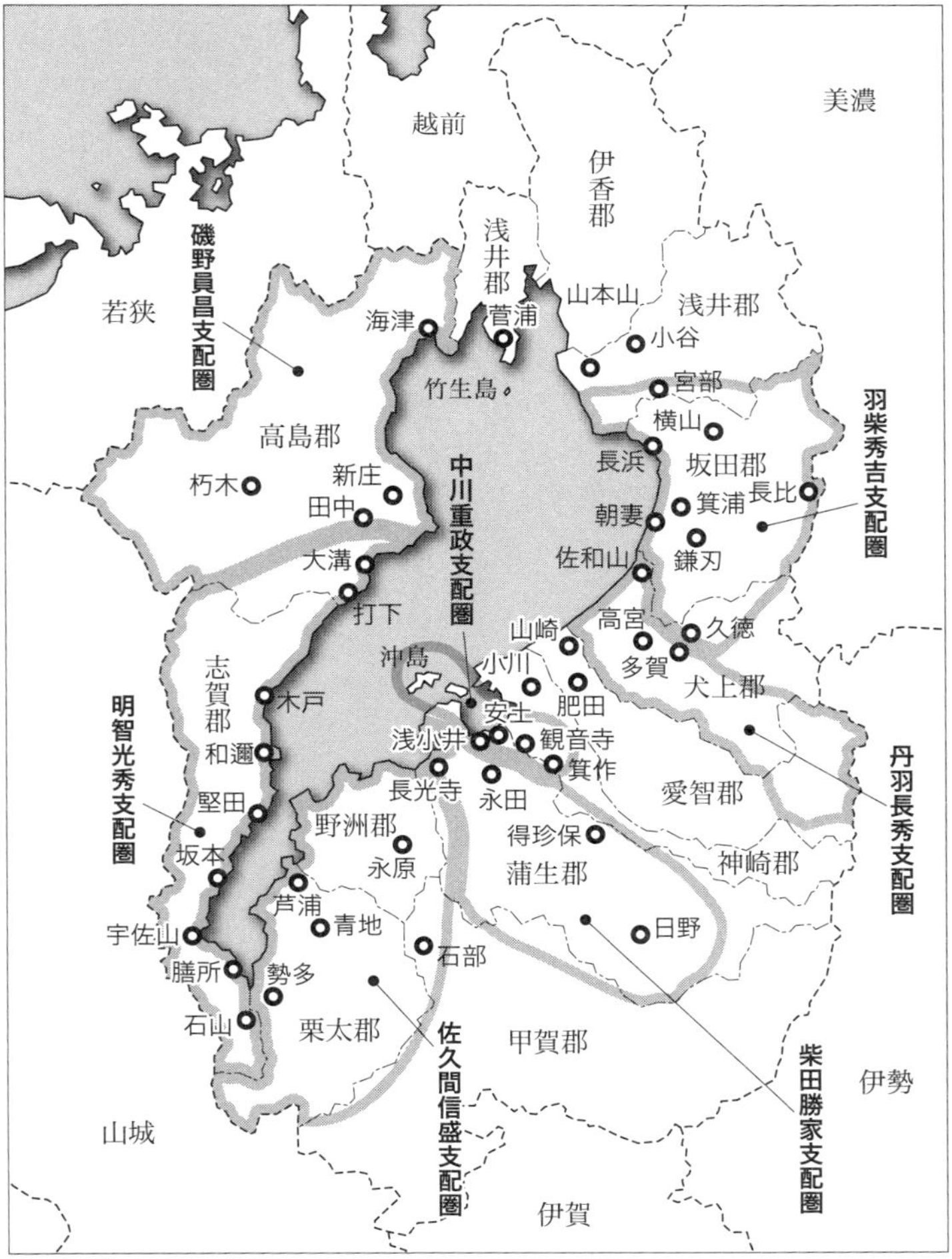

※出典 『信長軍の司令官』。

しゃしゃり出てきては一揆を扇動する。南近江の情勢は不安定で、美濃のようにはいかないと悟ったことだろう。

そこでまず、信長は近江の街道警固のため、守山に置いていた稲葉一鉄・貞通ら父子三人、および斎藤内蔵助利三（くらのすけとしみつ）に一揆を鎮圧させ、雑兵（ぞうひょう）一二〇〇余を討ち取った。

そして、元亀元（一五七〇）年五月九日に信長は美濃にいったん戻った後、一二日に永原に出馬し、諸将を近江の要衝に配した。

・宇佐山・志賀城　森　可成（よしなり）　（元亀元年三月以前）
・永原城　佐久間信盛　（元亀元年五月）
・長光寺城　柴田勝家　（元亀元年五月）
・安土城　中川重政　（元亀元年五月）
・横山城　木下秀吉　（元亀元年六月）
・佐和山城　丹羽長秀　（元亀二年二月）

谷口克広氏は『多聞院日記』の記事を引いて、「『信長公記』には、この四将（森、佐久間、柴田、中川――引用者註）が同時に置かれたように書かれているが、森は少し前に置かれていたらしい」と指摘している（『信長軍の司令官』）。

横山城の木下、佐和山城の丹羽は時期がずれるが、ついでに掲げておいた。両将は北近江の浅井居城・小谷城攻略のための抑えである。美濃攻略で調略に活躍した二人を小谷城攻略の抑えに置いたことは、信長が同様の戦略を用いようという考えの表れであろう。
結果として、六角旧臣は右の諸将の与力に組み入れられることになった。

姉川の合戦（元亀元年六月）

信長が有力部将を分封して近江支配の基盤を固めると、浅井長政は美濃・近江の国境に長比城（滋賀県米原市長久寺）、苅安城を築いて、鎌刃城主の堀次郎秀村（一五五七？～九九）を置き、守りを固めた。

ところが、木下秀吉の与力・竹中半兵衛重治が調略で、堀および老臣の樋口三郎兵衛直房を寝返らせてしまう。

「堀氏の支配地は坂田郡の半ばに及んでいたといい、横山城主として小谷攻めの最前線に置かれた木下秀吉の与力の立場であったものの、その支配地は秀吉より大きかったという」（『織田信長家臣人名辞典』）。堀の寝返りで形勢は一気に信長有利に傾いた。

信長は浅井長政の居城・近江小谷城を攻めるために出陣。六月一九日に長比城に入り、二一日に小谷城に迫った。

まず、森可成、坂井政尚、斎藤新五、市橋長利、佐藤秀方、塚本小大膳、不破光治、丸毛光兼ら、八〇〇〇の兵が雲雀山に上って町を焼き払った。

一方、信長の本陣は、小谷城の南方およそ二キロメートルに位置する虎御前山（滋賀県長浜市中野町）に布陣し、柴田勝家、佐久間信盛、蜂屋頼隆、木下秀吉、丹羽長秀および近江衆に命じて所々を放火させた。

森以下の諸将は美濃出身者である。かれらは美濃方面から出陣し、信長本陣は近江方面から出陣して小谷城で落ち合ったのだろう。

しかし、小谷城が容易に落ちそうもないと見ると、信長は翌二二日にいったん退却した。殿軍（しんがり）には簗田（やなだ）左衛門太郎広正、中条将監家忠、佐々内蔵助成政の三名が命じられた。簗田・中条・佐々の殿軍が成功し、六月二四日、信長は首尾よく竜が鼻（滋賀県長浜市東上坂町）に移動した。ここで、徳川家康が率いる援軍が到着する。

信長は、竜が鼻の南に位置する浅井の支城・横山城（滋賀県米原市山室）の四方を囲ませた。

一方、浅井長政は越前の朝倉義景に援軍を請うた。消極的な義景もやむなく、朝倉孫三郎景健（かげたけ）におおよそ八〇〇〇の兵を出陣させ、自身も追って出陣すると答えた。

六月二六日、浅井長政も五〇〇〇の兵を率い、朝倉軍と合わせて一万三〇〇〇の軍勢で小谷城の東・大依山（おおより）（滋賀県長浜市大依町）に布陣した。

『信長公記』によれば、「六月廿七日の暁陣払（じんばら）ひ仕（つかまつ）り、罷退（まかりの）き候と存（ぞん）じ候の処（ところ）」と記されている。浅井軍は単独での戦闘を控えて朝倉軍の到着を待っていた。しかし、信長は、浅井軍の消極的な姿勢を見て退陣するとばかり思っていたようだ。

姉川の合戦

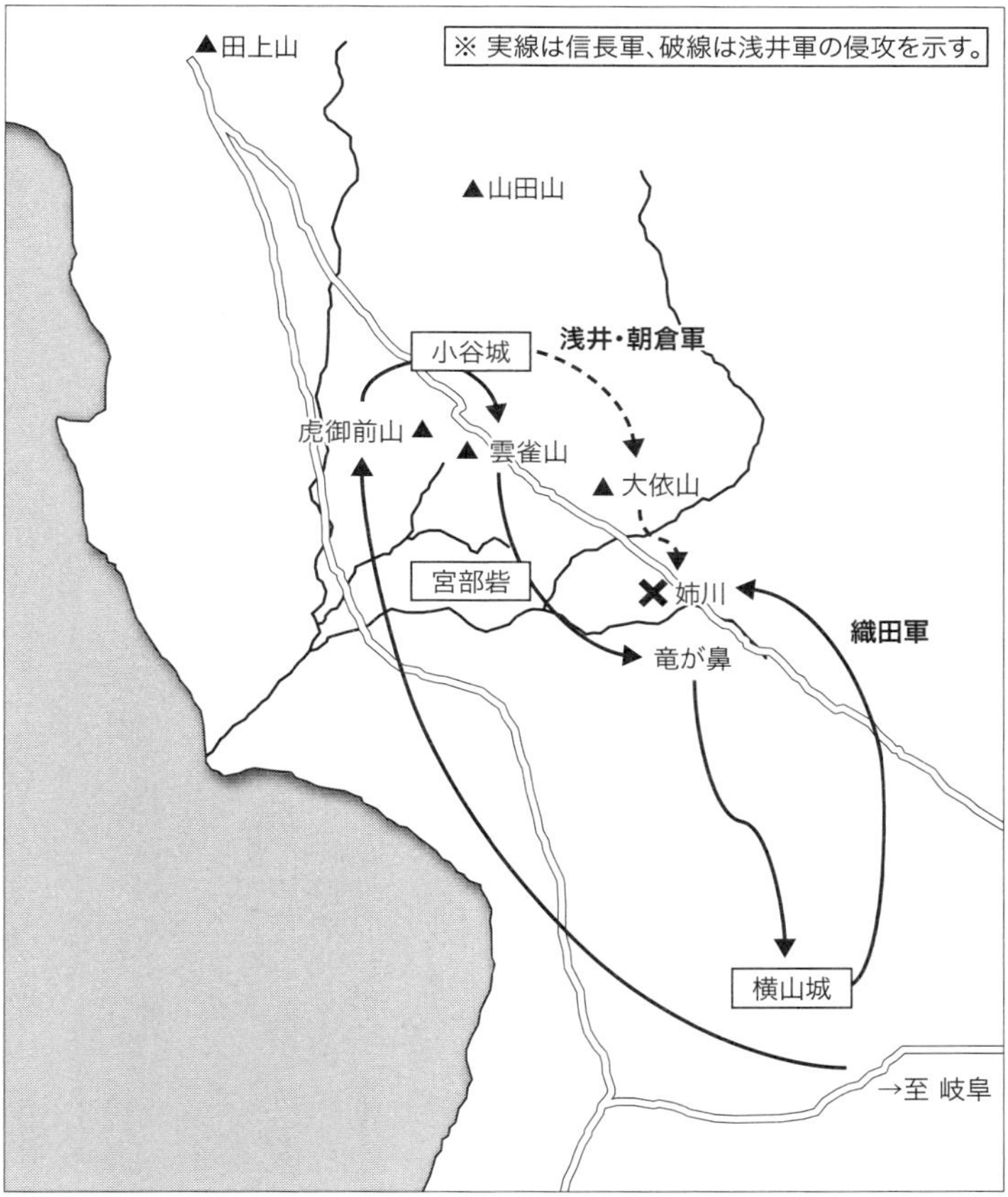
※ 実線は信長軍、破線は浅井軍の侵攻を示す。
田上山
山田山
浅井・朝倉軍
小谷城
虎御前山
雲雀山
大依山
宮部砦
姉川
織田軍
竜が鼻
横山城
→至 岐阜

ところが、浅井・朝倉軍は夜陰に紛れて移動し、姉川を挟んで織田・徳川軍に対峙するまで接近してきた。

甫庵『信長記』によれば、信長は敵陣の松明の移動で翌朝の合戦を悟り、急遽軍議を開いて家康を先陣に決めた。

徳川方の史料である『松平記』『三河物語』では、先陣を柴田勝家と明智光秀に決めたところ、それを聞いた家康が先陣を志願したというが、当時の光秀が信長軍で先陣を担うだけの存在であったかは甚だ疑わしい。両書の脚色だと思われる。

かくして、六月二八日の卯の刻（午前六時）、浅井・朝倉軍が三・三キロメートルほど間合いを詰め、姉川を前にして野村・三田村郷（滋賀県長浜市野村町、および三田町）まで出陣し、二手に分かれた。

三田村の朝倉軍に家康が向かい、野村の浅井軍に信長の旗本衆、および西美濃三人衆が一団となって敵に攻めかかった。ほどなくして織田・徳川軍が優勢となり、浅井・朝倉軍は総崩れとなって退却。逃げる敵を討ち取るのはたやすく、織田・徳川軍の大勝利に終わった。『信長公記』では敵兵一一〇〇余を討ち取ったとあるが、一説には八〇〇〇～九〇〇〇人の死者が出たともいわれる。

信長軍は勝ちに乗じて、小谷城のおよそ五・五キロメートル近くまで進軍し、麓を放火したが、難攻不落の城なので、それ以上は深入りせず、横山城の城代に木下秀吉を置いた。

浅井の支城・佐和山城（滋賀県彦根市佐和山町）には磯野丹波守員昌が立て籠もっていたが、七月一日、信長はこれを鹿垣で囲んで、四方に軍勢を置き、兵糧攻めにした。すなわち、東側の百々安信の屋敷を砦に改修して丹羽長秀を置き、北側の山に市橋九郎右衛門長利、南側の山に水野下野守信元、西側の彦根山に河尻与兵衛秀隆を置いた。

翌年二月、磯野は投降し、佐和山城に丹羽長秀を置いた。

磯野は琵琶湖対岸の高島郡新庄城（滋賀県高島市新旭町新庄）の城主とされ、高島郡の支配を任されたという（『信長軍の司令官』）。

姉川の合戦の評価

姉川の合戦の評価については、渡邊大門編『信長軍の合戦史』所収の太田浩司「姉川合戦と戦場の景観」がまとめているので、それをもとに記述しておこう。

・藤本正行氏は戦国大名同士が広々とした場所で正面から衝突した異例の合戦と評す（『信長の戦争』）。

・河合秀郎氏は信長が浅井・朝倉氏を挑発して合戦に持ち込んだと説く（『日本戦史　戦国編』）。

・太田浩司氏は姉川合戦の本質は浅井長政軍による織田信長馬廻りへの「奇襲」とする

(『浅井長政と姉川合戦』)。

・桐野作人氏は浅井・朝倉両軍の仕掛けに、信長が不利なのを承知で旗本馬廻りのみで受けて立ったというのが実情だと述べる(桐野作人『織田信長』)。

・佐藤圭氏は信長が将軍足利義昭と協同して、あらかじめ決戦の日を六月二十八日と決め、姉川合戦は織田信長と足利義昭の協同作戦であったと考える(「姉川合戦の事実に関する史料的考察」『若越郷土研究』第五九巻一号)。

桐野作人氏は「南部文書」の記述を引いて、「信長が諸将を集めて軍議を開くが、そこに同席した者は、美濃三人衆と家康のほか、旗本衆の坂井政尚・池田恒興(つねおき)・市橋長利・丸毛光兼、近江国衆の堀秀村・苅安某だけだった。柴田勝家・木下秀吉など有力な諸将は参加していない点が重要である。また、美濃三人衆を先手に決めたけれど、徳川勢が戦意旺盛で他の諸勢より先んじて進んだため、信長が美濃三人衆から家康に先陣を変更している」と指摘している(桐野作人『織田信長』。傍点は引用者)。

ではなぜ、有力な諸将は軍議に参加しなかったのだろうか。

特に、小谷城攻めに参加していた柴田勝家、佐久間信盛の姿が、姉川の合戦でまったく見えないのが奇異に感じる。

六月二二日の小谷城攻めからの退却で、柴田は長光寺城、佐久間は永原城に戻され、姉川の合戦に参加していなかったのではないか。

金ケ崎の退き口の直後、南近江で六角残党の挙兵があった。さらに、五月二〇日に千草山中道筋（滋賀県東近江市近辺）で杉谷善住坊に鉄砲で狙撃された（銃弾は袖をかすっただけで事なきを得たが）。

信長は、浅井長政が合戦を挑んでくるだけの覚悟がないと侮（あなど）り、むしろ京都に戻る帰路を万全とするため、柴田・佐久間を帰陣させてしまったのだろう。

通常であれば、織田家と浅井家の動員能力には数倍の差があると想定される。

ところが、今、信長軍は主力部将を帰陣させ、数千の兵しかいない。かたや、浅井軍には朝倉家からの援軍がある。浅井長政は兵力がほぼ互角だと見極め、「勝てる」と思って、明け方の決戦に備えて移動し、姉川を挟んだ陣を敷いた。

信長が気付いた頃には、退却できない状況に追い込まれていたのだろう。

軍議を開き、諸将を見渡したところ、いずれも中堅クラスで、最大の部隊を持つ部将が徳川家康だった。さすがに援軍の徳川軍を先鋒にするというのはメンツが立たないと、織田家中から美濃三人衆を推す声が上がったが、合理的な信長は家康の先陣を決めた。そんなところではないだろうか。

つまり、姉川の合戦で浅井・朝倉軍が織田軍と互角に戦えたのは、かれらを侮って主力部将を帰陣させてしまった信長の判断ミスだったのである。

しかし、兵力がほぼ互角であれば、他国への侵略戦争に明け暮れ、経験値の高い織田・

徳川軍の強さは、浅井・朝倉軍の比ではなかった。織田・徳川軍の圧勝に終わり、浅井家は滅亡の淵へと転落していったのである。

義昭追放までの近江分封支配の変遷

近江の分封支配は時代にともなって変わっていった。

○志賀郡の森可成　↓　明智光秀

元亀元（一五七〇）年九月、大坂で野田・福島の合戦（後述）が起こって、石山本願寺が信長に叛旗（はんき）を翻し、それに呼応した浅井・朝倉連合軍が三万の兵を率いて、信長軍を背後から突くべく、近江坂本方面に出陣してきた。

宇佐山城（滋賀県大津市）の守将・森三左衛門可成が軍を率いて、城を打って出て坂本の防戦に努めたが、森三左衛門可成、信長の庶弟・織田九郎信治、与力の青地駿河守（するがのかみ）茂綱、可成の家臣の尾藤源内・又八兄弟ら一八〇〇余人が討ち死にした。

宇佐山城は、可成の家臣・武藤五郎右衛門、肥田玄蕃允、肥田彦右衛門が守り切った。

なお、谷口克広氏は『兼見卿記』元亀二（一五七二）年一月二一日の記事を引いて、「朝倉・浅井軍が引き揚げたのち、宇佐山城には森に代わる部将が入れられた。明智光秀である」と記述している（『信長軍の司令官』）。

翌元亀二年九月一二日、信長は比叡山を焼き討ちし、近江国内の比叡山領を没収して、家臣に分け与えた。その際、志賀郡を明智十兵衛光秀に与え、坂本城を居城とするよう命じた。

○佐和山城が陥落し、丹羽長秀へ

姉川の合戦以来、丹羽長秀は浅井方の近江佐和山城を兵糧攻めにしていたが、元亀二（一五七一）年二月二四日、遂に城主・磯野丹波守員昌（かずまさ）が投降してきた。磯野は琵琶湖の対岸・高島郡に移され、佐和山城の城代には丹羽長秀が置かれた。

○高島城・磯野員昌から津田信澄へ

元亀二年二月に投降した磯野「員昌は、高島郡にあって、信長麾下の立場で、かなりの権限を認められていた様子である」（『織田信長家臣人名辞典』）。そして、磯野は信長の甥・津田七兵衛信澄（信勝の遺児）を養子に迎える。

天正六（一五七八）年二月三日に突然、磯野は原因不明の逐電を遂げてしまう。遺領は信澄が継承し、本能寺の変までその支配は続いた。

○中川重政の失脚

近江の分封支配では、柴田勝家、佐久間信盛等、名だたる部将に混じって、中川重政が安土城（信長が建築した安土城の前身）を任されている。

中川八郎右衛門重政は旧名を織田駿河守忠政といい、その名が示すように織田一族である。巷間流布している系図では、織田信次（信長の叔父）の孫としているが、「永禄年間からの活躍が見られ、信次の孫とすることは年代的に無理である」（以下、中川重政に関する記述は『織田信長家臣人名辞典』による）。

永禄年間に黒母衣衆に選ばれ、永禄一一年（一五六八）九月に信長が上洛すると、畿内方面の実務を任されていたという。谷口克広氏は、柴田勝家、佐久間信盛、坂井政尚、森可成、蜂屋頼隆、木下秀吉、明智光秀、丹羽長秀、瀧川一益、そして中川重政の一〇人が「当時の信長家臣の中で特別の地位だったと判断してよい」と指摘している。

しかし、「重政と（柴田）勝家との知行地および権益は複雑に入り組んでいたらしい」。そのため、両者間で諍いが起こり、「元亀三年八月のこととしているが、（重政の実弟）津田隼人正が勝家の代官を斬り、兄弟ともども改易されたという」。

○浅井家の滅亡　→　木下秀吉の江北領有

天正元（一五七三）年八月、信長は木下藤吉郎秀吉を先陣として小谷城を攻め、浅井家を滅ぼした。信長は北近江の浅井旧領（坂田郡、浅井郡、伊香郡）を秀吉に与えた。

天正三（一五七五）年八月、秀吉は今浜に城を築いて、信長の一字を賜り、長浜（長浜市）と名付けた。なお、秀吉は天正五年一〇月二三日に中国地方平定のため、播磨に出兵した。

○柴田勝家の越前赴任　→　信長の直轄化

天正三年八月、越前で大規模な一向一揆が起こると、信長は大軍を率いて一揆勢を殲滅し、越前国支配を柴田勝家に任せた。「これにより、居城だった長光寺城や蒲生郡にあった彼の所領は収公され、蒲生賢秀たち近江の与力」の大部分が信長の直轄軍に編入された（『信長軍の司令官』）。

○家督譲渡と安土城の建築　→　信長直轄地の強化

天正三年一一月、信長は嫡子・信忠に織田家の家督を譲り、岐阜城を与えた。これにともない、尾張および東美濃の信長家臣が信忠に附けられた（西美濃衆は引き続き、信長の直轄軍を構成していたようだ）。

翌天正四年に安土に移り、安土城建築に着手。天正七（一五七九）年五月に安土城に移転した。

○佐久間信盛の追放　→　近江四分割支配の確立

天正四（一五七六）年五月に佐久間信盛は本願寺攻めの主将を命じられ、天正八（一五八〇）年四月に本願寺の講和がなると、信長は同年八月に佐久間信盛・信栄父子を追放した。信盛に附いていた近江衆の与力は信長の直轄軍に編入された。

佐久間父子の追放後、近江は北東部を羽柴秀吉、北西部を津田信澄、南西部を明智光秀が支配し、南東部を信長が直轄する構図となった。

近江衆に国持ち大名はゼロ

先述した通り、信長家臣団において近江衆で大名クラスに取り立てられた者はいない。

信長は意外にも投降者に寛容で、当該部将の裏切りが敵陣に甚大な影響を及ぼす場合には、かなりの厚遇で迎えた。美濃攻略では、西美濃三人衆（稲葉一鉄、氏家卜全、安藤守就（もりなり））の離反が斎藤家追放の契機になった。だから、稲葉らは大名クラスに取り立てられた。

これに対し、近江攻略では大軍を押し寄せて一気に観音寺城を陥落してしまい、六角旧臣は投降する間がなかった。しかも、六角承禎のテロ活動に対して、「清須譜代」による近江分封を実施したため、六角旧臣は有力部将の与力に組み入れられてしまった。

一方、浅井旧臣では、元亀二年二月に佐和山城主・磯野員昌、天正元年八月に山本山城主・阿閉貞征（あつじさだゆき）が投降している。磯野は破格の厚遇で近江国高島郡の支配を任されたが、信長の甥（津田信澄）を養子に押し付けられ、あげく逐電してしまった。阿閉は北近江を任された木下秀吉の与力に附けられたが、折り合いが悪かったらしく、後に信長直轄軍に編入されている。両者ともその地位を守り抜くことができなかった。

こうして、結局、近江衆で大身に取り立てられた者はいなくなってしまったのだろう。ただし、信長の治世がもう少し続いたのならば、女婿の蒲生氏郷等、信長直轄軍から引き立てられた者が出たかもしれない。

2　近畿　旧勢力の温存

複雑な畿内情勢

近江衆は、浅井旧臣の磯野員昌が大名クラスに取り立てられたくらいで、多くは「清須譜代」の与力に組み入れられてしまった。では、畿内の諸将はどのように遇されたのか。結論から言ってしまえば、信長の基本姿勢は旧勢力の温存にあった。

永禄一一（一五六八）年九月二八日、信長は足利義昭を奉じて上洛。畿内の敵対勢力を一掃して、同年一〇月一八日に義昭は将軍宣下を受け、征夷大将軍に任じられた。

ここでは、信長が畿内の諸将をどのように扱っていたのかを見ていこう。それにはまず、畿内の複雑な政治状況に触れておかねばなるまい。

室町幕府の実権は応仁の乱後、足利将軍家から管領の細川家、さらにその執事である三好家へと移っていった。

天文一八（一五四九）年六月、三好筑前守長慶（一五二二〜六四）は主家・細川晴元と合戦に及んでこれを破り、晴元に味方した足利義晴・義輝父子も京都から近江へと敗走。天文二一（一五五二）年一月に将軍・足利義輝は長慶と和睦して京都に入ったが、翌天文二二年に義輝は和議を破棄して長慶と対立して再び近江国朽木へ敗走した。

永禄元（一五五八）年一一月、義輝は長慶と和睦して再び上洛するが、将軍家の長き不在のため、京都はすっかり三好家の天下となり、三好家は河内・大和へと版図を拡大する。

ところが、永禄六（一五六三）年八月、嫡子・義興が病没すると、長慶の落胆は激しく、精神疾患に陥ってしまった。そこで、新たに擡頭してきたのが、三好家の重臣・松永弾正忠久秀である。

翌永禄七年七月、長慶が病没すると、養子の三好左京大夫義継が家督を継いだ。義継は三好一族の中でも、関白・九条稙通の養女を母に持つ血統の良さから養子に迎えられたという。しかし、義継はまだ幼かったので、重臣の三好日向守長逸、三好山城守政康、石成主税助友通が後見に指名された。いわゆる「三好三人衆」である。

長慶の死後、松永久秀と三好三人衆の対立が激化し、三好一族は内部分裂をはじめる。

一方、将軍・足利義輝は、三好一族の内部崩壊を見越して、今までの遺恨を晴らそうとした。ところが、その動きを察知した三好義継と三好三人衆、松永右衛門佐久通（久秀の子）は先手を打って、永禄八（一五六五）年五月一九日、一万の兵を率いて室町御所を囲み、義輝を殺害する。次いで、義輝の弟・一乗院覚慶（のちの足利義秋、義昭）、鹿苑院周暠を襲撃。周暠は殺害されたが、覚慶は一命を取り留め興福寺に軟禁された。

意外なことに、覚慶の命を救ったのは、松永久秀だという。

「俗説では、松永久秀は義輝殺害の主犯格とみなされることが多い。しかし、義昭は兄義輝が討たれ我が身を案じていたところ、多聞山城にいた久秀が、誓紙で義昭を害する気はないと伝えてくれたので安心している。（中略）久秀は義昭を討つどころか、むしろ保護するために動いており、久通が義昭を殺害しないように取り計らっていた」（『三好一族と織田信長』）。

しかし、こうした久秀の動きは、三好三人衆にとって深刻な路線対立を予感させるものであった。同年一一月、三好三人衆は、松永久秀・久通父子を追放するように三好義継に迫り、クーデターを成功させた。

久秀は河内の畠山政頼と同盟を結び、翌永禄九年六月に義継および三好三人衆と合戦に及ぶが、敗れて遁走。行方をくらました。

三好三人衆が義輝の従兄弟・足利義栄を擁立して、三好義継を蔑ろにしはじめると、永禄一〇（一五六七）年二月に義継は三好三人衆から離反して、松永久秀と同盟を組んだ。久秀は堺周辺で挙兵し、四月に多聞山城に入った。

これに対し、三好三人衆は筒井順慶と同盟を組み、久秀に対抗。両者は奈良で合戦に及び、この時の兵火で奈良の大仏が焼失した。

三好三人衆を一掃（永禄一一年一〇月）

松永久秀は、永禄九年六月に行方をくらましていた間、秘かに信長と誼を通じ、義継とともに畿内の親信長勢力として地歩を固めつつあった。

一方、三好三人衆は近江の六角家と結託して、信長に対抗しようと目論んだ。しかし、信長は九月上旬に五万の兵を率いて近江に兵を進めると、瞬く間に六角氏の居城・観音寺城を陥落し、京都郊外に進出してしまう。

三好三人衆は、信長軍の敵ではなかった。石成友通、三好長逸、細川六郎は逃亡。三好方の伊丹忠親、池田勝正は降伏した。

畿内守護の補任（永禄一一年一〇月）

信長と義昭は早速、畿内の守護職を改めて補任した。

河内国（大阪府南東部）南部　高屋城・畠山播磨守高政（一五二七〜七六）

河内国（大阪府南東部）北部　若江城・三好左京大夫（さきょうたいふ）義継（よしつぐ）
摂津国（大阪府北西部）　高槻城・和田伊賀守（いがのかみ）惟政（これまさ）（一五三〇～七一）
　　　　　　　　　　　　池田城・池田筑後守（ちくごのかみ）勝正（かつまさ）
　　　　　　　　　　　　伊丹城・伊丹（いたみ）兵庫頭（ひょうごのかみ）忠親（ただちか）（一五五二～一六〇〇）
和泉国（大阪府南西部）　守護代に松浦孫八郎
大和国（奈良県）　　　　多聞山城・松永久秀

河内国は代々、三管領の一つ・畠山家が守護を務めており、その嫡流にあたる畠山高政、および三好家の嫡流・三好義継をそれぞれ半国守護とした。

摂津国は代々細川家が守護を務めていたが、嫡流の細川六郎が家来筋にあたる三好三人衆とともに信長に敵対したため、国人領主の池田勝正・伊丹忠親、そして、義昭上洛に功績のあった近江の土豪・和田惟政が「摂津の三守護」に任じられた。

和泉国は細川家の二つの家系が半国守護を務めており、守護代に松浦孫八郎（三好義継の実弟）が任じられた。

大和国は興福寺が治める地で、守護不設置の国であるが、「切り取り次第」として松永久秀に与えられた。

総じて、在地勢力を温存した人事で、早くから信長と連携を密にしていた松永久秀・三好義継の論功行賞的な部分も垣間見える。唯一、和田惟政のみが、足利義昭側近として

「摂津の三守護」に任じられている。

野田・福島の戦いと本願寺の参戦（元亀元年八月）

かくして、義昭の上洛にともない、信長が畿内を平定したが、その後も畿内の情勢は一向に安定しなかった。

その不安要素は三好三人衆である。

三好三人衆は、摂津・池田勝正の一族に手を回して内紛を起こさせ、元亀元（一五七〇）年六月に勝正は出奔。養弟の池田備後守知正（びんごのかみともまさ）（重成。?～一六〇三）が跡を継いだ。これにともない、池田家の重臣・荒木摂津守村重（せっつのかみむらしげ）（一五三六～八六）が擡頭する。

しかし、義昭はこうした事態を収拾することができなかった。

これに乗じて、三好三人衆は七月二一日に阿波（徳島県）で挙兵し、一万三〇〇〇もの兵を率いて、摂津に上陸。天満森（てんまがもり）（大阪市北区）に布陣。野田・福島（大阪市福島区）に砦をつくって、三好三人衆、および細川六郎ら八〇〇〇が立て籠もった。「野田・福島の戦い」である。美濃を追われた斎藤龍興、長井隼人も加わった。

足利義昭は岐阜の信長に連絡する一方、畿内の守護たちに三好三人衆の追討を命じた。

これを受けて信長は八月二〇日に岐阜を発ち、八月二六日に野田・福島に出陣した。「信長に直接従った兵は三千ほどだったが、前々日から京都を発向していた兵は四万ほどもあったという」（『織田信長合戦全録』）。また、紀伊根来・雑賀・湯川・奥郡の衆、およそ二万の軍が味方して、遠里小野・住吉・天王寺に布陣した。かれらは鉄砲三〇〇〇丁を有するといい、鉄砲の音が朝晩こだました。

さすがの三好三人衆も観念し、和睦を申し入れてきたが、信長は受け容れず、攻め滅ぼす構えだった。

九月一二日の夜半、急に大坂の本願寺が鐘を鳴らし、一揆勢が蜂起した。

織田方の楼岸・川口砦に鉄砲が打ち込まれ、九月一四日には信長が本陣を置いていた天満森に一揆勢が押し寄せ、合戦となった。

松永久秀の離反（元亀二年五月）

元亀二（一五七一）年五月頃、松永久秀は反信長へと方向転換し、武田信玄と誼を通じるようになる。そして、三好義継、三好三人衆と再び和睦して、畿内の有力者を自軍に招き入れて一大勢力を築いていった。

三好・松永連合軍は総勢一万三〇〇〇の兵で、河内高屋城の畠山家を攻めた。畠山家の当主は高政から実弟の畠山左衛門督昭高（一五四五～七三?）に代わっていた。

惟政は信長方として昭高を支援し、三好方の吹田城を攻め落とした。

これに対し、三好方の池田知正・荒木村重が高槻城を攻め、八月二八日、惟政は摂津郡山で討ち死にする。池田知正が摂津国内で一大勢力を誇った。

一方、大和では松永久秀と興福寺の衆徒・筒井順慶（じゅんけい）（一五四九～八四）が二大勢力として鎬（しのぎ）を削っていた。信長は上洛時に、久秀を支持し、二万の兵を率いて筒井軍と対決。順慶は敗走を余儀なくされる。しかし、久秀が反信長の姿勢を見せはじめると、義昭は久秀を見限って、元亀二年六月、九条家の娘を養女として筒井順慶と娶（めあわ）せた。

元亀二年八月、松永久秀は筒井方の辰市砦を攻めるが大敗を喫す。翌元亀三年も久秀と順慶の合戦は続き、久秀は徐々に押されて大和では多聞山城を残すのみとなった。

信長包囲網の形成（元亀三年一二月）

反信長勢力は、信長に対抗し得る勢力として武田信玄の東上に期待し、信長包囲網を構築しようと試みた。

元亀二年一〇月三日、関東の雄・北条氏康が死去し、遺児・氏政に対して武田信玄と結べと遺言した。これにより、信玄の東上を制約するタガが外れ、元亀三（一五七二）年になると信玄の動きが活発となる。

上洛以来、信長との関係が悪化しつつある将軍・足利義昭は、五月一三日に「信玄が忠義をつくすと誓約したのを聞きいれて、必ず軍事行動を起こして、天下が平定するように努力せよ」との内書を信玄に与えた。

また、五月一七日に信玄は松永久秀の家臣・岡周防守に宛てて書状を出し、「将軍は、信長にたいして恨みが重なっているから、追伐のため旗をあげられているとのことであるから、久秀も無二の忠功をはげまれることが肝要だ」と述べている（『人物叢書　足利義昭』）。

かくして、元亀三年一〇月三日、甲斐（かい）の武田信玄が出陣、信濃を通って東上。遠江（とおとうみ）に入り、北遠江の二俣城を攻めた。二俣城は一二月一九日に開城する。一方、別働隊の秋山虎繁が東美濃の岩村城を襲撃し、一一月一四日にあえなく開城してしまう。

二俣城を陥落した武田本軍は南下して浜松城に迫ったが、その数キロメートル先で西に転じ、三方原の台地に向かった。

一二月二二日、徳川家康は浜松城から出て武田本隊と合戦に及び、敗退した。いわゆる三方原の合戦である。信長は佐久間右衛門尉信盛、平手甚左衛門汎秀（ひろひで）、水野下野守信元を援軍として派遣し、平手汎秀が討ち死にした。

武田本軍はさらに東上し、翌元亀四年二月に野田城を囲んで陥落させるが、そこから信濃方面に軍を返してしまう。信玄に死期が迫っていたのだ。

四月一二日、信玄は信濃国駒場（長野県下伊那郡阿智村）で死去する。こうして信長最大の危機は静かに終わりを告げた。

将軍義昭、御謀叛（元亀四年一月）

元亀四年一月、信長は将軍義昭に対して異見一七ヶ条を突きつけた。

義昭は信長に対して叛意を抱き、光浄院暹慶（山岡景友）、磯谷新右衛門久次、渡辺宮内少輔昌など扇動し、今堅田に兵を進ませ、石山に砦を築かせた。

信長がそれを見過ごすわけがなく、柴田修理亮勝家、明智十兵衛光秀、丹羽五郎左衛門長秀、蜂屋兵庫頭頼隆に追討を命じた。

二月二〇日、信長は出陣し、二四日に瀬田を渡海し、石山砦に向かった。光浄院暹慶は伊賀・甲賀衆を加えて在城していたが、なにぶん普請中だったので、二六日にはたちまち降参して退去した。

二月二九日、明智十兵衛光秀は囲い船をつくって琵琶湖岸から今堅田を攻め、丹羽五郎左衛門長秀、蜂屋兵庫頭頼隆が陸上から攻めた。明智十兵衛光秀が今堅田を攻め破り、志賀郡は平定された。明智十兵衛光秀は坂本に戻り、柴田修理亮勝家、丹羽五郎左衛門長秀、蜂屋兵庫頭頼隆の三人は帰陣した。

三月六日、義昭は三好義継、松永久秀と同盟して、畿内での反信長勢力との連携を深めた。この間、義昭の側近・細川兵部大輔藤孝が頻繁に信長に書状を送り、義昭の行動を逐一報告していた。

義昭の降伏（元亀四年四月）

三月二五日、信長は義昭を討つために京都に入った。

細川藤孝、荒木信濃守村重が三月二九日に逢坂まで信長を迎えにきた。義昭に背いて信長に付くためである。信長は上機嫌で二人を迎えた。

信長は入京して知恩院に布陣。四月一日に吉田神社の神主・吉田兼和（のちの兼見）を招いた。そして、碩学で有名な吉田兼右（兼和の父）が「南都（奈良の興福寺）北嶺（比叡山延暦寺）を滅したら王城（朝廷）のたたりがある」と言っていたそうだが、本当かと尋ねた。兼和は巷間よく言われていることだが、風聞に過ぎず、それを書いた史料はないと回答。信長は至極満足したという。

四月二日、信長は柴田勝家、明智光秀、細川藤孝、荒木村重、蜂屋頼隆、中川重政、佐久間信盛に命じて、下賀茂から嵯峨あたりまで放火した。

そして、義昭に和睦を求めたが、聞き入れられなかったので、四日に上京の二条から北を放火。義昭の居城・二条城を包囲した。

さすがの義昭も仰天し、天皇に和睦の仲介を求めた。

四月五日、信長の名代である津田三郎五郎信広、佐久間右衛門尉信盛、細川兵部大輔藤孝が二条城に入り、七日、義昭は無条件降伏する。

義昭が降伏すると、四月七日、信長は岐阜に向かって帰陣し、その日は守山に泊まった。

そして、佐久間右衛門尉信盛、蒲生右兵衛大夫賢秀、柴田修理亮勝家、丹羽五郎左衛門長秀に命じて、鯰江城に立て籠もった六角義治を攻めた。

義昭、槇島城で挙兵（元亀四年七月）

七月三日、義昭は側近の三淵大和守藤英（みつぶち）（ふじひで）（細川藤孝の実兄）に二条城を守らせ、山城槇島城（まきのしま）に三七〇〇の兵で立て籠もり、挙兵した。

七月六日、信長はあらかじめ建造しておいた巨船を使って、佐和山から琵琶湖を渡って坂本に着いた。翌七月七日、信長は二条妙覚寺に布陣し、あっという間に二条城を囲んで三淵藤英を降伏させた。

一六日、信長は槇島城近くまで進軍。兵を二手に分け、平等院の北東（甫庵『信長記』によれば二万余騎）、および五ケ庄の前の川（甫庵『信長記』によれば五万余騎）に布陣。

七月一八日、二手に分かれた軍勢は先を争って、中州にある槇島城を攻め立てた。難攻不落と信じた槇島城もすでに危うくなったので、義昭は二歳の嫡子を人質として差し出して降伏し、山城国久世郡枇杷庄に移った。途中、一揆による追い剝ぎに遭ったという。さらに、三好義継の居城・河内若江城に落ちのびた。

七月二一日、信長は細川昭元に槇島城を守らせ、村井貞勝を京都所司代に任じた。

畿内の諸将の没落（元亀四年四月）

義昭が信長から離反すると、畿内の諸将も義昭に付き従った。そのため、義昭が追放されると、一転して立場を危うくしてしまう。

摂津の池田知正、伊丹忠興はともに没落。河内の畠山昭高は家臣に殺害され、三好義継は信長の命を受けた佐久間信盛が率いる軍勢に総攻撃を受け、自刃を余儀なくされた。

大和の松永久秀は投降して、佐久間信盛の与力とされた。

大和の二大勢力・筒井順慶は対抗上、信長方に付いたため、大和一国を与えられた。

逢坂の関で信長を迎えた細川藤孝と荒木村重は大名クラスに取り立てられた。

藤孝は、山城国の桂川以西の地につき一職（いっしき）支配権を与えられた。その地には長岡京跡地も含まれていたから、藤孝はこれを機に姓を長岡と改め、旧幕臣であった過去を払拭しようと努めた（本書ではこれ以降も細川姓で表記を統一する）。

村重は、信長から摂津一国を任され、天正二（一五七四）年に伊丹忠親の居城・伊丹城を陥落させ、翌天正三年には有馬郡を治めていた有馬家を滅ぼした。細川・三好家でも成し得なかった摂津国の統一を成し遂げ、村重は伊丹城を有岡城と改称して居城とした。

塙直政の抜擢（天正二年五月）

天正二（一五七四）年五月、塙九郎左衛門尉（はなわくろうざえもんのじょう）直政（なおまさ）（のちの原田備中守直政。？～一五七六）

が山城守護に任じられたという。

ただし、「山城の地に関しては、まず洛中は（村井）貞勝が京都所司代として治め、また、北部は元亀年間より（明智）光秀が支配権を継続しており、（塙）直政は南部を受け持つことになったのであろう。（中略）この三人ばかりでなく、天正元年七月、長岡（細川）藤孝が桂川以西の一職支配権を委ねられている。（中略）つまるところ、山城の地は、藤孝をも含めた四人が地域的に分割して支配していたと思われる」（『織田信長家臣人名辞典』）。

塙直政は尾張国春日井郡比良村（名古屋市西区山田町大字比良）の出身で、本書でいうところの「那古野譜代」に属する吏僚である。天正三（一五七五）年に原田姓を与えられ、原田備中守直政と名乗った。

直政はさらに天正三年三月二三日に大和守護を兼務し、河内も暫定的に支配していたといわれる（『織田信長家臣人名辞典』）。

直政から信盛へ（天正四年五月）

こうして、信長の畿内支配は、塙（原田）直政を中心として固められていくように見える。天正四（一五七六）年の本願寺攻めで、直政は三好康長・根来・和泉・大和・山城の各衆を率いた。ところが、その直政は同年五月三日に討ち死にしてしまう。

信長は佐久間信盛を本願寺攻めの主将に据え、七カ国（尾張、三河、近江、大和、河内、和泉、紀伊）におよぶ与力を附けた大軍団を構成した。

ただし、与力を附けることと、その与力の在地を支配下に置くことは別だったらしい。大和国は筒井順慶に与えられたらしいが、国内には反対勢力が残存し、宿敵・松永久秀父子が佐久間信盛の与力になっているなど、「切り取り次第」に近い形になっていた。一方、泉南地域および紀伊国は織田左兵衛佐信張（一五二七～九四）に与えられたらしい（信張は小田井織田家の当主である）。

松永久秀、二度目の離反（天正五年八月）

松永久秀は、元亀二年五月頃に離反し、足利義昭・武田信玄等が構成する信長包囲網の一翼を担っていたが、義昭追放後に信長に投降。佐久間信盛の与力に附けられた。

天正五（一五七七）年八月、久秀は信貴山城に籠もって再び叛旗を翻した。信長は久秀を高く買っていたらしく、二度目の離反にもかかわらず、松井友閑を派遣して説得を試みたが、久秀はこれを拒絶。信長は信忠を総大将として差し向け、支城の片岡城を落とし、信貴山城を囲んだ。一〇月一〇日、久秀は城に火をかけて自刃した。

これにより、永年、大和国を舞台とした松永久秀と筒井順慶の相克に終止符がつき、大和国は筒井順慶が支配するところとなった。

荒木村重の離反（天正六年八月）

元亀四年に信長が義昭と直接対決に至ると、多くの国人領主が義昭方につく中、細川藤孝と荒木村重のみが逢坂で信長を迎えた。この功績により、摂津の国人・池田家の重臣だった荒木村重は、摂津一国を与えられる大抜擢を受けた。「摂津一国を与えられた」といっても、実際には国内に反対勢力がいたのだが、村重は信長の期待に応えてこれらを滅ぼして摂津の統一を成し遂げた。

村重は、大坂の石山本願寺攻めや紀州雑賀攻めに従う一方、信長の中国方面対応に従事した。天正四（一五七六）年九月、村重は、宇喜多直家と対立する浦上宗景を救援するため、播磨に出兵。また、「村重の出陣を契機に、山名豊国（やまなとよくに）・赤松広貞（ひろさだ）・小寺政職（こでらまさもと）・別所長治などが信長に服属し」、村重はかれらと信長の取次を務めたり、関係を深めていった（天野忠幸『荒木村重』）。

ところが、天正五年一〇月二三日、信長の命により羽柴秀吉が姫路城に入城し、中国方面を任されると、「それまで播磨を担当してきた村重の功績を無視するものであり、村重の小寺氏ら播磨国人にたいする与力関係を壊し、信長への取次としての面目を潰すものであった」（天野忠幸『荒木村重』）。

天正六（一五七八）年一〇月、安土城の信長のもとに荒木村重が離反したとの報告が届いた。信長はその報告を信じず、松井友閑、側近の万見重元（まんみしげもと）、村重と姻戚関係のある明智光秀を派遣した。村重は叛意を否定したものの、安土城への出仕は拒否した。
結局、村重は信長から離反し、本願寺、毛利家、足利義昭と同盟を結んだ。
村重の離反は、摂津・播磨の国人領主にも波及し、かれらは次々と毛利家へ寝返った。
同年一一月、村重は有岡城に籠城（ろうじょう）。一方、信長は荒木家臣の高山右近、中川清秀を調略して高槻城、茨木城を開城させた。そして、大軍を率いて有岡城を囲んだが、籠城戦は膠着（こうちゃく）状態に陥っていった。

翌天正七年九月、村重はわずかの供を連れ、有岡城を脱出して支城の尼崎城に移った。尼崎城には毛利家からの援将・桂元将（もとまさ）がおり、毛利家への援軍要請のために赴いたといわれている。

ところが、村重なき後の有岡城は戦意を著しく喪失。これに目を付けた瀧川一益が荒木方の足軽大将らを調略して寝返らせ、城内に放火させた。有岡城は天守のみの裸城となり、落城必至の情勢となった。

同年一一月一九日に有岡城は開城した。一族の荒木久左衛門が有岡城から尼崎付近に赴き村重と会談、尼崎城と花隈城の開城と引き替えに有岡城の妻子と家臣の助命を嘆願したが、村重は拒否した。信長は荒木一族と家臣を悉く虐殺した。

天正八（一五八〇）年七月、池田恒興・元助父子が花隈城を攻め落とした。尼崎城の荒木村重は毛利領内に逃亡し、尼崎城も開城した。摂津の荒木遺領は池田恒興に与えられた。

信盛から光秀へ（天正八年一二月）

天正八年四月、石山本願寺との和睦がなると、信長は八月に佐久間信盛・信栄父子に一九ヶ条からなる折檻状を突きつけ、高野山へ追放した。

信盛の追放によって、畿内の勢力図は以下のように替わり（『信長軍の司令官』）、信盛に附けられた畿内の与力は、そのほとんどが明智光秀に附けられたらしい（ただし、若江三人衆は信長直轄）。また、新たに蜂屋頼隆が和泉を任されることになった。

・河内国（大阪府南東部）　若江城　・野間長前（ながさき）、池田教正、多羅尾常陸介（たらおひたちのすけ）
・摂津国（大阪府北西部）　花隈城　・池田恒興
・和泉国（大阪府南西部）　岸和田城・蜂屋頼隆
・大和国（奈良県）　郡山城　・筒井順慶

高柳光寿氏は「大和の筒井順慶をはじめとして、摂津の池田恒興・中川清秀・高山（右近）重友らはこのときに光秀の組下に入ったらしい。ここに至って光秀は師団長格になり、近畿軍の司令官、近畿の管領になったのである」（『人物叢書　明智光秀』）と評している。

以後、光秀を「近畿管領」と呼ぶようになったようだ。

畿内、われ関せず？の信長

以上、畿内の状況を見てきたのだが、信長は上洛して畿内の諸将を降すと、あっけなくかれらの非を宥（ゆる）し、守護に据えている。在地の領主以外に登用したのは和田惟政ただ一人で、これは信長の意向というより、義昭の顔を立てたものであろう。

池上裕子氏は、信長が越前朝倉家を討伐した理由として「信長は際限のない征服戦を展開して分国の拡大をめざし、その先に全国平定を展望していたから、当時の分国大名を将来にわたり存続させようと考えていたわけではなかった」と述べている（『人物叢書　織田信長』）。

もし信長が諸国の有力諸将を殲滅し、全国各地に家臣を分封していこうと考えていたならば、上洛時に畿内諸将を蹴散らした際、重臣を畿内に分封していたに違いない。

ところが、信長は在地勢力を温存し、元亀二（一五七一）年に松永久秀・三好義継・三好三人衆と畠山昭高・和田惟政が二派に分かれて争乱に及んでも「畿内での争いを傍観している」のみで、積極的に関わろうとしなかった（『織田信長家臣人名辞典』）。

信長が畿内の争乱に無関心で、傍観者のような立場を取っているのは、足利義昭に任せているという意識か、もしくはかれらの兵力規模が小さく、いざとなれば、大軍を率いて簡単に押しつぶせると踏んでいたからかも知れない。

そして、元亀四（一五七三）年に義昭が叛旗を翻した挙げ句に追放されると、義昭についた畿内諸将は没落。残ったのは、洛西の細川藤孝、摂津の荒木村重、大和の筒井順慶、松永久秀だった。

信長はかれらを登用しつつ、塙直政を山城・大和の守護に抜擢して畿内の掌握に努めるが、塙直政は天正四（一五七六）年に本願寺攻めで討ち死にしてしまう。

そこで、佐久間信盛に畿内諸将を附けて本願寺攻めの主将に据えたが、天正八（一五八〇）年に本願寺と和睦すると、信長は佐久間信盛を追放。畿内のまとめ役として、明智光秀が浮上した。その間、松永久秀と荒木村重は謀叛（むほん）して滅び、残ったのは細川藤孝、筒井順慶くらいだった。

池上裕子氏は「譜代重用の中で、特異なのは明智光秀と細川藤孝である」（『人物叢書 織田信長』）と述べているが、これに筒井順慶を加えるべきだろう。更に言うならば、信長は投降してきた者は相応に処遇し、敵対するものには容赦しないだけで、特に明智・細川を重用したわけではなかったのではないか。

3　越前　方面軍司令官の誕生

朝倉軍を北近江で討つ（天正元年八月）

元亀四（一五七三）年七月、信長は将軍・足利義昭を追放。年号を天正と改めた。

八月に入ると、浅井家重臣で山本山城主・阿閉淡路守貞征が投降してきた。この機を逃さず、信長は北近江に出陣し、大獄山の北・山田山に佐久間信盛、柴田勝家等を置いて、小谷から越前への通路を遮断した。朝倉義景はそれを聞き、浅井長政の後方支援として二万の軍勢を率いて出陣し、余呉・木之本・田部（たべ）山に布陣した。

大獄山の麓・焼尾（やけお）砦の浅見対馬守も投降し、織田軍を手引きして焼尾砦に入れた。

信長は、虎御前山の陣に信忠を置き、その日の夜は大雨だというのに、軍を率いて太尾山・大獄山に駆け上った。大獄山の砦に立て籠もっていた朝倉方の部将が五〇〇の兵（甫庵『信長記』によれば一〇〇〇余騎）は織田軍を目前にして降参した。さらに丁野（ようの）山へ移ると、ここでも朝倉方の守備兵はあっけなく降参する。

信長は朝倉軍が今夜にも早々に退去するだろうとの確信を持った。

信長は「この好機に朝倉を逃してはならぬ」と諸将に再三申し付けたが、諸将の動きが鈍いので苛立ちが収まらず、八月一三日の夜に出陣した。諸将は油断して信長が先駆けしたことを知らず、遅れて駆けつけた。地蔵山を越した辺りでやっと追いつくと、信長は怒りを爆発させた。

諸将はうなだれていたが、佐久間信盛だけは「そうは申しましても、我々ほどの家臣はおりますまい」と言い訳した。信長は「お前は自分の能力を過信しているのではないか。何を根拠にそんなことが言えるのか。片腹痛いわ」と機嫌を悪くした。

浅井・朝倉攻め

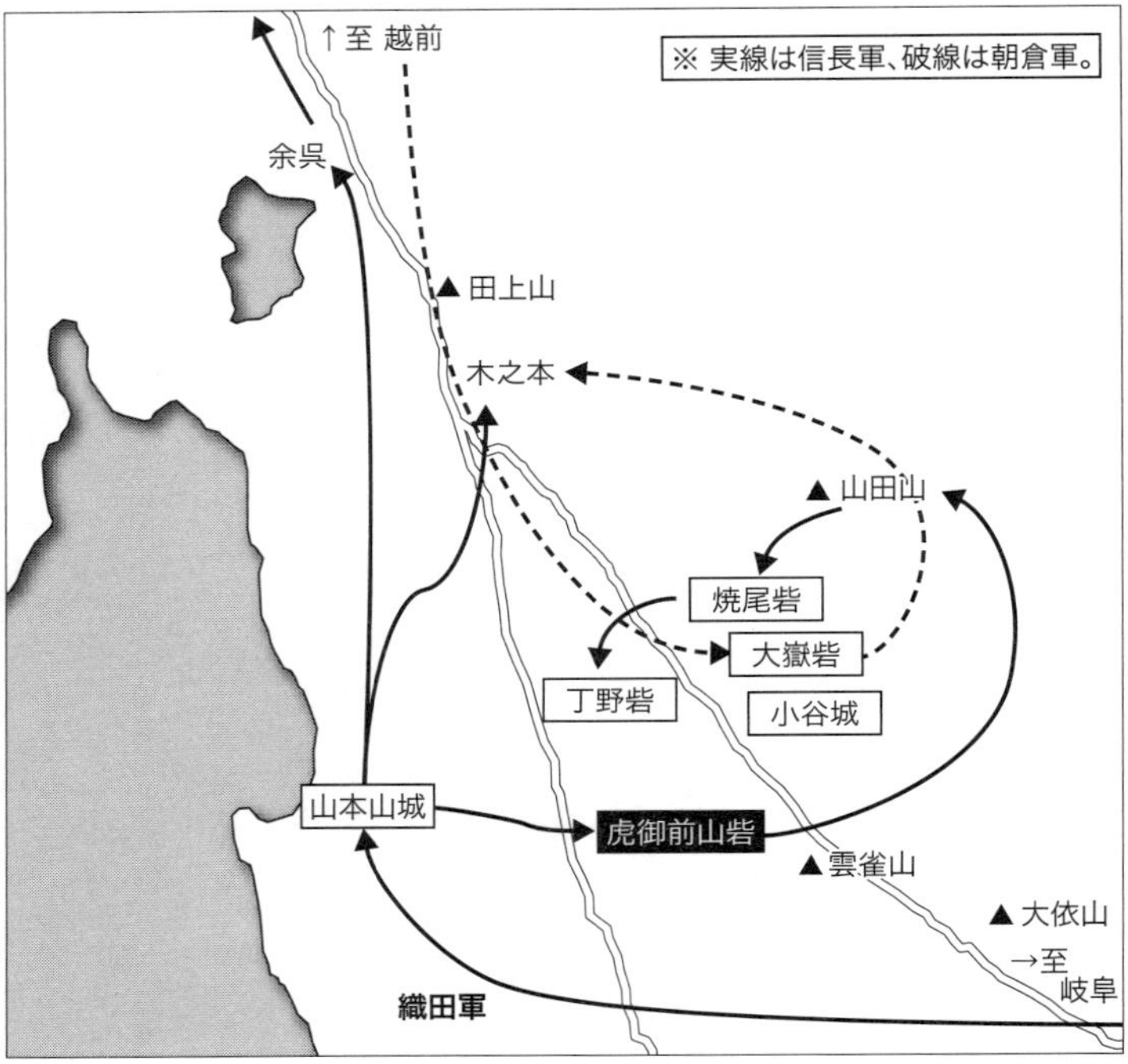
↑至 越前
※ 実線は信長軍、破線は朝倉軍。
余呉
▲田上山
木之本
▲山田山
焼尾砦
大嶽砦
丁野砦
小谷城
山本山城
虎御前山砦
▲雲雀山
▲大依山
→至
岐阜
織田軍

一乗谷へ追撃、朝倉義景自刃（天正元年八月）

信長の考え通り、朝倉軍は退去しはじめていた。諸将はそれを討ち取ってきては、われもわれもと頸を持ってきた。

朝倉義景は主だった部将を率いて敦賀方面に敗走していたところ、織田軍は刀根山の近くで追いついた。朝倉軍も防戦したが、支えきれず、敦賀までの四四キロメートルの間、三〇〇〇の兵を討ち取った。北近江から若狭に続く浅井・朝倉軍の砦は次々と陥落。

信長軍は越前朝倉家の本国に乱入。朝倉義景は居城・一乗谷を退去し、大野郡の山田の庄・六坊に逃げ落ちた。

信長は山々を探索して落ち武者どもを捕縛せよと命じた。諸将が毎日一〇〇〜二〇〇の一揆勢を捕縛して本陣に連れてくると、信長は小姓（こしょう）に命じて際限なく頸を斬らせた。

朝倉家重臣で義景の従兄弟にあたる朝倉式部大輔景鏡（かげあきら）が、朝倉義景を追い詰め、自刃させた。信長は義景の母、および嫡男・愛王丸（あいおうまる）を探し出し、丹羽長秀に命じて殺害させた。

信長は、朝倉旧臣の前波吉継（桂田長俊と改名）を守護代に命じ、敦賀郡を除き、朝倉旧臣に越前支配を任せた。

・朝倉景鏡（土橋信鏡（のぶあきら）と改名）　大野郡支配、土橋（どばし）城主
・朝倉景健（安居景健（あごかげたけ）と改名）　足羽（あすわ）郡支配、安居（あご）城主
・朝倉景綱　丹生（にゅう）郡支配、織田城主

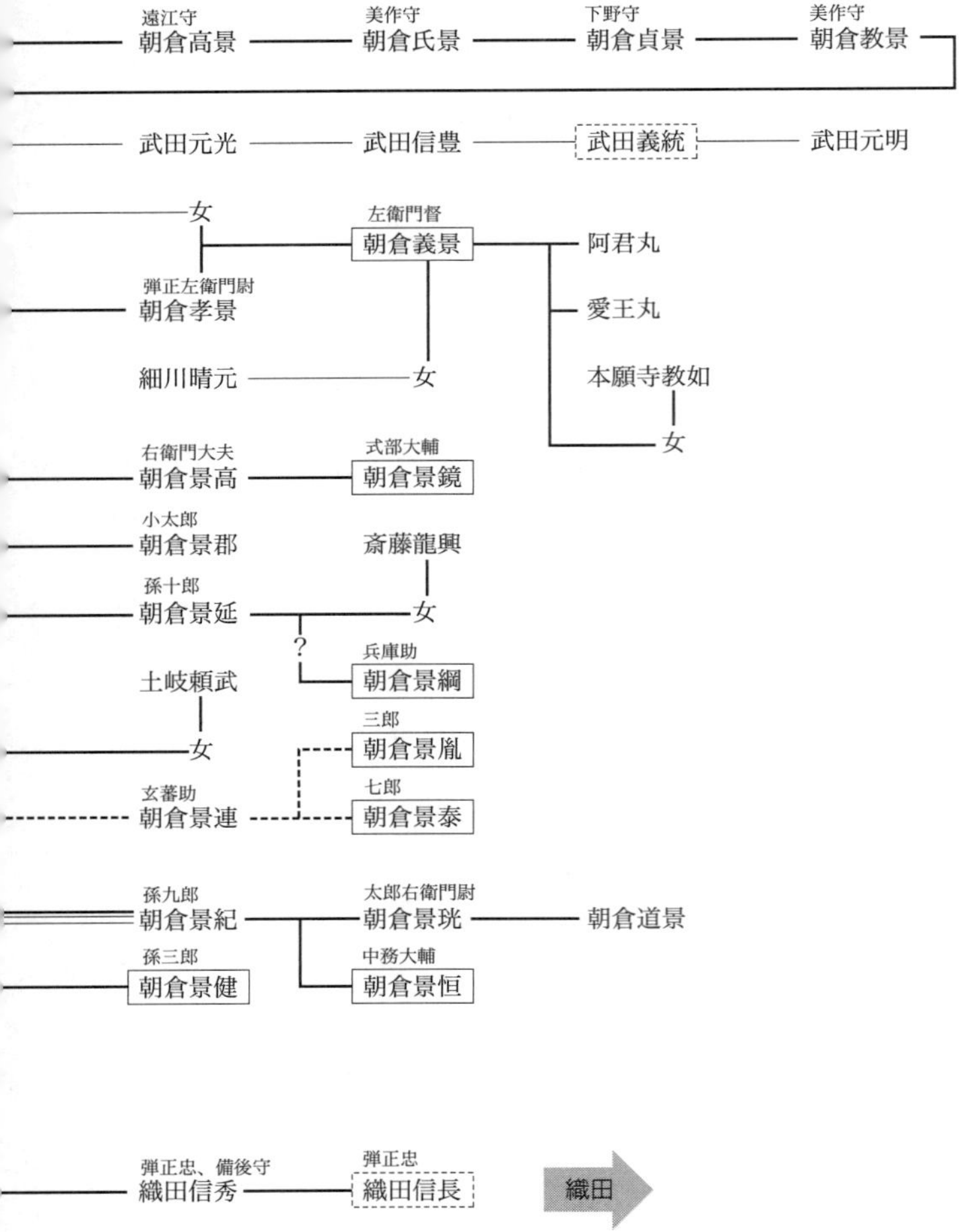
遠江守
朝倉高景
美作守
朝倉氏景
下野守
朝倉貞景
美作守
朝倉教景
武田元光
武田信豊
武田義統
武田元明
女
左衛門督
朝倉義景
阿君丸
弾正左衛門尉
朝倉孝景
愛王丸
細川晴元
女
本願寺教如
女
右衛門大夫
朝倉景高
式部大輔
朝倉景鏡
小太郎
朝倉景郡
斎藤龍興
孫十郎
朝倉景延
女
?
兵庫助
朝倉景綱
土岐頼武
女
三郎
朝倉景胤
玄蕃助
朝倉景連
七郎
朝倉景泰
孫九郎
朝倉景紀
太郎右衛門尉
朝倉景垙
朝倉道景
孫三郎
朝倉景健
中務大輔
朝倉景恒
弾正忠、備後守
織田信秀
弾正忠
織田信長
織田

朝倉家系図

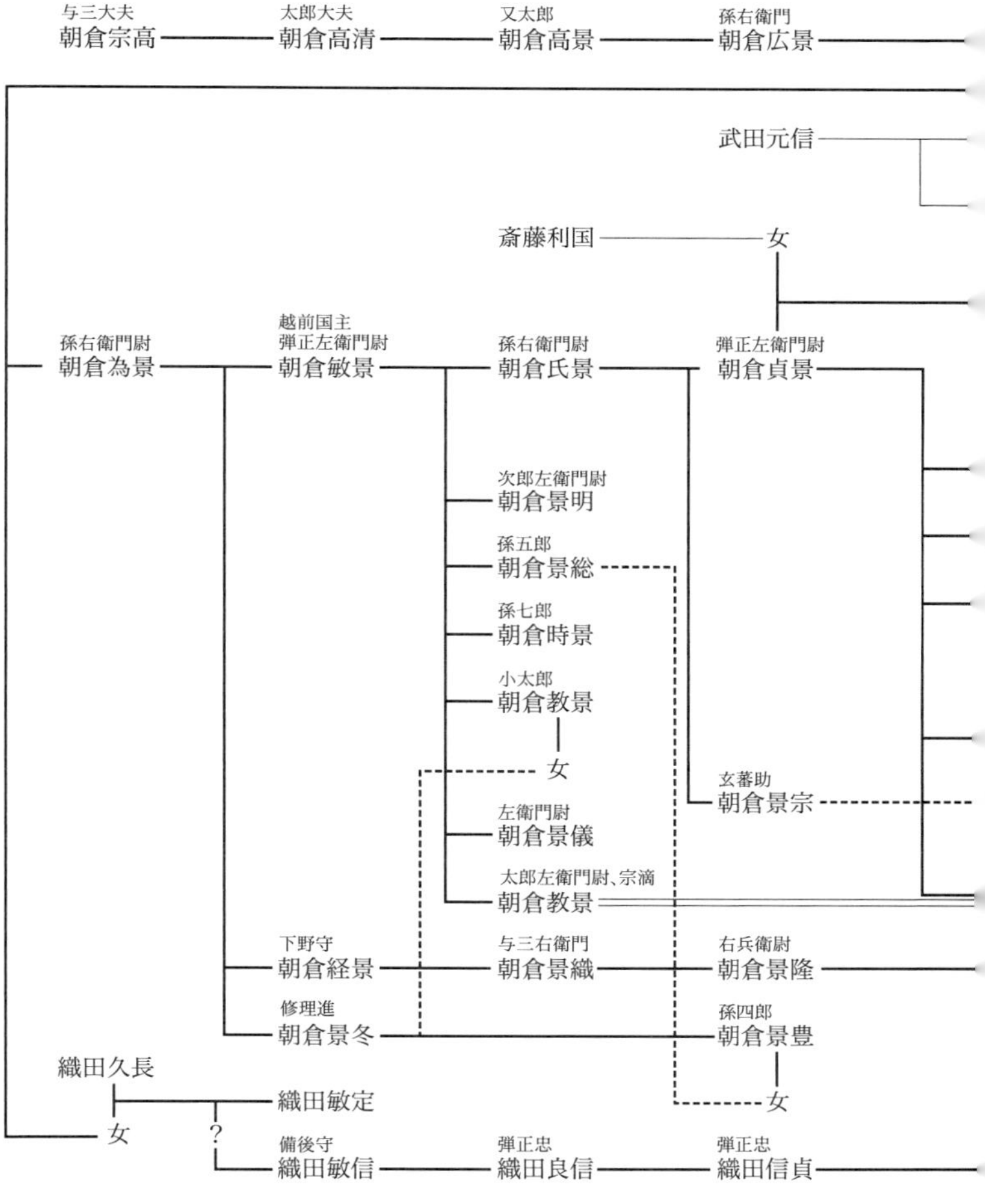
与三大夫
朝倉宗高
太郎大夫
朝倉高清
又太郎
朝倉高景
孫右衛門
朝倉広景
武田元信
斎藤利国
女
孫右衛門尉
朝倉為景
越前国主
弾正左衛門尉
朝倉敏景
孫右衛門尉
朝倉氏景
弾正左衛門尉
朝倉貞景
次郎左衛門尉
朝倉景明
孫五郎
朝倉景総
孫七郎
朝倉時景
小太郎
朝倉教景
女
玄蕃助
朝倉景宗
左衛門尉
朝倉景儀
太郎左衛門尉、宗滴
朝倉教景
下野守
朝倉経景
与三右衛門
朝倉景織
右兵衛尉
朝倉景隆
修理進
朝倉景冬
孫四郎
朝倉景豊
織田久長
織田敏定
女
?
女
備後守
織田敏信
弾正忠
織田良信
弾正忠
織田信貞

・朝倉景信（三富景信と改名）　丹生郡支配、三富（みとめ）城主
・魚住景固（かげかた）　今立（いまだて）郡支配、鳥羽（とば）城主
・溝江長逸（ながやす）　坂井郡支配、金津（かなづ）城主
・富田長繁　南条郡支配、府中城主

朝倉義景を自刃に追い込むと、信長は急ぎ北近江に兵を戻し、九月一日に浅井長政を自刃させた。信長は北近江の浅井旧領（坂田郡、浅井郡、伊香郡）を木下秀吉に与えた。

越前一向一揆の反乱（天正二年一月）

天正二（一五七四）年一月一九日、越前で一向一揆が起こり、前波吉継が自害に追い詰められた。

実は、守護代・前波吉継と府中の富田長繁の間に対立が起こり、富田が一向一揆を誘って前波を襲撃させ、次いで魚住を殺害したのだという。富田は前波に代わって守護代に就こうとしたが、朝倉旧臣の中で孤立してしまう。

一方、この機を好機と見た本願寺は、坊官・七里頼周（しちりらいしゅう）を派遣し、一揆を扇動。朝倉景鏡、富田長繁、溝江長逸は討ち死にし、朝倉景綱は失踪。

越前は、本願寺の坊官・下間頼照（しもつまらいしょう）をトップとする「一揆持ちの国」となった。

越前一向一揆の殲滅（天正三年八月）

天正三（一五七五）年八月一二日、信長は越前の一向一揆を掃討するため出陣。八月一三日に近江小谷城に泊まり、八月一四日に敦賀の武藤宗右衛門舜秀（きよひで）の城に泊まった。八月一五日、信長は朝倉旧臣を先陣として、三万騎の軍勢で、一揆勢が立て籠もる越前の諸城に総攻撃をかけた。

一揆勢に与していた朝倉景健は、本願寺坊官の下間頼照（しもつまらいしょう）・頼俊（らいしゅん）の頸を討って、投降してきたが、信長はこれを赦さず斬首させた。

羽柴秀吉、明智光秀が府中で一揆勢二〇〇〇余人、柴田勝家、丹羽長秀、津田信澄が鳥羽城で五〇〇～六〇〇〇人をなで切りにした他、八月一五日から一九日の間に生け捕りとなった一万二二五〇余人が斬首させられ、結局、三万～四万人が殺害されたという。

八月二三日、稲葉一鉄父子、明智光秀、羽柴秀吉、細川藤孝、簗田広正は加賀に侵攻。能美（のみ）郡、江沼郡を平定した。

越前の国割（天正三年九月）

越前平定後、信長は国割を実施した。なお、当時の越前は一二郡から成っていたという。

・越前のうち八郡　　柴田勝家（北ノ庄城）
・府中近辺の二郡　　不破光治（龍門寺城）、佐々成政（小丸城）、前田利家（府中城）

・大野郡の三分の二　金森長近（大野城）
・大野郡の三分の一　原長頼　（勝山城）
・敦賀郡　　　　　　武藤舜秀

谷口克広氏は朝倉家滅亡の際に「なぜ信長は、せっかく手に入れた越前に譜代の家臣を置かなかったのか」と問題提起し、越前は一向宗の盛んな地であるから「いつ一向一揆が蜂起しても不思議ではない。ひとまずは朝倉氏旧臣に任せて様子を見よう。こうした思惑がこの人事になった理由ではないだろうか。しかし、一向一揆との折衝に慣れた朝倉旧臣とはいっても、信長はこの体制が長く続くなどとははじめから思っていなかっただろう」と評している（『信長軍の司令官』）。

これまでみてきたように、信長は投降してきた部将を厚遇し、必ずしも尾張・美濃の譜代部将の配置に執着していない。信長は越前朝倉家を滅ぼし、朝倉旧臣に支配を任せた。ところが、朝倉旧臣では越前支配がうまくいかないと見るや、方針転換して譜代家臣に支配を委ねた。ただ、それだけの話ではなかったのか。

ひとまずは任せてみよう。でも、この体制が長く続くなどとは思っていない。そんな無責任な統治はありえないと考えるのは筆者だけだろうか。

4　近江の直轄化と家督譲渡

画期的な年・天正三年

谷口克広氏は「天正三年（一五七五）という年は、信長にとって、統一事業を大きく前進させる、まさに画期的な年になった」（『信長軍の司令官』）と評価し、また、和田裕弘氏も「信長は天正三年（一五七五）末に織田家の家督を嫡男信忠に譲り、（中略）翌年早々から近江安土山に築城を開始した。（中略）結果的に天正三年は信長にとって画期的な年になった」（『織田信長の家臣団』）と述べている。

では、天正三年に何があったのか。主な事項を列記していこう。

・四月一六日、本願寺周辺の作物を刈り取る（本願寺攻めの前哨戦）。
・五月二一日、三河長篠で武田勝頼と合戦し、大勝する（長篠の合戦）。
・七月三日、官位昇叙（しょうじょ）の内命を辞し、家臣に叙任および賜姓（明智光秀に惟任姓等）。
・八月一五日、越前の一向一揆を殲滅。
・九月二日、越前に柴田勝家を置いた（方面軍司令官の誕生）。
・一一月四日、従三位権大納言に叙任。七日に右近衛大将を兼務する（公卿に昇任）。

・一一月二八日、信忠に家督を譲り、岐阜城を与える。
ついでをいえば、翌天正四年一月中旬に安土城、および京都二条に京都屋敷の建築に着手している。

勝家を越前へ→安土城構想→岐阜城は信忠へ譲渡

さて、なぜ信長は安土に城を築いたのか。

地政学的なことは多くの書籍に書かれているので、あえて附言しない。

意外に見落とされているのが、安土近辺に分封していた柴田勝家を越前に移したことである。

ここで、柴田が抜けた跡地を直轄化しようという発想が生まれたのだろう。

近江の南東部を直轄化すると、従来の居城である岐阜城と美濃・尾張はどうするのか。

織田家伝来の地を誰に支配させるか。嫡子・信忠がよかろう。

昔、今川義元は、嫡子・氏真に名目上の家督を与えて本拠地駿河に置き、自らは西側の戦線を受け持った。盟友・徳川家康は家督こそ譲ってはいないが、嫡子・信康を本拠地岡崎城に置き、自らは東側の第一線に赴き、浜松城に赴任している。

同様に、信長も嫡子・信忠に名目上の家督を与えて本拠地岐阜城に置き、自らは西側に版図を広げるため、安土城を築こうと考えたのではないか。

長篠の合戦の概要（天正三年五月）

天正三（一五七五）年三月、甲斐の武田軍は三河に侵攻し、徳川方の足助城（愛知県豊田市足助町須沢）を陥落。四月、武田勝頼も甲府を出陣し、野田城（新城（しんしろ）市豊島本城）、二連木（にれんぎ）城（豊橋市仁連木町）を陥落した。

一方、徳川家康は東三河の要衝・吉田城（豊橋市今橋町）に籠もって、武田軍と戦闘を繰り広げた。勝頼は吉田城を陥落させることができないと悟って、長篠城（新城市長篠）攻略に鉾先を変えた。

元亀三（一五七二）年に武田信玄が遠江・三河を蹂躙（じゅうりん）し、東三河の国衆はことごとく武田方に寝返った。信玄の死後、家康は東三河の失地回復を図り長篠城の奪回に成功。徳川方に戻った作手（つくで）城（新城市作手）の奥平貞能の子・奥平信昌を城主として置いた。

勝頼は東三河の徳川方の拠点・長篠城を包囲する。その数、一万五〇〇〇。一方、長篠城の奥平勢はわずか五〇〇。家康の動員能力は五〇〇〇〜八〇〇〇くらいだった。

五月一〇日、家康は長篠城救援のため、早馬で信長に救援を頼んだ。

当時、信長は畿内で本願寺攻略の途中であったが、それを切り上げて岐阜に戻っていた。一説に勝頼の三河侵攻を聞いてのことだという。

五月一三日、信長は三万余の軍勢を率い、「三州長篠後詰（うしろづめ）として」岐阜を出陣。五月一四日に三河岡崎城に入り、五月一八日に長篠城の西およそ六キロメートルに位置する極楽寺山（新城市上平井）に布陣した。先陣は地元・家康が務めるので高松山に布陣。続いて瀧川一益、羽柴秀吉、丹羽長秀が有海原に布陣。馬防柵を築いた。

五月二〇日、武田勝頼は連吾川前に本陣を移し、武田軍と織田・徳川連合軍が連吾川を挟んで対峙する構図となった。

同日夜、徳川家重臣の酒井忠次が三〇〇〇の兵を率いた別働隊が、武田軍の背後にある鳶ヶ巣山砦（新城市乗本鳶ケ巣）を奇襲。武田軍はパニックに襲われる。背後を断たれた武田軍は、五月二一日早朝、織田・徳川軍に向かって総攻撃をかけた。

織田軍は一〇〇〇挺（一説に三〇〇〇挺）の鉄砲を用意し、佐々成政、前田利家、野々村三十郎、福富平左衛門、塙直政を鉄砲奉行として指揮させ、三交代で射撃した。

武田軍は、一門の武田逍遥軒信廉、武田典厩信豊、重臣の山県三郎兵衛尉昌景、馬場美濃守信房、真田源太左衛門信綱、土屋惣蔵昌恒など主立った重臣が軒並み討ち死にする大敗を喫した。

長篠の合戦の評価

戦国最強と謳われた「武田騎馬軍団」が鉄砲隊の前に大敗を喫した。

「一般には、信長が三千挺の鉄砲を交替で千挺ずつ一斉射撃させるという〝新戦術〟で、騎馬突撃を主体とした〝旧戦術〟を固守する武田軍を破った、画期的な戦いとして知られている」（『信長の戦国軍事学』）

長篠の合戦の評価については、渡邊大門編『信長軍の合戦史』所収の長屋隆幸「長篠の戦い」がまとめているので、それをもとに記述しておこう。

・鉄砲の数をめぐる論争。通説では、織田軍の鉄砲の数は三〇〇〇挺とされてきたが、藤本正行氏は『信長公記』の類本研究から、「千挺計（ばかり）」に「三」を加筆して「三千挺計」とされた可能性を指摘した（『信長の戦国軍事学』等）。

・騎馬隊をめぐる論争。鈴木眞哉氏は、武田騎馬隊は騎乗によって攻撃したのではなく、馬を降りて合戦に臨んだと指摘した（『鉄砲隊と騎馬軍団　真説・長篠合戦』等）。

・三段撃ちをめぐる論争。通説では、鉄砲隊を三グループに分け、近代的な軍隊のように輪番で一斉に射撃したといわれてきたが、藤本正行氏が良質の史料に三段撃ちの記述がないことを指摘し（『信長の戦国軍事学』等）、鈴木眞哉氏が臨時編成された織田軍の鉄砲隊がさほど訓練されているとは思えず、非現実的だと指摘した（『鉄砲隊と騎馬軍団　真説・長篠合戦』等）。

長篠の合戦の実相

一斉射撃だったか否かはさて置き、長篠の合戦では、大量の鉄砲射撃を実施したことは確からしい。「近年、長篠合戦の評価については『三千挺の三段撃ち』を否定するのに躍起になるあまり、鉄炮戦術の意義さえ低く見る傾向がある。これは妥当な見方とはいえない」（桐野作人『織田信長』）という評価はけだし卓見であろう。

「『大須賀記』や『甲陽軍艦』によると、信長の軍勢は武田方が敗走するまで陣地前に築いた柵内に籠もっているが、家康の軍勢は当初から柵外に打って出ている」（『信長軍の合戦史』）という、興味深い指摘がある。武田軍は鉄砲射撃で壊滅的な打撃を受け、敗走するまで信長軍の主力は動かなかったということだ。

ところが、織田軍や徳川軍は、その威力を見ていながら、その後、長篠の時のような、柵を作って大量の鉄砲を撃ってというような合戦をしていない。長篠の合戦が画期的な新戦術だったのであれば、なぜ織田軍や徳川軍はそれ以後同様の作戦を遂行しなかったのだろうか。

実はそのヒントが先の引用文にある。

徳川軍は当初から柵外に打って出ていたが、織田軍は武田方が敗走するまで柵内に籠もっていた。長篠の合戦に対する両者のスタンスが違っていたのだ。

長篠の合戦は、三河に侵攻してきた武田勝頼軍を徳川家康が迎え撃つもので、本来、織田軍はその援軍でしかなかった。徳川軍の武士たちは、鉄砲隊の有無にかかわらず、派手に働いて武功を挙げなければならなかったが、織田軍にはその必要がなかった。

換言するなら、鉄砲隊の活躍によって、織田軍の武士たちは武功を挙げるチャンスを失ってしまったのだ。そこには、武勇を競う一番槍もない。肉弾戦の主役となる武士たちにとって、まったくやる気の出ない戦法である。だから、信長も家康も、長篠の合戦以降は、武士たちのやる気をそぐような、何千挺もの大量な鉄砲を投入しなかったのだろう。

援軍という位置付けであるからこそ、信長は可能な限り鉄砲を集めた、鉄砲隊による総攻撃を思いついたともいえる。

さて、ここで問題である。仮に長篠（実際は設楽原（したらがはら）、有海原ともいう）で、鉄砲足軽を一・五メートル間隔で置くとして、三段射撃を行うとすれば、いったい何挺の鉄砲が必要だろうか。

当然、設楽原の広さがどれくらいで、鉄砲隊以外にどれほどの軍勢が居て、鉄砲隊にどれくらいの陣地が用意できるかによって変わってくるだろう。

「まず、それらの概算値を示してくれ！　それがわからないと計算できないだろう」とご不満の方もいらっしゃるだろう。三段射撃を行うには鉄砲が何挺必要なのか。重要なことは具体的な答えではなく、事前に計算できないというその事実である。

桐野作人氏によれば、信長の合戦の特徴は「懸けまはし御覧じ」ることだという。「『懸けまはし御覧じ』は信長が合戦に先立ち、みずから敵情を視察して、攻め口や諸将の陣を決めることを意味している。信長は合戦を遂行するにあたり、陣備えや作戦をすべて自分一人で決めていることがわかる」(桐野作人『織田信長』)。

換言するなら、信長はあらかじめ戦術を決めて合戦に挑むのではなく、戦場となるその場を見て、敵味方の状態からベストな戦術を瞬時に立案する状況適応型の合戦を好んだということだ。

そのような信長が、行ったこともない東三河の地で、何挺の鉄砲が必要かわからない状況で、三段射撃をあらかじめ立案するとは思えない。

ありったけの鉄砲を集めて並べたら、一列で収まらなかった。だから、三人一組くらいで交互に撃たせたら、うまくいった。そういうことだったのではないか。

弓矢でも二・三人で組になって交互に射かけることがあるのだから、二・三人で組になって鉄砲を交互に撃つことは誰でも考えつくだろう。三段射撃というと軍隊式の一斉射撃を想起して、そんなことはできないという論評が少なくないが、信長だったら「やれる範囲でやれ」と指示したに違いない。

第6章　方面軍司令官の時代

1　方面軍司令官とは

方面軍司令官とは何か

織田家臣団の特徴として、俗に「方面軍司令官」と呼ばれている重臣の存在がある。

谷口克広氏は「方面軍については『一定の担当部署を持っている。万単位の兵を抱えた大軍団』と定義しておく。その司令官は、信長家臣団の武将たちの究極の地位であった」（『信長軍の司令官』）と定義し、具体的には「前後六人の方面軍司令官がいたにすぎない。柴田勝家、佐久間信盛、明智光秀、羽柴秀吉、滝川一益、神戸（織田）信孝の面々である」（『殿様と家臣』）としている。

柴田勝家	北陸方面・対上杉	越前北ノ庄城
佐久間信盛	対本願寺の主将	
明智光秀	丹波・丹後平定	丹波篠山城
羽柴秀吉	中国方面・対毛利	播磨姫路城
瀧川一益	関東方面・対北条	上野廏橋城
神戸信孝	四国方面・対長曽我部	

なお、信長の嫡男・織田信忠を「方面軍司令官」に類する立場として考えることもできるが、信忠旗下の部将は池田恒興のように他地域に転出する事例が多く、方面軍として人員が固定していなかった可能性が高い。信忠は東国進出の方面軍を指揮しているというより、織田家直属の部将を従えていると見るべきだろう。従って、本書では信忠を方面軍司令官として取り扱わない。

また、本書では、便宜的に各方面軍について「××家臣団」と呼ぶ（たとえば、柴田家臣団、佐久間家臣団など）。

越前での訓令に見る方面軍司令官の権限

ここで問題となるのは、方面軍司令官は信長からどのような権限を与えられていたのかということであり、本書のテーマから見るならば、方面軍がどのような軍事編成を取っていたかということである。

信長は柴田勝家に越前支配を任せるにあたって訓令を発している。そこには、勝家がどのような心構えで越前を治めていくか、そしてどのような権限を与えられたかが記されている。少々長いが『現代語訳　信長公記』から引用しておこう。

「一、国中の民に不法な税を課してはならない。ただし、当面の事情があって賦課しなくてはならない場合は、信長に相談せよ。必要になった時々に応じて申し出ること。
一、国内に領地を保有することを許された地侍たちを、恣意に任せて扱ってはならない。じゅうぶん丁重に扱うのがよい。だからといって、全く警戒しなくても良いというのではない。砦々の整備・用心は肝要である。領地を給与する約束をした者へは、厳正に実行すること。
一、裁判は道理にかなうよう公正に行うこと。決して、一方に肩入れして不公平な判決を下すようなことがあってはならない。また、もしも当事者双方を納得させることができないときは、担当者から信長に伺いを出し、その上で判決を下すこと。
一、公家・寺社が近年の争乱以前に所有していた旧領地は、もとの所有者に返還すること。朱印状を持っている者を領地の所有者と認めること。ただし、法理上の正当性が必要である。
一、領国内ではどこでも関所を廃止しているから、当国においても同様に廃止すること。
一、大国を支配させるのであるから、万事について留意し、油断があってはならない。第一に軍備が大切である。武具・兵糧に留意し、五年分でも十年分でも確実に備蓄しておけるよう工夫する必要がある。要するに、私欲を避け、正当な税を課して、行政に当たるよう心がけよ。児童を寵愛すること、手猿楽・遊興・見物などは禁止すること。
一、鷹狩りは禁止する。ただし、砦を築くなどのため地形を見るのに必要なときは、してもよい。そうでない場合は禁止のこと。子供が遊びでやるのは、禁止するまでもない。
一、領国内の石高にもよることではあるが、領地二、三カ所は家臣に給与せず、直轄領として留保しておくこと。これは、ことあるとき忠節を尽くした家臣に、功績に応じて給与するためであると知らせておくのである。家臣たちが、武功に励んでも恩賞として頂戴する領地がないと思えば、実際のところ武勇も忠義も形だけのものとなろう。そこのところを認識する必要がある。家臣に給与するまでの間は、直轄地とすること。
一、新しい事態が生じた場合でも、何事につけても信長の指図に従うよう覚悟することが大切である。だからと言って、信長の指図に無理・悲法なところがあるのを承知しながら、うわべだけ言葉たくみにとりつくろってはならない。指図を受けたとき何らかの差し支えがあれば、弁明するがよい。聞き届けて、理に従うつもりである。ひたすら信長を崇敬し、当方から見えないところだからといって気を抜き、軽々しく思ってはならない。信長のいる方角へは足も向けないよう心得ることが必要である。そのように心がけていれば、武士としての加護もあり、武運も末長いことであろう。よくよく留意せよ。

　天正三年九月　日」

「越前のことについては、大部分は柴田勝家に委任してある。貴殿ら三人を柴田の監察者として置き、二郡の支配を申し付ける。貴殿らの善悪は柴田から上申してくることになっている。互いに切磋琢磨するよう心がけることが大切である。怠ることがあったら、処分されるものと心得よ。

天正三年九月　日

不破光治殿

佐々成政殿

前田利家殿」

以上、訓令は九ヶ条から構成されているが、一ヶ条目に課税権、三ヶ条目に裁判権、八ヶ条目に宛行権（あてがい）について記され、方面軍司令官がこれらの権限を有していたことがわかる。

織田家臣団を語る上で最も重要であるのは、八ヶ条目に記載された宛行権である。武功のあった者には、勝家の裁量で闕所（けつしょ）（給人のいない土地）を宛行う（あてが）ことが認められる。むしろ、そのために意識的に闕所を用意しておけと命じているのである。

勝家の家臣（与力を含む）は、もともと信長から預けられた織田家臣団の一部のはずである。

勝家に宛行権を認めてしまうと、勝家の家臣は信長よりも勝家に忠誠を尽くすことにはならないか。

つまり、方面軍という仕組みは、方面軍司令官とその与力に擬制的な主従関係をもたらすものだったといえよう。

佐久間信盛追放に見る方面軍司令官の権限

次いで、天正八年に佐久間信盛が追放された際の折檻状(せっかんじょう)を『現代語訳　信長公記』から引用しておこう。

「通告

一、佐久間信盛・信栄父子、五年間、天王寺に在城したが、その間、格別の功績もなかった。これは世間で不審に思われても仕方がない。信長も同感であり、弁護する余地もない。

一、その意図を推察するに、大坂方を大敵と考え、武力も行使せず、調略活動もせず、ただ居陣の砦を堅固に構えて何年か過ごしていれば、敵は僧職のことであるから、やがては信長の威光に屈して撤退するだろうと予測していたのか。しかし、武士の取るべき道はそうではない。このような情況下では、勝敗の機を見定めて一挙に合戦に持ち込めば、信長のため、ひいては佐久間父子のためにもなり、兵たちの苦労も終わって、誠に武士のとるべき道であった。しかるに、ひたすら持久戦のみに固執していたのは、分別もなく、未練がましいことであった。

一、丹波は明智光秀が平定し、天下に面目をほどこした。羽柴秀吉は数カ国で比類ない功績を上げた。また池田恒興は小禄（しょうろく）ながら短期間で花熊を攻略し、是も天下の賞賛を得た。佐久間父子はこれを聞いて発奮し、ひとかどの戦果を上げるべきだったのだ。

一、柴田勝家は彼らの働きを聞き、すでに越前一国を領している身ながら、天下の評判を気にかけて、今春加賀に進撃し、一国を平定した。

一、武力による作戦が進展しなければ、利益誘導などの調略活動をし、なお不充分なところがあれば信長に報告し、指図を受けて決着をつけるべきであった。しかるに、五年間一度も具申（ぐしん）がなかったことは職務怠慢であり、けしからぬことである。

一、保田安政（やすだやすまさ）が先日よこした報告には、大坂の一揆勢を攻略すれば周辺に残る小城などは大方退散するはずだと書いてあったが、これに佐久間父子は連判（れんぱん）をしていた。しかし、自分では何も具申をせず、保田に報告書を送らせたのは、自分の手数を省くつもりで保田の報告に便乗し、あれこれ意見を述べたのか。

一、信長の家中でも信盛には特別な待遇を与えているではないか。三河にも、尾張にも、近江にも、大和にも、河内にも、和泉にも与力を付けてあり、さらに根来（ねごろ）寺衆も与力として付けてあるのだから紀伊にも与力がある。勢力は小さい者たちではあるが、七カ国に与力を持ち、その上に自分の軍勢を加えて出動すれば、どんな合戦をしてもさほどの負け戦となるはずはないのだ。

一、小河・刈屋（かりや）の水野信元（みずののぶもと）の死後、その地の支配を命じたので、以前より家臣の数も増加したろうと思ったが、その様子もなく、かえって水野当時の旧臣の多くを解雇した。たとえそうだとしても、それ相当に後任者を補充しておけば以前と同様なのに、一人も補充せず、解雇した者の知行地を直轄にして自分の収入とし、これを金銀に換えていたとは、言語道断の仕様である。

一、山崎（京都府乙訓郡大山崎町）を支配させたところ、それ以前に信長が目をかけていた者たちを間もなく追い払ってしまったのは、これも前項で述べた小河・刈屋での仕様と同じである。

一、昔から抱えていた家臣には知行を加増してやり、相応に与力を付け、新規に侍を召し抱えていれば、これほどの不手際をしなくても済んだはずであった。しかるに、けちくさい蓄財ばかりを心掛けていたから、今になって天下に面目を失い、その悪評は唐土・高麗・南蛮にまで知れ渡った。

一、先年、朝倉義景が敗走のおり、戦機の見通しが悪いと叱ったところ、恐縮もせず、揚げ句に自慢をいって、その場の雰囲気をぶちこわした。あの時、信長は立場がなかった。あれほどの広言をしておきながら、長々と当地に滞陣しており、卑怯な行為は前代未聞である。

一、信栄の罪状は一々書き並べようとしても、とても書き尽くせるものではない。

一、大略をいえば、信栄は第一に欲が深く、気むずかしくて、良い家臣を抱えない。その上、職務に怠慢だという評判である。ようするに、父子とも武士たるの心構えが不足しているから、このような有様なのである。

一、もっぱら与力を働かせ、当方の味方になるという者を信長に取り次ぐと、今度はその者を使って軍役を務める。自分の侍を召し抱えず、領内に知行人のない無駄な土地を作り、実際には自分の直轄として卑劣な収入を得ている。

一、与力や直属の侍までもが信盛父子を敬遠しているのは、ほかでもない。分別顔をして誇り、慈愛深げな振りをして、綿の中に針を隠し立てた上から触（さわ）らせるような、芯の冷たい扱いをするから、このようになったのである。

一、信長の代になってから三十年仕えているが、その間に佐久間信盛の比類ない手柄と称されたことは一度もあるまい。

一、信長一代のうち戦に敗れたことはないが、先年、遠江へ軍勢を派遣した時は、敵味方互いに勝ったり負けたりするのが当然だから、負けたといえば確かにそのとおりだった。しかし、徳川家康の応援要請があったのだから、不手際な合戦をしたとしても、兄弟が討たれ、またはしかるべき家臣が討たれるほどの活躍をしたのならば、信盛は運よくて生還できたのかと他人も納得してくれただろうに、自分の軍勢からは一人も討ち死にを出さなかった。にもかかわらず、同僚の平手汎秀（ひらてひろひで）を見殺しにして、平気な顔をしている。これをもって見ても、以上各条のとおり、心構えができていないことは紛れもない事実である。

一、この上は、どこかの敵を制圧して今までの恥をそそぎ、その後に復職するか、または討ち死にするかである。

一、父子とも髪を剃って高野山に引退し、年を重ねれば、あるいは赦免されることもあろうか。

右のとおり、天王寺在城数年の間にさしたる功績もなかった者の未練な子細が、このたび保田の一件で了解できた。そもそも天下を支配する信長に口答えするものはあの時が初めてだったのであるから、かくなる上は、右末尾の二カ条を実行せよ。承諾なければ、二度と赦免されることはないものと思え。

天正八年八月　日」

以上、折檻状は一九ヶ条から構成されているが、八〜一〇ヶ条目、および一四ヶ条目で、方面軍司令官による軍事編成に関する記述がある。

特に注目すべきは、一〇ヶ条目で、信盛が自らの家臣に知行を加増していないこと、与力の編成を怠ったこと、家臣を増員していないことを咎めていることだ。

換言するなら、信盛には、家臣に対する宛行権のみならず、どの部将に誰を与力として附けるかの編成も任されており、信長が与えた資源（領地や人員等）をもとにかなり大規模な軍事編成を決める権限があったことになる。
秀吉のように経営の才があれば、信長が与えた資源を元手に、おのれの軍を飛躍的に拡張することができたであろう。

与力の家臣化

竹中半兵衛重治、蜂須賀小六正勝は本来、信長の家臣であって、たまたま秀吉に附けられた与力と想定される。しかし、かれらはあたかも秀吉の家臣のようにいわれているし、また実際そのようであったのだろう。そこには精神的な結びつきもさることながら、金銭的な裏付けがあったはずだ。

蜂須賀家の家譜を信じるならば、蜂須賀小六正勝は永禄三年から織田信長に仕え、元亀元年の金ケ崎の退き口の際に秀吉に附けられ、以後、与力となった。『寛政重修諸家譜』の記載を信じるならば、正勝は「天正元年太閤（秀吉）より近江長浜にをいて領知を加へらる」。天正八年頃に「右府（信長）より旧領（尾張）海東郡のうちにをいて領知を加増あり。天正九年播磨国龍野を与へらる」という。

つまり、天正元年に秀吉が浅井旧領を与えられた際、それまでの勲功を賞して近江長浜に所領を加増される一方、天正七年の三木城（別所長治）攻めで信長からも所領を加増されている。天正九年の鳥取城（吉川経家）攻めの恩賞は信長・秀吉いずれからの加増か記されていないが、播磨国内であれば、秀吉からの加増だろう。

蜂須賀正勝は、信長の直臣として加増を受ける一方、秀吉の与力とされ、秀吉から近江長浜などの所領を与えられている。しかも、秀吉とともに軍事行動を遂行しているのであるから、ほぼ秀吉の家臣のように振る舞っていたと考えてよいだろう。

方面軍司令官の構成

ここで、方面軍の人員構成を考えてみよう。

いろいろな分類が出来るが、信長から附けられた「与力」と、方面軍司令官自らの家臣である「直臣」に分類できる。ただし、実際のところ、与力か直臣かは、系譜や伝記等を調べても不明である場合が多い。

また、一口に与力といっても、一国を支配するような大名クラスの与力から、少禄の与力まで千差万別であるから、本書では前者を「国持与力」と呼び、後者を単に「与力」と呼ぶ（両者を包括して「与力」とする場合もある）。

以上は雇傭（こよう）形態から分類したものであるが、それ以外に必要な概念として「親族衆」がある。文字通り、方面軍司令官の血縁者であるが故に、重臣や側近に取り立てられた武士を指す。方面軍司令官の子弟であるから、広い意味では信長の家臣であり、与力の一部と分類することも可能である。

以下、具体例を列記して、イメージを膨らませていきたい。

○親族衆

たとえば、羽柴秀吉の配下には、親族衆として実弟の羽柴長秀（のち秀長）、義弟の浅野長吉（のち長政）の他、夫人の実家である木下・杉原一族がいた（長秀は秀吉の直臣で、信長に仕えた実績がない陪臣。浅野、木下・杉原は元々与力だったらしい）。

秀吉は出自が低く一族が少なかったこともあって、羽柴家中で親族衆が占める位置はそれほど高くなかったが、柴田勝家の場合は養子の柴田勝豊・勝政、甥の佐久間盛政など、親族衆が重臣を構成していたようだ。

○与力

羽柴秀吉の配下の多くは、秀吉自身が採用した直臣ではなく、信長の家臣が与力として附けられた者で構成されていたと考えられる。

竹中半兵衛重治、蜂須賀小六正勝は、秀吉が三顧の礼で（秀吉の）家臣に組み入れたように喧伝されてはいるが、実際は織田家に仕えた後、秀吉の与力として附けられたようだ。

信長は尾張出身で、美濃・近江と進軍していったため、秀吉の与力も尾張・美濃・近江出身の武士で構成されている。その後、秀吉は姫路を拠点として中国方面軍司令官となったため、摂津・播磨で織田家に従った武士が秀吉の与力とされている。黒田官兵衛や中川清秀などである。

○国持与力

柴田勝家、明智光秀には一国を知行するような大身の与力がいた。すなわち、柴田家臣団の前田利家（能登）、佐々成政（越中）。明智家臣団の細川藤孝（丹後）、筒井順慶（大和）である。佐久間家臣団の松永久秀、筒井順慶（ともに大和）、および柴田家臣団の不破光治（府中三人衆の一人）も同クラスと考えていいだろう。

○直臣

羽柴家中には、秀吉自身が採用した家臣（直臣）もいたはずだ。有名な例では、寺の小僧を引き立てた石田三成（かずしげ）の事例がある。福島正則、加藤清正は秀吉と血縁関係があるといわれており、親族衆に分類できるかもしれないが、実際は直臣に近いイメージだ。

与力と直臣の違いは、信長との雇用関係だ。秀吉の与力は信長直属の家臣であるが、秀吉の直臣は信長から見れば陪臣（家臣の家臣）でしかない。

各方面軍の人員構成は、方面軍が設置された際の状況や、その後の進展によって変わってきたはずだ。そこで、この章では、各方面軍がどのような状況下で編成され、どのような特徴を持っていたのかを考えていこう。

2　柴田勝家（天正三年九月）

上杉と対峙する北陸方面軍の指揮官

天正元（一五七三）年八月に越前の朝倉家が滅ぼされ、朝倉旧臣数名が越前支配を任されたが、翌天正二年一月に大規模な一向一揆が起こり、本願寺の坊官が支配する「一揆持ちの国」となってしまう。

天正三（一五七五）年八月、信長は三万騎の軍勢を率いて越前の一向一揆を殲滅して、柴田勝家、不破光治、佐々成政、前田利家、金森長近、原長頼を置き、柴田勝家に越前支配を委ねた。

柴田修理亮勝家（?～一五八三）は末盛城近くの下社村（名古屋市名東区猪高町一社）の土豪もしくは国人領主で、はじめ信長の弟・信勝に附けられたが、信長に鞍替えした。信長早年時の宿老、事実上の筆頭家老として織田家臣団で重きをなした。

勝家が越前支配を任された時、簗田広正に加賀が与えられたというが、「全域の予約なのか、平定済みの能美・江沼二郡だけなのか」判然としない。谷口克広氏は「簗田には加賀全域の支配権が予約されたのではないか」と推測している（『信長軍の司令官』）。

しかし、信長が帰陣すると、加賀の一向一揆が蜂起し、簗田は防戦一方の状況に追いやられる。翌年にも蜂起はやまず、天正四年には簗田は更迭され、加賀平定は柴田勝家に委ねられる。

勝家と並列の関係にあった佐々成政、前田利家等は、勝家の指揮下に入り、加賀平定に従軍するようになる。

谷口克広氏は「柴田と佐々たちは同格の立場で協力し合うという関係に過ぎなかった。ところが、加賀攻め以降の両者は、軍事的には柴田を指揮官とする縦の関係に転化するから」「柴田が加賀平定を任された天正四年を、筆者（谷口氏）は北陸方面軍成立の時と考える」と評価している（『信長軍の司令官』）。

天正五（一五七七）年、越後の上杉謙信が越中に攻め入り、能登にも上杉軍が触手を伸ばしてきた。八月八日、信長は瀧川一益、丹羽長秀、羽柴秀吉等を援軍として遣わしたが、秀吉は勝家と口論した挙げ句、勝手に帰陣。九月二三日、勝家軍は上杉軍と越中湊川で合戦するも大敗してしまう。しかし、翌天正六年三月に謙信が急死し、上杉軍の越中侵攻は一時的に動きが鈍る。

勝家は天正七（一五七九）年一一月に加賀を平定。天正九（一五八一）年に佐々成政に

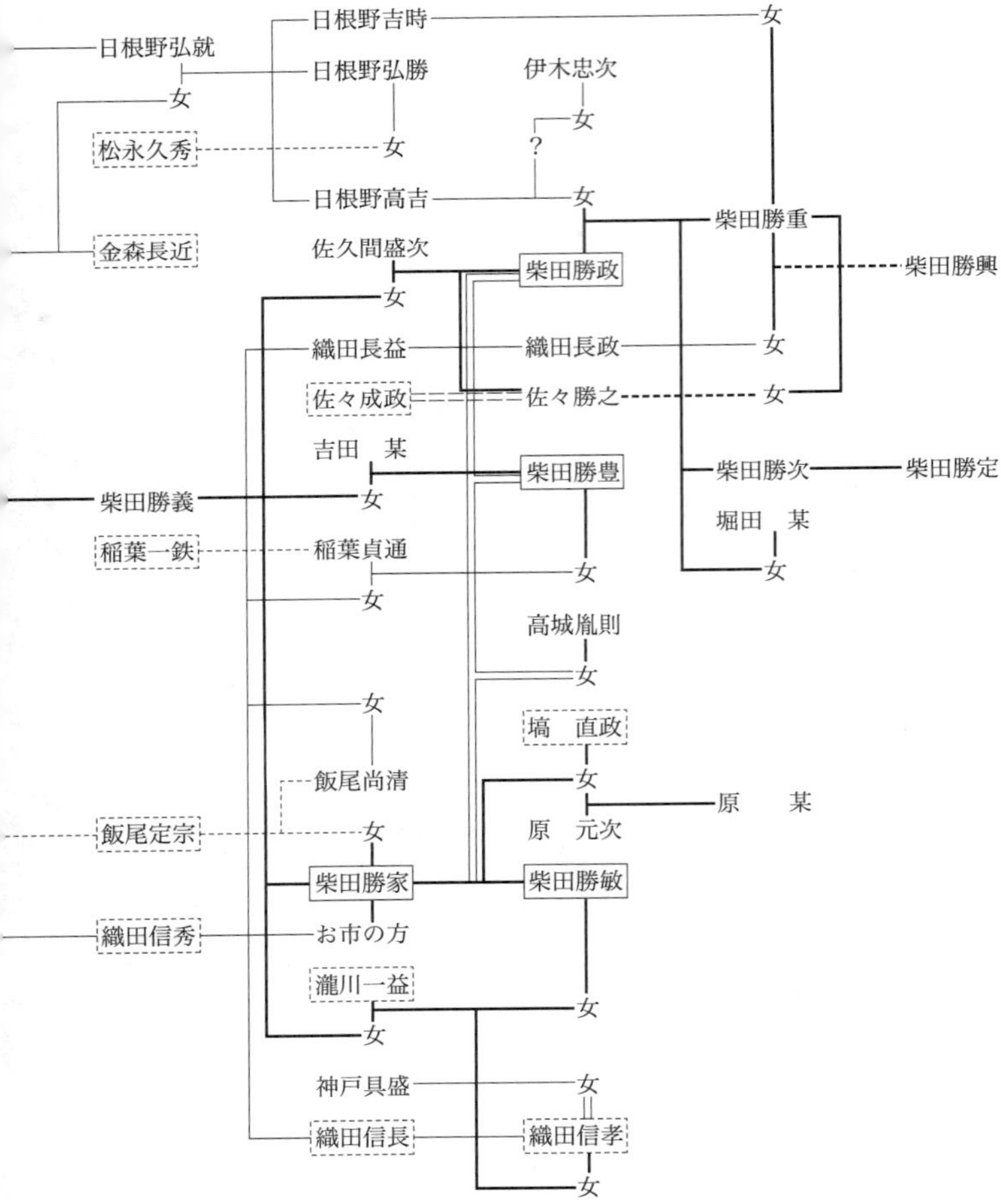
日根野弘就
日根野吉時
日根野弘勝
女
松永久秀
女
日根野高吉
女
伊木忠次
女
?
女
柴田勝重
柴田勝興
金森長近
佐久間盛次
柴田勝政
女
織田長益
織田長政
女
佐々成政
佐々勝之
女
吉田　某
柴田勝豊
柴田勝義
女
柴田勝次
柴田勝定
堀田　某
女
稲葉一鉄
稲葉貞通
女
女
高城胤則
女
女
塙　直政
女
原　某
飯尾尚清
原　元次
飯尾定宗
女
柴田勝家
柴田勝敏
織田信秀
お市の方
瀧川一益
女
女
神戸具盛
女
織田信長
織田信孝
女

柴田家系図

越中、前田利家に能登が与えられる。能登はほぼ平定していたものの、越中は上杉軍と一進一退の状態だったため、勝家も支援しながら翌天正一〇年六月三日に魚津城を攻め落とし、平定するに至った。しかし、その前日に本能寺の変が起きていた。

柴田家臣団の構成

勝家家臣団の特徴は、①国持与力が比較的多い、②有力な親族衆、③非力な尾張・美濃・近江衆である。以下、順番に解説していこう。

①国持与力が比較的多い

これは越前国割で同格に配置された佐々成政・前田利家等が勝家の指揮下に移管されたことに起因する。

信長は天正三年の越前一向一揆平定後、柴田勝家に越前支配を任せたものの、勝家が信長に離反し、独立することを危惧（きぐ）して「府中三人衆」（佐々成政、前田利家、不破光治）を目付として配した。

ところが、思いの外、勝家は信長に対して従順、職務に対して忠実だったため、翌天正四年には「府中三人衆」も勝家の与力としたのだろう。

ただし、かれらは独立性が比較的高く、その処遇も勝家の一存では決められなかった公算が大きい。たとえば、天正九年に信長が佐々成政に越中、前田利家に能登を与えており、勝家には人事権がなかった。

②有力な親族衆

勝家には、柴田伊賀守勝豊、柴田三左衛門勝政という養子がおり、甥の佐久間玄蕃允盛政（一五五四～八三）は「鬼玄蕃」といわれた猛将である。ただし、盛政の実力は別として、二人の養子は、勝家の血縁者だから厚遇されている可能性が高い。

③非力な尾張・美濃・近江衆

勝家の与力は二層化しており、独立性が高い大名クラスの与力以外は、比較的小身の武士が多かったようだ（直臣の可能性もある）。

美濃衆として稲葉一鉄（一五一五～八八）、近江衆として蒲生右兵衛大夫賢秀（一五三四～八四）のような有力部将が与力に附けられていたようだが、越前赴任時に勝家から離され、信長の直轄軍に編入されている。

信長は、信忠に尾張・東美濃の武士を譲り、西美濃と近江蒲生郡の武士を直轄軍に収めた。同地域で有力部将だった稲葉一鉄、蒲生賢秀は直轄軍に置いておきたかったのであろ

柴田家臣団の構成

区分			氏名	血縁関係など
親族衆			柴田伊賀守勝豊	勝家の養子（甥）
		●	柴田三左衛門勝政	勝家の養子（甥）
		●	柴田源左衛門勝定	勝家の一族か
			柴田監物丞	
			柴田宮内少輔	勝家の一族か
		●	佐久間玄蕃允盛政	勝家の甥
			佐久間帯刀左衛門	
与力or直臣	尾張衆		織田金左衛門尉順元	
			加藤重廉	
			水野平作	
			安井左近	
	不明（尾張衆か？）	●	拝郷五左衛門家嘉	
		●	毛受庄之助	
			近藤右近	
			杉江彦四郎	
			徳山吉右衛門	
			井上久八郎	
			井上清八	
			中村与左衛門	
			一ノ瀬新左衛門尉	
	美濃衆		（稲葉一鉄）	
			徳山五兵衛則秀	
			春日采女	
			春日丹後	
	近江衆		（蒲生右兵衛大夫賢秀）	
			平井加賀守定武？	
			山中山城守長俊	
			山路将監	
			種村内匠	
			浅見景親	
			徳永下総守寿昌	
	越前		鶴見与右衛門	
			瓜生内記	
			武谷半左衛門	
国持与力	尾張	●	佐々成政	
		●	前田利家	
	美濃	●	不破光治	
		●	金森長近	
			原　長頼	

※出典　『織田信長の家臣団』『松平記』などから作成。
※“●”附きの人物は『松平記』で「武辺場数これ有の衆」と記載された人物を示す。
　カッコで囲った人物は一時的に与力とされた人物。

う。結果として、勝家は比較的小身の武士くらいしか与力に連れて行けなかった。その代わり、甥の佐久間盛政を与力として附けた。また、「府中三人衆」もいるから、人員としては充分すぎるだろう。「あとは、勝家の力量でかれらを束ねておけ」そんなところだったのではないか。

3 佐久間信盛（天正四年五月）

本願寺攻めの主将

石山本願寺が信長に敵対するようになったのは、元亀元（一五七〇）年の野田・福島の戦いで三好三人衆と組み、挙兵して以来である。

しかし、その後、本願寺と信長はともに本格的に対立することを避け、牽制（けんせい）と講和を繰り返していたが、天正三（一五七五）年四月に信長は一〇万の兵を率いて石山本願寺を攻め、全面戦争に突入した。

当時、近畿を所管していた塙直政（のち原田直政と改名）が総大将となって、翌天正四年四月に明智光秀、荒木村重、細川藤孝とともに石山本願寺に総攻撃したが、五月三日に塙直政が討ち死にしてしまう。

そこで、信長は至急本願寺攻めの後詰めとして駆けつけ、五倍の敵を押し返したという。信長は本願寺包囲のため、周囲に一〇ヶ所の付城を築き、天王寺砦に総大将として佐久間信盛を置き、七ヶ国（尾張、三河、近江、大和、河内、和泉、紀伊）の与力を附けた。

佐久間右衛門尉信盛（?～一五八二）は尾張国愛知郡東南部の最大勢力である佐久間一族の支流で、末盛城の南に位置する山崎城主（名古屋市南区山崎町）である。はじめ信長の弟・信勝に附けられたようだが、信長が清洲城に入った頃、信長の指揮下につき、信長早年時の宿老として織田家臣団で重きをなした。

天正八（一五八〇）年四月、石山本願寺の顕如光佐（一五四三～九二）との和睦がなり、抵抗を続けていた嫡男・教如光寿（一五五八～一六一四）も八月に石山本願寺を退去したが、それは佐久間信盛の武功によるものではなかった。

本願寺は毛利と連携し、播磨三木城の別所長治、摂津有岡城の荒木村重を離反させ、信長に対抗した。

石山本願寺は大坂湾・木津川沿岸にあり、毛利水軍が海上では織田軍を圧倒していたが、信長は九鬼水軍を支援し、天正六年一一月に木津川口で毛利水軍を撃破することに成功。信長軍が海上交通を押さえ、本願寺は毛利軍との連携が遮断されてしまう。これに荒木村重配下の部将は動揺し、高槻城の高山右近、茨木城の中川清秀が投降。荒木村重は出奔し、有岡城は天正七（一五七九）年一一月に開城を余儀なくされた。また、三木城は羽柴秀吉による干殺し（兵糧攻め）で翌天正八年一月に落城した。

信長はこの機を逃さず、朝廷を仲介にして本願寺との和睦にこぎ着けた。この間、佐久間信盛は石山本願寺を包囲するにとどまり、積極的に討って出ることはなかった。石山本願寺は教如の退去後に起きた火災で灰燼に帰した。

天正八年八月、本願寺の焼け跡を検分した後、信長は佐久間信盛・信栄父子に一九ヶ条からなる折檻状を突きつけ、高野山へ追放した。

折檻状にあるように、佐久間信盛は「五年間、天王寺に在城したが、その間、格別の功績もなかった」。「武力も行使せず、調略活動もせず、ただ居陣の砦を堅固に構えて何年か過ごして」いただけで、明智光秀の丹波攻略、羽柴秀吉の中国地方平定、柴田勝家の加賀侵攻に比べ、余りにも消極的で物足りない。

佐久間家臣団の構成

佐久間家臣団は、①上洛前からの与力（尾張、三河）、②近江分封で附けられた与力（近江）、③畿内の諸将（大和、河内、和泉、紀伊）から構成されている。

本願寺攻めを指示された時、それまで附けられていた尾張、三河、近江の与力の他に、畿内近国から信長が動員できる武士を集めて大軍団をつくった。信盛家臣団はそんな感じの陣容になっている。

①上洛前からの与力（尾張、三河）

尾張・三河の与力には水野下野守信元（?～一五七五）の遺臣が多い。

信元は徳川家康の伯父で、緒川城主として知多半島北部から西三河に勢力を誇っていたが、美濃岩村城に駐留する武田家臣・秋山伯耆守虎繁（一般には信友）に兵糧を送ったという疑惑により、天正三（一五七五）年三月二七日に切腹させられた。

信元の死後、その領地と高木主水助清秀（一五二六～一六一〇）などの家臣団が佐久間信盛の支配するところとなった。梶川五左衛門秀盛も水野信元に属していたため、甥の梶川弥三郎高盛（?～一五九六）とともに信盛の与力になったのであろう。また、島勘右衛門信重は、はじめ簗田広正の与力に附けられ、広正失脚後に信盛の与力になったらしい。

ちなみに「①上洛前からの与力」には美濃出身の与力がいない。信盛家臣団の最大の特徴である。

これには二つの理由が考えられる。

一つには、信盛が方面軍司令官に抜擢された天正四年の前年、信長が信忠に家督を譲り、東美濃の武士は信忠附き、西美濃の武士は信長直轄軍に編成されてしまったことだ。そのため、美濃出身者を信盛の与力にまわす余裕がなかったのだろう。

もう一つは、それまで信盛には美濃出身者の与力がほとんどいなかった可能性が高いということだ。

桶狭間の合戦後、信盛は主に三河方面を担当していたらしい。横山住雄氏は「信長は挙母城に佐久間信盛らを入れたということが想定される」と推測している（『織田信長の尾張時代』）。そのこともあって、信盛は美濃攻略に余り関係せず、美濃出身の与力が少ないのだろう。

②近江分封で附けられた与力

佐久間信盛は野洲郡永原城を与えられ、野洲郡と栗太郡を本拠とする武士を与力として附けられた。

具体的には、元々永原城を居城としていた永原越前守重康、野洲郡を本拠とする進藤山城守賢盛、栗太郡を本拠とする青地千世寿元珍、山岡美作守景隆・山岡孫太郎景宗父子。そして、蒲生郡浅小井を本拠とする池田伊予守景雄は、はじめ蒲生郡を所管する柴田勝家の与力だったが、勝家の越前赴任により、信盛の与力とされたらしい。

ちなみに、進藤は野洲郡のみでなく、琵琶湖の対岸の志賀郡にも家臣を抱えていたが、それらの家臣は志賀郡を所管する明智光秀の与力とされた。同様に野洲郡勢多の山岡景隆は信盛与力、弟・志賀郡膳所の山岡対馬守景佐は光秀与力となった。信長は過去のしがらみを断ち切って、シンプルな編成を好んだようだ。

③畿内の諸将

佐久間信盛は本願寺攻めの主将だったので、当然その周辺の大和、河内、和泉、紀伊が

佐久間家臣団の構成

区　分		氏　名	血縁関係など
親族衆		佐久間甚九郎信栄	信盛の嫡男
		佐久間左京亮信直	信盛の弟
		保田久六郎安宗	信盛の甥
		佐久間五平次	信盛の一族か
		佐久間三四郎	信盛の一族か
与力or直臣	尾張衆・三河衆	（成田弥左衛門尉重政）	
		河原藤左衛門	
		津田孫十郎	
		高木主水助清秀	
		神谷新七郎	
		矢田伝市郎	
		瀧見弥平次	
		上田平六	
		梶川弥三郎高盛	
		梶川五左衛門秀盛	
		島　勘右衛門信重	織田一族
	近江衆	進藤山城守賢盛	
		青地千世寿元珍	
		山岡美作守景隆	近江勢多城主
		山岡孫太郎景宗	景隆の子
		永原越前守重康	
		池田伊予守景雄	
	和泉衆	真鍋貞友	
		寺田生家	
		沼野任世	
	河内衆	多羅尾綱知	
		野間長前	
		池田教正	
	紀伊衆		
		中村盛義	
国持与力	大和衆	●　松永久秀	
		松永久通	
		筒井順慶	

※出典　『織田信長の家臣団』『松平記』などから作成。
※“●”附きの人物は『松平記』で「武辺場数これ有の衆」と記載された人物を示す。
　カッコで囲った人物は一時的に与力とされた人物。

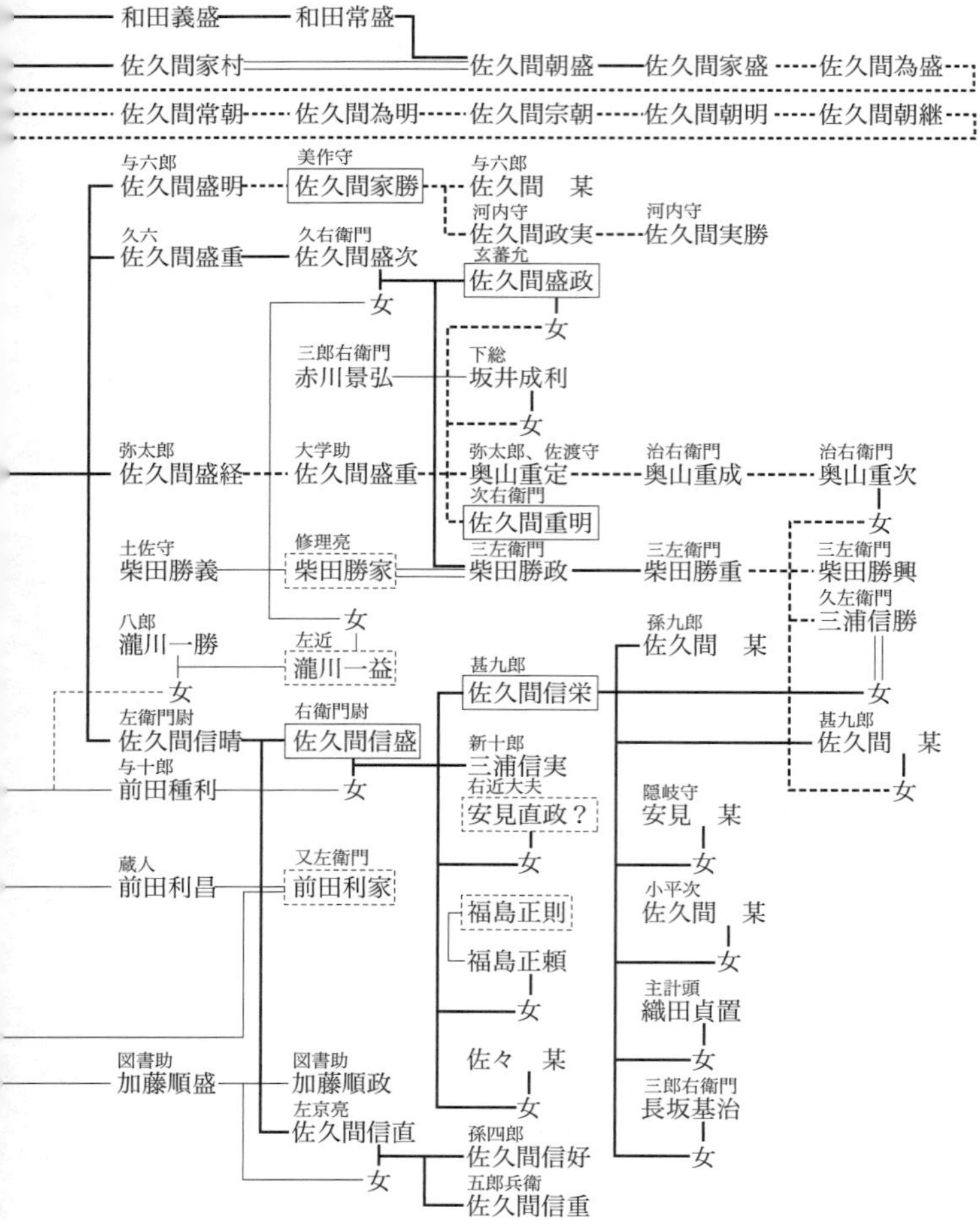
和田義盛
和田常盛
佐久間家村
佐久間朝盛
佐久間家盛
佐久間為盛
佐久間常朝
佐久間為明
佐久間宗朝
佐久間朝明
佐久間朝継
与六郎
佐久間盛明
美作守
佐久間家勝
与六郎
佐久間　某
河内守
佐久間政実
河内守
佐久間実勝
久六
佐久間盛重
久右衛門
佐久間盛次
玄蕃允
佐久間盛政
女
女
三郎右衛門
赤川景弘
下総
坂井成利
女
弥太郎
佐久間盛経
大学助
佐久間盛重
弥太郎、佐渡守
奥山重定
治右衛門
奥山重成
治右衛門
奥山重次
次右衛門
佐久間重明
女
土佐守
柴田勝義
修理亮
柴田勝家
三左衛門
柴田勝政
三左衛門
柴田勝重
三左衛門
柴田勝興
久左衛門
三浦信勝
女
八郎
瀧川一勝
左近
瀧川一益
孫九郎
佐久間　某
女
甚九郎
佐久間信栄
女
左衛門尉
佐久間信晴
右衛門尉
佐久間信盛
甚九郎
佐久間　某
新十郎
三浦信実
与十郎
前田種利
女
女
右近大夫
安見直政？
隠岐守
安見　某
女
女
蔵人
前田利昌
又左衛門
前田利家
福島正則
小平次
佐久間　某
福島正頼
女
主計頭
織田貞置
女
女
図書助
加藤順盛
図書助
加藤順政
佐々　某
女
三郎右衛門
長坂基治
左京亮
佐久間信直
孫四郎
佐久間信好
女
女
五郎兵衛
佐久間信重

佐久間家系図

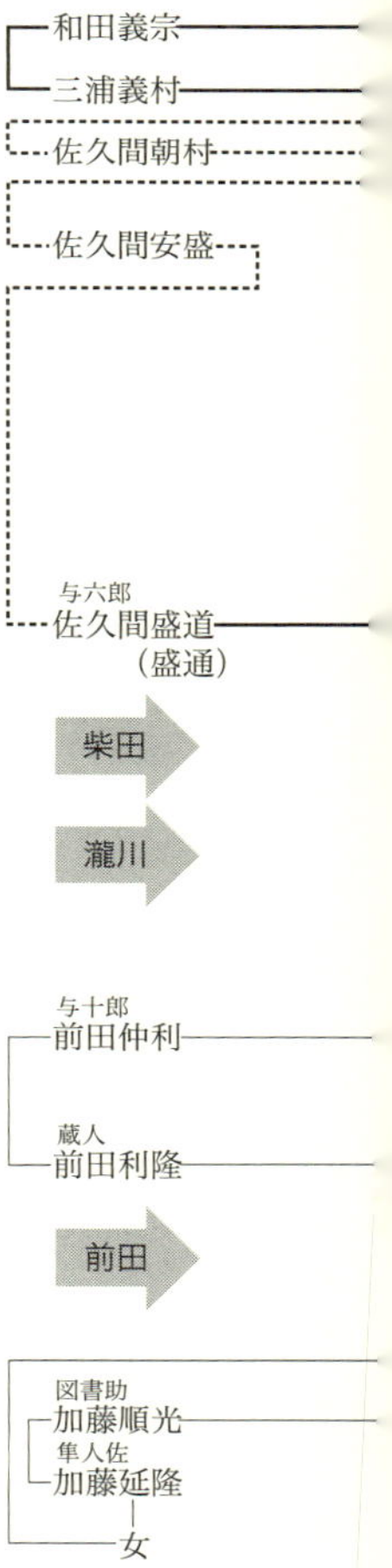

与力として動員された。ただし、柴田勝家と違って、それらの国々を統治したのではなかったようだ。たとえば、大和国は筒井順慶に、泉南地域および紀伊国は織田信張（のぶはる）に与えられたらしい。

天正八年四月、石山本願寺との和睦がなると、信長は八月に佐久間信盛・信栄父子に一九ヶ条からなる折檻状を突きつけ、高野山へ追放した。これによって、信盛の畿内の与力は、そのほとんどが明智光秀に附けられたらしい。

4　羽柴秀吉（天正五年一〇月）

毛利に対峙する中国方面軍の指揮官

信長が毛利と交渉をはじめたのは永禄一二（一五六九）年だといわれている。

当初、両者の仲は良好だったようだが、元亀四（一五七三）年、京都から追放された足利義昭が、中国地方の毛利家を頼り、備後国鞆（とも）に居所を与えられた（いわゆる鞆幕府）頃からすきま風が吹きはじめる。

両者の亀裂（きれつ）が決定的になるのは、信長の本願寺攻めに対し、天正四（一五七六）年七月に毛利が水軍を使って本願寺へ兵糧を運び入れ、これを阻止しようとした織田水軍と戦に及んだことである。

実はその前年（天正三年）、七月に播磨の小寺政職（こでらまさもと）の家老・黒田官兵衛孝高（かんのびょうえよしたか）（当時は小寺姓）が信長の許を訪れ、播磨攻めの大将を遣わしてくれれば、小寺家がその先鋒となると申し入れた。そこで、同年九月、信長は摂津の荒木村重に播磨に出兵して国人から人質を取りまとめるように命じ、一〇月に「播州の赤松・小寺・別所、其外国衆（そのほかくにしゅう）参洛候（さんらくそうらい）て御礼これあり」（『信長公記』）。

こうして、信長は播磨の国人領主を傘下に組み入れ、羽柴秀吉を毛利攻めの総大将に任じた。天正五（一五七七）年一〇月二三日に秀吉は黒田官兵衛の居城・播磨姫路城（兵庫県姫路市）に入った。

羽柴筑前守秀吉（旧姓・木下。一五三七〜一五九八）は尾張国愛知郡中村（なかむら）村（名古屋市中村区中村町）の百姓・木下弥右衛門の子に生まれたといわれるが定かでない。天文二四（一五五五）年頃に信長の家臣になり、一人の武士としては非力であったが、外交・経営手腕に長け、美濃攻略で諸将の調略に功があった。

永禄一一（一五六八）年に信長が上洛する頃には部将に登用され、京都に駐在して政務に携わった。信長が毛利との交渉をはじめると、秀吉は取次を命ぜられる。

元亀元（一五七〇）年には浅井攻めの主将に抜擢され、柴田勝家・丹羽長秀にあやかって「羽柴」姓を名乗った。天正元（一五七三）年に浅井家が滅亡するとその遺領を与えられ、信長の諱にあやかって今浜（滋賀県長浜市）を長浜と改称して居城を築いた。

柴田・佐久間の場合は、まず信長が当該地域を制圧し、その地の国人領主を与力として附けられた。ところが、秀吉の場合は、信長が足を踏み入れていない、いわば征服途上の地を本拠にしなければならないハンデがあった。

このことは、秀吉の交渉力・経営手腕が、柴田・佐久間よりも評価されていたことを物語っているが、そのハンデが顕在化するにはそう時間がかからなかった。

天正六（一五七八）年二月、早くも播磨最大の国人領主・三木城主の別所長治が叛旗を翻し、三木城攻略中の同年一〇月に摂津有岡城主の荒木村重も本願寺に寝返ったのだ。

秀吉は村重を翻意させるべく、黒田官兵衛を差し向けるが、却って幽閉されてしまう。

しかし、翌天正七年に備前の宇喜多直家が秀吉方に内応することで、状況が徐々に好転。本願寺勢との連携が取れなくなった有岡城は天正七年一一月に開城。三木城は干殺し（兵糧攻め）の挙げ句に天正八年一月に落城した。谷口克広氏は「三木城を攻略し、播磨全体を統一した天正八年をもって、羽柴秀吉を司令官とする中国方面軍が成立した、と考えるのが適当ではないだろうか」と評価している（『信長軍の司令官』）。

秀吉は播磨一国を統一し、山陰の但馬・因幡を攻略した。因幡鳥取城が毛利方に寝返るが、天正九（一五八一）年五月から兵糧攻めをはじめ、一〇月に落城させている。

次いで、山陰方面は伯耆まで兵を進め、山陽方面は備中高松城を水攻めで陥落寸前とした。その最中、本能寺の変を知り、「中国大返し」で急遽上京。山崎の合戦で明智光秀を破り、天下人となった。

秀吉家臣団の構成

秀吉家臣団の特徴は、①貧弱な親族衆、②貧弱な尾張・美濃の与力、③大物のいない近江衆、④意外に健闘している摂津・播磨衆である。以下、順番に解説していこう。

①貧弱な親族衆

秀吉には質量ともに「人材」と呼べるような一族がほとんどいなかった。羽柴家中で親族衆が占める位置はそれほど高くなかった。

「一代でのし上がった秀吉には譜代といえる家臣は皆無だった。こうした場合、一族を頼るのが常套手段だが、秀吉の一族にはめぼしい人材がいなかった。（中略）唯一の人材は、出色の出来だった弟の小一郎長秀（のち秀長）だけである」という、和田裕弘氏の手厳し

羽柴家臣団の構成

区分			氏名	血縁関係など
親族衆			羽柴小一郎長秀	秀吉の異父弟
			青木勘兵衛重矩	
			青木秀以	
			小出播磨守秀政	
			木下祐久	
			木下家定	
			杉原家次	
			杉原小六郎	
		●	浅野又右衛門長勝	寧の養父
			浅野弥兵衛尉長吉	寧の義弟
			福島正則	
与力 or 直臣	尾張衆	●	蜂須賀小六正勝	
			生駒親正	
			津田長武	
			山内一豊	
			尾藤知宣	
			戸田勝隆	
			寺沢広政	
			神子田正治	
			伊藤秀盛	
		●	伊藤与三左衛門	
			加藤光泰	
			前野長康	
			仙石秀久	
			中村一氏	
			一柳直末	
			平野長泰	
			堀尾吉晴	
			津田左馬丞盛月	
	不明(尾張衆?)	●	加藤作内	
		●	宮田喜八	
		●	佐久間弥太郎	
			中村次郎左衛門	
			羽太家慶	
			宮田喜八郎	
	美濃衆	●	竹中半兵衛重治	
		●	谷　大膳衛好	
		●	谷　兵助	
			桑山重晴	
	近江衆		宮部継潤	
			堀　次郎秀村	近江鎌刃城主
			樋口三郎兵衛尉直房	堀家の家老
	播磨衆		黒田官兵衛孝高	
			別所重棟	
	摂津衆		中川清秀	
			荒木重堅	

※出典　『織田信長の家臣団』『松平記』などから作成。
※"●"附きの人物は『松平記』で「武辺場数これ有の衆」と記載された人物を示す。
　カッコで囲った人物は一時的に与力とされた人物。

羽柴家系図

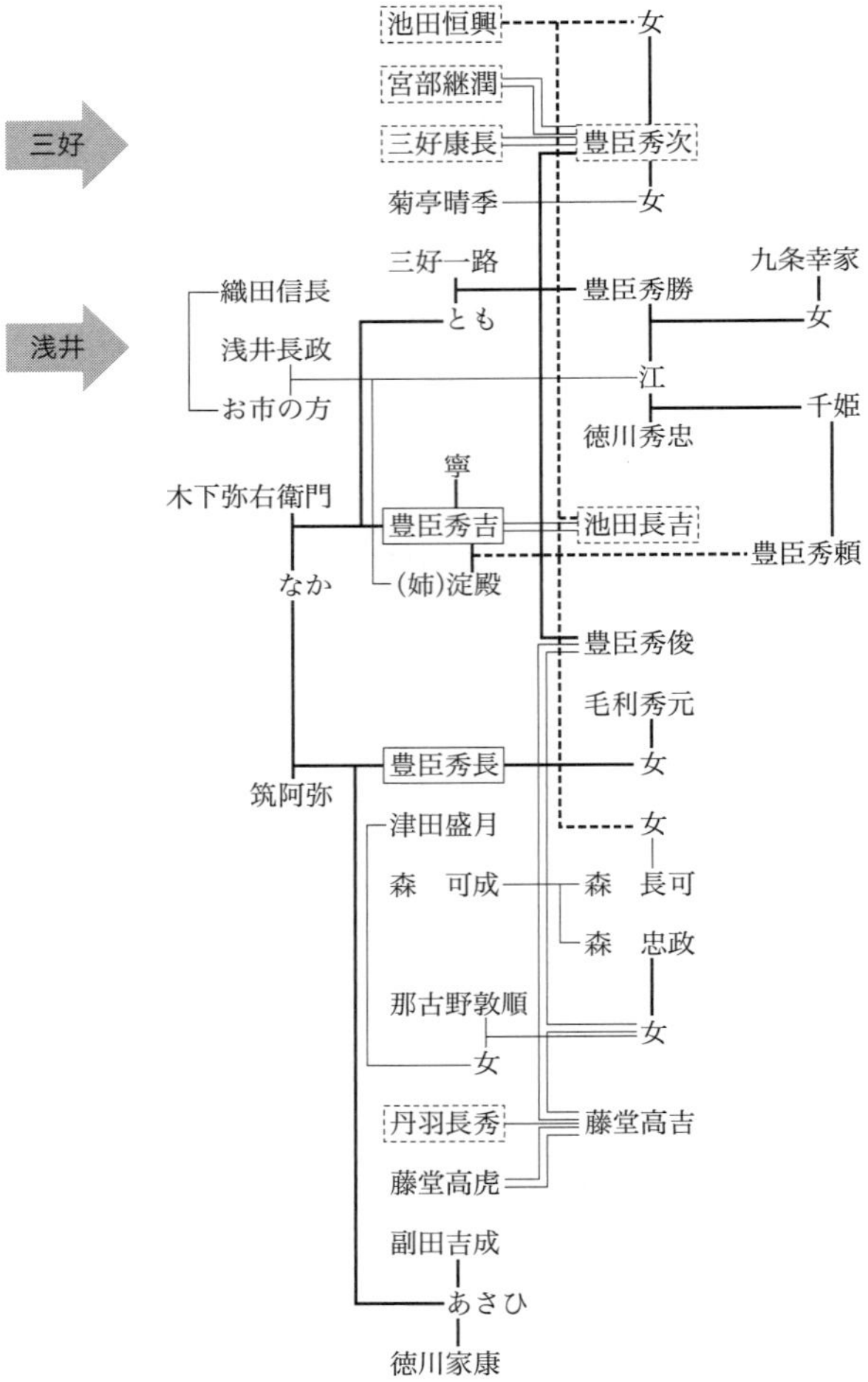

池田恒興
女
宮部継潤
三好
三好康長
豊臣秀次
菊亭晴季
女
三好一路
九条幸家
織田信長
豊臣秀勝
浅井
とも
女
浅井長政
江
お市の方
千姫
徳川秀忠
寧
木下弥右衛門
豊臣秀吉
池田長吉
豊臣秀頼
なか
(姉)淀殿
豊臣秀俊
毛利秀元
豊臣秀長
女
筑阿弥
津田盛月
女
森　可成
森　長可
森　忠政
那古野敦順
女
女
丹羽長秀
藤堂高吉
藤堂高虎
副田吉成
あさひ
徳川家康

い指摘は的を射ている。

そのため、秀吉は夫人・寧の姻戚である木下、杉原、浅野一族にも手を拡げ、与力にして貰ったようである。しかし、彼らの多くは吏僚として遇され、いわゆる部将には不向きだった。
②貧弱な尾張・美濃の与力
竹中半兵衛重治、蜂須賀小六正勝は、秀吉が三顧の礼で（秀吉の）家臣に組み入れたように喧伝されてはいるが、実際は織田家に仕えた後、秀吉の与力として附けられたようだ。竹中、蜂須賀が羽柴家中で重く用いられたのは、知恵者だったからではなく、かれら自身の動員能力が大きかったからではないか。
③大物のいない近江衆
秀吉は浅井旧臣を預けられたはずなのだが、近江出身の秀吉家臣団には、浅井時代以来の大身の武士がいないことに気付かされる。

たとえば、山本山城主・阿閉淡路守貞征（?〜一五八二）は、浅井家滅亡の直前の天正元（一五七三）年八月に信長に投降し、「伊香郡内の本領や浅井郡菅浦の地などを安堵された（中略）秀吉の与力の立場になったものと思われる」（『織田信長家臣人名辞典』）が、秀吉からの圧迫があって次第に険悪な仲となり、秀吉の播磨出兵を機に、信長の直轄軍に編入されたようだ。

また、元亀元（一五七〇）年六月に鎌刃城主・堀次郎秀村（一五五七?〜九九）およびその家老・樋口三郎兵衛尉直房（?〜一五七四）が信長につき、秀吉の与力になった。

堀家は「寄親である秀吉に遜色ない力を持っていたらしい。『当代記』にも、堀秀村は秀吉の『同心』（与力のこと）だが、秀吉の五万石に対して秀村は十万石の大身だったと書かれている」（『織田信長家臣人名辞典』）。堀家の投降により、織田家は北近江に拠点を築くことが出来、高く評価されてよい。しかし、「秀吉にすれば、目の上のたんこぶ的な存在だった。浅井氏滅亡後も秀吉の与力として坂田郡内で力を蓄えていたが、家老の樋口直房が天正二年八月、突然木ノ芽峠から出奔したことで秀村も改易となった」という（『織田信長の家臣団』）。

谷口克広氏は「まず既得権を容認し、その後これを削減したり取り潰したりするのが、信長のやり方である」（『織田信長家臣人名辞典』）と評価しているが、むしろ秀吉が画策したのではないか。

秀吉はまだ立場の弱かった時代に附けられた蜂須賀小六正勝や前野長康などには敬意を払っていたようであるが、かれら以外では若年層を引き立てる傾向が強く、阿閉や樋口とは打ち解けなかったのではなかろうか。

④意外に健闘している摂津・播磨衆

秀吉は姫路を拠点として中国方面軍司令官となったため、摂津・播磨で織田家に従った武士が秀吉の与力とされている。黒田官兵衛や中川清秀などである。また、離反してしまったが、播磨最大の国衆・別所長治も秀吉の与力だった。

注目すべきは、秀吉がかれらと尾張衆の間に姻戚関係を結んでいたことである。黒田官兵衛の嫡男・黒田長政の妻は蜂須賀小六正勝の娘であり、別所長治の叔父（おじ）・別所主水正重棟の妻は福島正則の姉である。

実は織田家臣団でも、勝幡譜代と古渡・末盛譜代の間には婚姻関係が認められ、信秀が両者の融合を図っていた形跡がうかがえる。秀吉もその例に倣って、播磨衆と尾張衆の融合を考えていたのだろう。

5　瀧川一益（天正一〇年四月）

北条に対峙する関東方面軍の指揮官

天正一〇（一五八二）年、織田信長・信忠父子が武田家を滅ぼすと、武田旧領の甲斐、信濃、上野に諸将が置かれた。対北条の最前線として、上野国廐橋（うまやばし）城（群馬県前橋市）に派遣されたのが瀧川一益で、俗に「関東管領」と称された。

瀧川左近将監一益（さこんしょうげんいちます）（一五二五～八六）は近江国甲賀（こうか）郡一宇野（いちうの）（滋賀県甲賀市甲賀町櫟野（いちの））

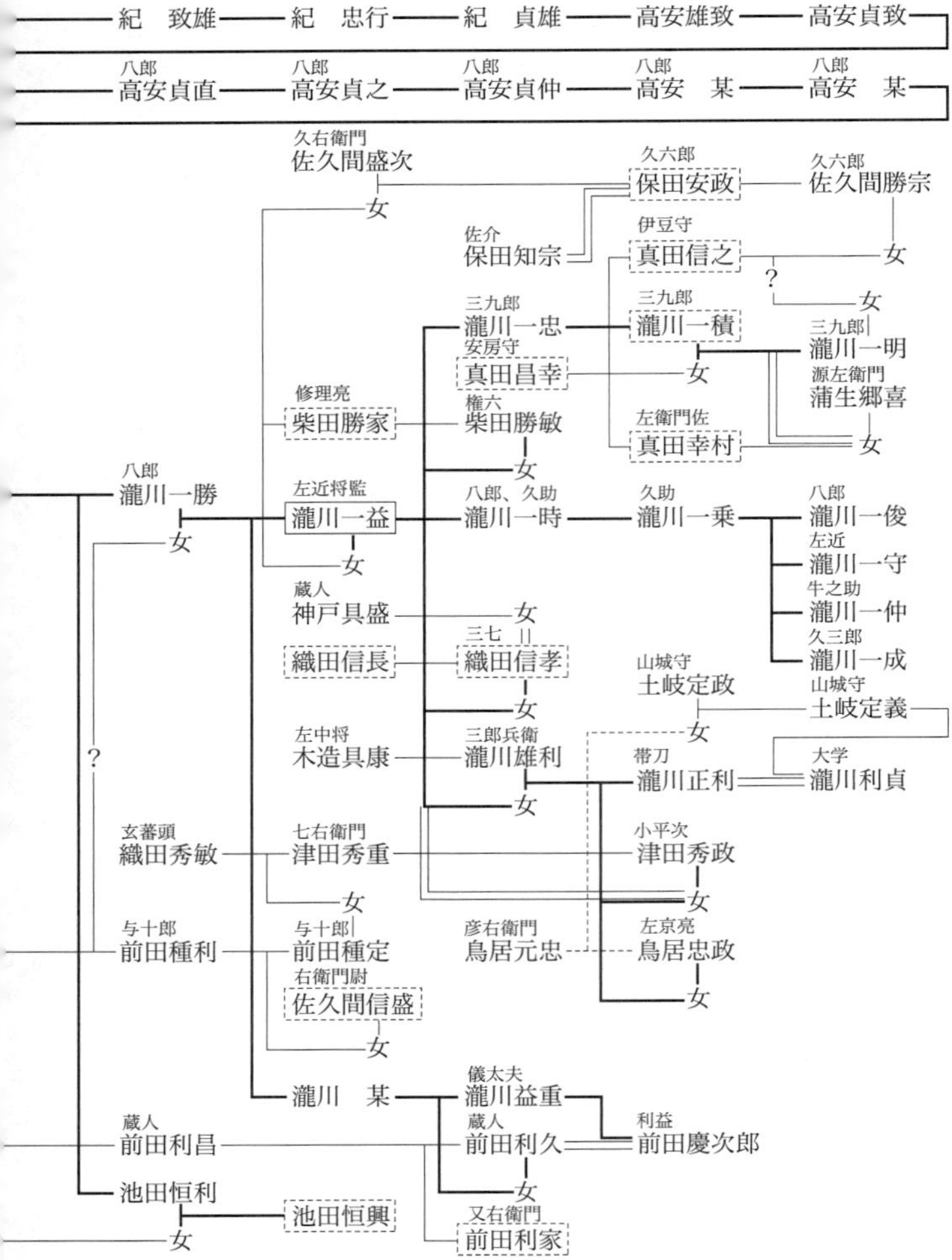
紀　致雄
紀　忠行
紀　貞雄
高安雄致
高安貞致
八郎
高安貞直
八郎
高安貞之
八郎
高安貞仲
八郎
高安　某
八郎
高安　某
久右衛門
佐久間盛次
女
久六郎
保田安政
久六郎
佐久間勝宗
佐介
保田知宗
伊豆守
真田信之
女
?
女
三九郎
瀧川一忠
三九郎
瀧川一積
三九郎
瀧川一明
安房守
真田昌幸
女
源左衛門
蒲生郷喜
修理亮
柴田勝家
権六
柴田勝敏
左衛門佐
真田幸村
女
女
八郎
瀧川一勝
女
左近将監
瀧川一益
八郎、久助
瀧川一時
久助
瀧川一乗
八郎
瀧川一俊
女
左近
瀧川一守
蔵人
神戸具盛
女
牛之助
瀧川一仲
三七
織田信長
織田信孝
久三郎
瀧川一成
山城守
土岐定政
山城守
土岐定義
女
女
?
左中将
木造具康
三郎兵衛
瀧川雄利
帯刀
瀧川正利
大学
瀧川利貞
女
玄蕃頭
織田秀敏
七右衛門
津田秀重
小平次
津田秀政
女
女
与十郎
前田種利
与十郎
前田種定
彦右衛門
鳥居元忠
左京亮
鳥居忠政
右衛門尉
佐久間信盛
女
女
瀧川　某
儀太夫
瀧川益重
利益
前田慶次郎
蔵人
前田利昌
蔵人
前田利久
女
池田恒利
池田恒興
女
又右衛門
前田利家

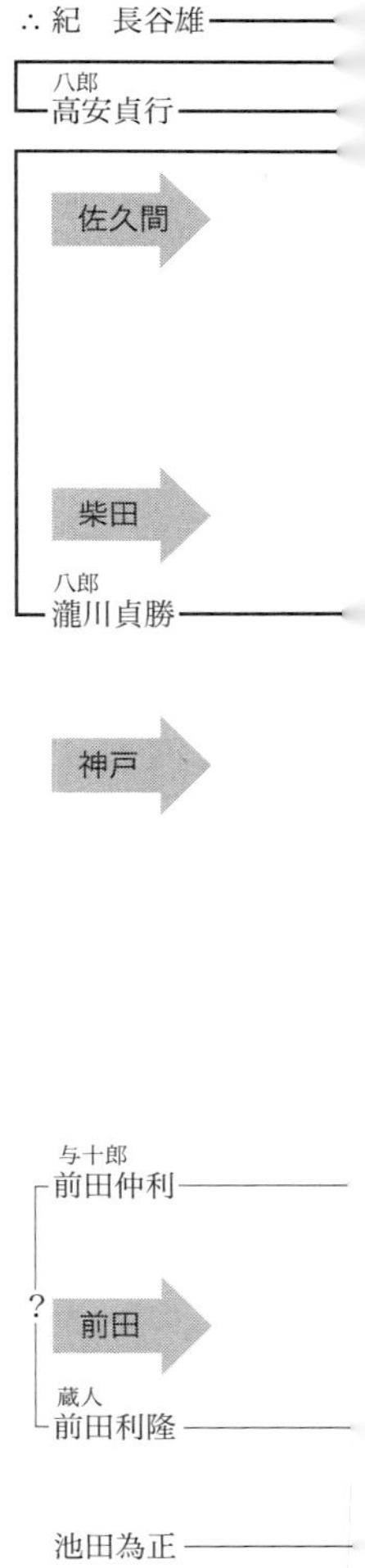

瀧川家系図

に生まれ、所々を遊歴したというが、一五五〇年代前半の頃にはすでに信長に仕えていたようだ。池田恒興の従兄弟（いとこ）という説もあり、人脈的には「勝幡譜代」に属すると思われる。永禄年間（一五五八～七〇）には既に部将として登用され、伊勢攻略の主軸として活躍。天正二（一五七四）年七月の長島一向一揆殲滅後に北伊勢五郡を与えられ、長島城に入った。

天正八（一五八〇）年三月に北条家から織田家への使者が差し遣わされると、一益が取り次ぎを務め、天正一〇年二月の武田攻めでは副主将格で参戦。武田家滅亡後に上野（こうずけ）一国と信濃小県（ちいさがた）・佐久の二郡を与えられ、四月に廐橋城に入った。上野の小幡、倉賀野、由良、安中、信濃の真田昌幸等の武田旧臣が一益に出仕したという（『織田信長家臣人名辞典』）。

しかし、二ヶ月後の本能寺の変で、甲斐・信濃・上野の織田領国は壊滅し、一益は伊勢に逃げ帰り、山崎の合戦はおろか、清洲会議にも間に合わなかった。清洲会議に参加できなかった一益は、信長死後の領地分配でも埒外（らちがい）に置かれ、反秀吉派の柴田勝家に与（くみ）したが、賤ヶ岳の合戦で降伏を余儀なくされた。晩年はわずか三〇〇〇石を与えられたにとどまった。

瀧川家臣団の構成

まず、親族衆であるが、瀧川一益は出自も明らかでなく、親族衆を構成したのは、次男・瀧川八郎一時（いっとき）（一五六八〜一六〇三）、甥の瀧川益重、養女の婿・津田小平次秀政（一五四六〜一六三五）、などの近親に過ぎなかった。そのためか、一益は比較的早い時期から、これはと思う人物に「瀧川」姓を与えて、擬制的親族をふやしていった。

伊勢の名門・木造（こづくり）家（北畠一族の支流）の子に「瀧川」姓を与えて瀧川三郎兵衛雄利（をとし）（「かつとし」ともいう。一五四三〜一六一〇）と名乗らせた（女婿にしたらしい）。また、与力・木全（きまた）又左衛門忠澄（ただすみ）（一五三四〜一六一〇）の子を瀧川彦次郎忠征（ただゆき）（一五五八〜一六三五）と名乗らせた。

次いで、「家老は、篠岡平右衛門（尾張出身）、津田次右衛門尉（尾張出身）、滝川益重（甥）の三人であり、地縁・血縁を重視していたことが分かる」（『織田信長の家臣団』）。篠岡平右衛門は「道具持ちから引き立てられ」「陪臣ながら信長からも評価」されていたという（『織田信長の家臣団』）。津田次右衛門尉は、女婿・津田小平次秀政の親族なのだろうか。

与力については、一益は伊勢攻めの中心人物として頭角を現したので、当然のことなが

瀧川家臣団の構成

区分			氏名	血縁関係など
親族衆			瀧川八郎一時	一益の次男
			瀧川弥次郎	一益の子？
		●	瀧川益重	一益の甥
			津田小平次秀政	養女の婿
			安藤淡路	一益の従兄弟
与力or直臣	尾張衆	●	篠岡平右衛門	
			岩田市右衛門	
			岩田平蔵	
			佐治新介	
			津田次右衛門尉	
			津田八郎五郎	
			津田理助	
			垣見半兵衛	
			生駒将監	
			牧　長勝	信長の従兄弟
			瀧川（木全）彦次郎忠征	
	不明	●	小原権右衛門	
			杉山十左衛門	
	伊勢衆	●	瀧川（木造）三郎兵衛雄利	
			木全新右衛門	
			千種	
			宇野部	
			楠	
			赤堀	
			稲生貞置	
			南部久左衛門尉	
			加用	
			梅津	
			富田	
			上木	
			白瀬	
			浜田	
			高松	
			持福	
			日置五左衛門	
			古市九郎兵衛尉	
			田畑九郎兵衛	
			高瓦摂津守	
	三河衆		本多正晴	
	河内衆		牧野成里	
			富田喜太郎	
	上野衆		小幡信真	
			倉賀野秀景	
			内藤大和守	
			由良国繁	
			安中久繁	
			高山定重	
			長尾顕長	
	信濃衆		真田昌幸	
	武蔵衆		成田氏長	
			上田安徳斎	

※出典　『織田信長の家臣団』『松平記』などから作成。
※“●”附きの人物は『松平記』で「武辺場数これ有の衆」と記載された人物を示す。
　カッコで囲った人物は一時的に与力とされた人物。

ら、伊勢衆の占める比重が高い。ただし、一益自身が不遇な晩年を送ったためか、彼の与力には後に出世栄達した人物がおらず、名前が列記されているものの、部将としての力量などはよくわからない。

また、武田家滅亡後、一益は武田遺領の上野と信濃小県・佐久の二郡を与えられ、上野・信濃の諸将が与力として附けられた。

しかし、その二ヶ月後に本能寺の変が起こり、甲斐・信濃・上野の織田領国は壊滅してしまったため、それら諸将が、瀧川家臣団の与力として、どの程度実体を有していたかは不詳である。

6　神戸信孝（天正一〇年六月）

長曽我部に対峙する四国方面軍の指揮官

天正一〇（一五八二）年五月、信長は神戸信孝宛てに朱印状を発布し、四国（しこく）の国分（くにわけ）を命じた。

讃岐を信孝、阿波を三好山城守康長（笑岩）に与え、残り二カ国（伊予、土佐）については、信長が淡路に出陣してから改めて指示を出すというもので、事実上、信孝を総大将として四国平定を命じたものである。

当時、四国では土佐の長曽我部元親が土佐、伊予を掌中に収め、阿波、讃岐に侵攻しはじめていた。当初、信長と元親の仲は良好だったが、天正九（一五八一）年頃から両者の間に利害の不一致が生じた。一方、阿波を本拠とする三好一族が相次いで投降してくると、「阿波・讃岐の国人を編成するには、三好氏は欠かせない存在であると信長は認識していた」ため、長曽我部との関係を破棄して、三好家を重用する路線に方向転換したのだ（『三好一族と織田信長』）。

神戸信孝（一五五八～八三）は信長の三男に生まれ、永禄一一（一五六八）年二月にわずか一一歳で神戸蔵人大夫具盛（友盛ともいう。？～一六〇〇）の養子となった。北伊勢攻略で有力国人領主の神戸家、長野家等が降伏。和睦の条件が信長の近親を当主ないし継嗣として送り込むことだったからだ。

元亀元（一五七〇）年頃から養父・神戸具盛と不和になり、翌元亀二年に具盛が幽閉され、信孝が神戸家の当主となった。所領は伊勢のうち河曲・鈴鹿の二郡だったという。

信孝は遊軍として、信長・信忠の指揮下で、天正三（一五七五）年八月の越前一向一揆の平定、天正五（一五七七）年二月の雑賀攻め、天正六（一五七八）年六月の播磨神吉城攻め、同年一一月の有岡城（荒木村重）攻め等に従った。

そして、信孝は信長に対して度々四国征伐を申し出、天正一〇年五月の四国国分に繋がったらしい。同年六月、信孝が四国に渡海するのを目前に本能寺の変が起こり、信孝の活躍の場は奪われてしまった。

信孝家臣団の構成

まず、「父信長から付けられた傅役は一族や尾張出身者が多く、地縁・血縁関係から信頼できたが、やはり占領地の神戸家旧臣は、最後の最後には頼りにならなかった」（『織田信長の家臣団』）。

具体的な氏名として「信孝の傅役には幸田孝之（彦右衛門）が抜擢され、岡本良勝、坂仙斎、三宅権右衛門、坂口縫殿助、山下三右衛門、立木重兵衛らの諸侍」（『織田信長の家臣団』）が挙げられているが、いかにも小身の武士たちである。

次いで、与力についてであるが、副将に丹羽五郎左衛門尉長秀、蜂屋兵庫頭頼隆、津田七兵衛信澄が附けられた。

丹羽長秀は織田家臣団のナンバーツーとの呼び声が高い。これは、秀吉が柴田勝家と丹羽長秀にあやかって「羽柴」姓を名乗ったためなのかと思える。しかし、長秀は方面軍司令官に抜擢されることもなく、一軍の将としては意外に評価が低かったのではないか。現代企業でいえば、管理職には向かない技術職だったのかもしれない。

蜂屋頼隆については、谷口克広氏の手厳しい評価がある。

信孝家臣団の構成

区分		氏名		血縁関係など
親族			岡本良勝	信孝の叔父
			小島民部少輔	
与力or直臣	尾張衆		幸田彦右衛門孝之	
			野々垣彦之丞	
			日原喜兵衛	
	美濃衆		竹腰甚右衛門	
	近江衆		駒井秀篤	
			山路久之丞	
	伊勢衆		関　盛信	
			峰　広政	
			鹿伏兎左京亮	
			坂　仙斎	
	不明（尾張衆？）		三宅権右衛門	
			坂口縫殿助	
			山下三右衛門	
			立木重兵衛	
国持与力			津田七兵衛信澄	
	尾張衆	●	丹羽五郎左衛門尉長秀	
	美濃衆		蜂屋兵庫頭頼隆	

※出典　『織田信長の家臣団』『松平記』などから作成。
※"●"附きの人物は『松平記』で「武辺場数これ有の衆」と記載された人物を示す。
　カッコで囲った人物は一時的に与力とされた人物。

神戸家系図

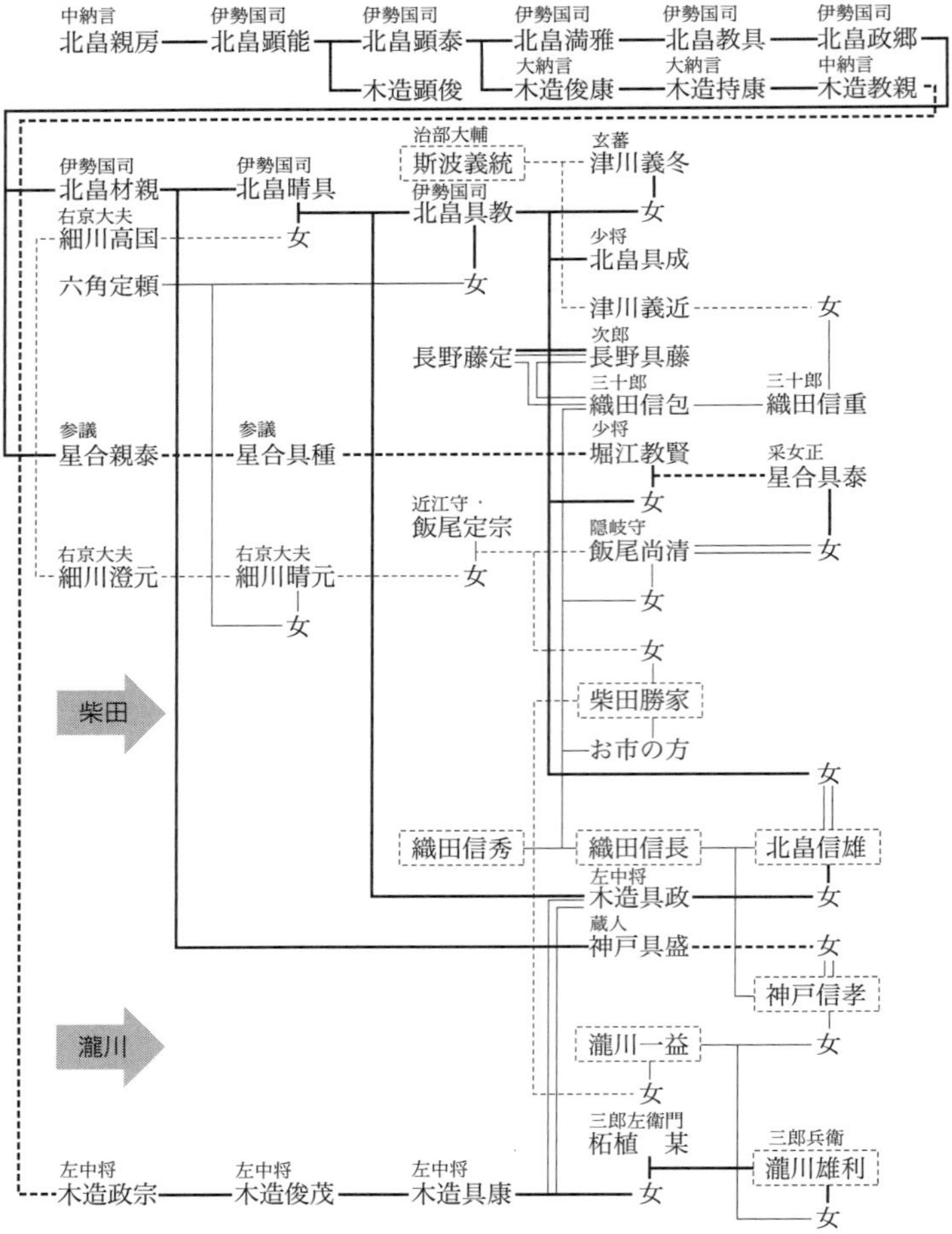
中納言
北畠親房
伊勢国司
北畠顕能
伊勢国司
北畠顕泰
木造顕俊
伊勢国司
北畠満雅
大納言
木造俊康
伊勢国司
北畠教具
大納言
木造持康
伊勢国司
北畠政郷
中納言
木造教親
伊勢国司
北畠材親
伊勢国司
北畠晴具
治部大輔
斯波義統
玄蕃
津川義冬
女
伊勢国司
北畠具教
右京大夫
細川高国
女
少将
北畠具成
六角定頼
女
津川義近
女
長野藤定
次郎
長野具藤
三十郎
織田信包
三十郎
織田信重
参議
星合親泰
参議
星合具種
少将
堀江教賢
采女正
星合具泰
女
近江守・
飯尾定宗
隠岐守
飯尾尚清
女
右京大夫
細川澄元
右京大夫
細川晴元
女
女
女
女
柴田
柴田勝家
お市の方
女
織田信秀
織田信長
北畠信雄
左中将
木造具政
女
蔵人
神戸具盛
女
神戸信孝
瀧川
瀧川一益
女
女
三郎左衛門
柘植　某
三郎兵衛
瀧川雄利
左中将
木造政宗
左中将
木造俊茂
左中将
木造具康
女
女

「振り返ってみれば、蜂屋頼隆という部将は、信長上洛の頃は、並み居る部将たちのなかでも十指に入れられるほどの存在だったはずである。（中略）元亀年間（一五七〇〜七三）に近江に置かれた縮小の顔ぶれからはずされている。天正五年頃、近江肥田(ひだ)城主だったことは確かだが、所領は検出されず、誰が与力として付属したかもわからない。とても他の七将と同列とは思われないのである。（中略）天正年間（一五七三〜九二）の前半は、蜂屋の出世は頭打ちだったと言ってよい」（『信長軍の司令官』）。

頼隆の妻は長秀の姉妹で、子のない頼隆は長秀の子を養子に迎えていた。こうしたことからか、「本願寺退去後の後始末は長秀と頼隆が担当していたので、そのまま継続して（四国方面軍として）一緒に行動させていたのだろう」と指摘されている（『織田信長の家臣団』カッコは引用者）。

津田信澄はいうまでもなく、信長の甥で、明智光秀の娘婿である。

この三人の兵力では足りなかったらしく、この他に「近江甲賀郡・伊賀・紀伊雑賀、さらに丹波の兵の一部も加わったらしい」（『信長軍の司令官』）。

この間の事情について、谷口克広氏は「総大将になるべき信孝の領地が小さく、兵が少なかったからだろう。伊勢の鈴鹿(すずか)・河曲(かわの)両郡（『当代記』によると五万石）だけでは、一千余りの兵力しか整わないわけである。それで、三人もの副将を付けたのだが、代表的遊撃軍団とはいっても、丹羽も蜂屋も、支配地の石高は十万石程度、決して大身ではない。信澄も支配地は近江高島郡のみである」と評している（『信長軍の司令官』）。

7　織田家臣団としての明智家臣団

丹波・丹後を平定する近畿管領

京都の背後に位置する丹波・丹後の国人領主たちは、信長になかなか臣従しようとしなかった。天正三（一五七五）年八月、信長は越前の一向一揆を平定して、柴田勝家に越前支配を委ねるとともに、明智光秀にただちに丹後へ出陣するように命じた。

明智十兵衛光秀（のち惟任日向守。一五一六?～八二）の前半生は不明である。ルイス・フロイスの『日本史』に「兵部太輔と称する人（細川藤孝）に奉仕していた」と記され、『多聞院日記』でも「細川の兵部大夫（藤孝）カ中間にてありし」との記述がある。両書とも信憑性の高い書なので、光秀は元々細川藤孝の家臣だったと解釈すべきであろう。藤孝の外祖父・清原宣賢（一四七五～一五五〇）は著名な学者で、晩年は諸大名の居城に赴き、越前一乗谷で没している。光秀が藤孝に仕え、朝倉家とも縁があったのは、宣賢の門弟だったのかもしれない。

朝倉家と細川家に面識がある光秀は、越前に寓居する足利義昭のために奔走。上洛後に信長との折衝を担当するうちに、信長の配下に組み込まれたらしい。元亀二（一五七一）年九月、信長は比叡山を焼き討ちし、近江国志賀郡と山門領を光秀に与え、坂本を居城とすることを許した。

さて、光秀の丹波攻略は、秀吉の中国経略よりさらにハンデが大きかった。未制圧の地・丹波をほぼ単独で攻略せざるをえなかったのだ（光秀には細川藤孝が与力に附けられたが、一軍の将としては評価が低かったらしい）。

ハンデは早々に顕在化した。天正三年に光秀が丹波に赴くと、国人領主はおおむね従ったが、強きになびく面従腹背だったようで、黒井城（兵庫県丹波市）・赤井悪右衛門直正の攻略中に、それまで味方していた丹波八上城（兵庫県篠山市）の波多野秀治が突然離反。光秀は敗戦を余儀なくされる。翌天正四年一月に光秀はいったん近江坂本に帰陣。

同年四月には遊軍として本願寺攻め、翌天正五年二月の紀伊根来攻め、一〇月には信貴山城攻めに駆り出され、丹波攻略に本腰を入れることもままならなかった。

天正六年三月、光秀は細川藤孝とともに丹波に攻め入ったが、またも遊軍として四月に播磨の秀吉支援、一〇月には荒木村重の謀叛の対応に駆り出され、天正七年二月になって丹波攻略に再び着手。六月に八上城を開城させ、七月に丹後を攻め、守護・一色義有を降し、八月に黒井城を陥落した。かくして丹波・丹後を平定。翌天正八年に丹波は明智光秀に、丹後は細川藤孝に与えられた。

天正八年八月、畿内の諸将を与力にしていた佐久間信盛が高野山へ追放されると、その与力の多くが光秀に附けられた。高柳光寿氏は「大和の筒井順慶をはじめとして、摂津の池田恒興・中川清秀・高山（右近）重友らはこのときに光秀の組下に入ったらしい。ここに至って光秀は師団長格になり、近畿軍の司令官、近畿の管領になったのである」と評している（『人物叢書　明智光秀』）。

明智家臣団の構成

光秀家臣団について、谷口克広氏は「明智の率いることのできる軍団は、丹波を中心に山城・大和・丹後、それに明智の本領である近江志賀郡と、五カ国にまたがった大軍団ということになる。明智光秀を司令官とする、近江から山陰にかけての方面軍の成立である」と記している（『信長軍の司令官』）。

和田裕弘氏は「初期の光秀軍は、親族衆や古参の美濃衆を中心としていたが、比叡山焼き討ち後、志賀郡を拝領し、西近江衆を麾下に加えた。将軍義昭追放後は、光秀を頼ってきた旧幕臣衆を受け入れ」、朝倉旧臣や丹波衆などを加えていった。「他の方面軍と比べて異質なのは、光秀と同郷の美濃出身者はいるが、尾張衆が皆無に近いことである。信長の目付の存在も知られていない」。そのため、「光秀の家臣団はクーデターを成功させるためには『恵まれた軍団構成』だった」と指摘している（『織田信長の家臣団』）。

明智家臣団の構成

区分			氏名	血縁関係など
親族衆		●	明智弥平次秀満	光秀の長女の婿
			明智次右衛門光忠	光秀の従兄弟
			明智兵介	光秀の甥
			明智己蔵	光秀の従兄弟
			明智十左衛門	光秀の従兄弟
			明智孫十郎	光秀の一族か?
与力 or 直臣	美濃衆	●	斎藤内蔵助利三	
		●	可成弥之丞	
		●	稲葉右馬允	
		●	可児才蔵	
	不明(美濃衆か?)		明智(溝尾)少兵衛尉秀次	旧姓溝尾
			明智(藤田)伝五行政	旧姓藤田
		●	城戸十蔵坊	
		●	堀部兵太	
		●	青木極右衛門	
		●	津田兵庫	
			(渡辺　昌)	
			松田太郎左衛門	
			進士作左衛門	
			提子数杯助	
	近江衆		明智(猪飼野)昇貞	近江堅田
			(磯谷新右衛門久次)	
			山岡対馬守景佐	近江膳所城主
			馬場孫次郎	近江堅田
			居初又次郎	近江堅田
			和田秀純	
			林　員清	
	旧幕臣		伊勢与三郎貞興	
			御牧景重	
			諏訪盛重	
			津田与三郎重久	
			佐竹出羽守宗実	
	越前衆		服部(野村)七兵衛尉	
国持与力	幕臣		長岡(細川)兵部大輔藤孝	
		●	長岡(細川)与一郎忠興	
	大和衆	●	筒井順慶	

※出典　『織田信長の家臣団』『松平記』などから作成。
※"●"附きの人物は『松平記』で「武辺場数これ有の衆」と記載された人物を示す。
　カッコで囲った人物は一時的に与力とされた人物。

明智家臣団が他の方面軍と比べて異質であるのは、重臣の構成である。

光秀の重臣は、明智弥平次秀満、明智次右衛門光忠、藤田伝五行政、斎藤内蔵助利三、溝尾（三沢）少兵衛尉秀次の五人といわれている。

・明智秀満（一五三七？～八二）は旧姓を三宅といい、出自不明で塗師や白銀師の子という説すらある。光秀の長女（一五五四？～八二）と再婚し、明智姓を与えられた。

・明智光忠（一五四〇？～八二）は光秀の従兄弟といわれており、夫人は光秀の娘（一五五六？～八二）という説もあるが、定かではない。

・藤田行政・溝尾秀次は一説に美濃出身との説もあるが、出自不明で、明智姓を与えられている。

・斎藤利三（一五三四？～八二）は美濃出身で、光秀の妹を母とする説もあるが、『寛政重修諸家譜』では蜷川大和守親順の娘を母としている。蜷川家の系図でも斎藤家との姻戚関係を記しているので、光秀の甥とする説は誤伝であろう。
美濃の斎藤義龍に仕えた後、稲葉一鉄、織田信長に仕えた。もとは一鉄の与力であったが、光秀が半ば強引に引き抜いて家臣に加えたともいわれ、一鉄とトラブルになっていた。しかし、光秀はこれを押し切って家臣としていた。

明智光忠は親族衆、明智秀満は直臣から親族衆に組み入れられ、藤田行政・溝尾秀次は出自不明で、光秀が直臣として採用し、重臣に抜擢した者であろう。明智姓を与えられていることから、準一門待遇なのかもしれない。

明智家は土岐家の流れを汲む美濃の名門との伝承もあるが、光秀が土岐支流の明智一族であったという確証はない。光秀の配下に明智姓の人物は何人か存在するが、比較的小身で、かつ従兄弟ぐらいの近親だったようだ。「近習の明智兵介は甥、山崎の戦いで討ち死にした明智己蔵は従弟、明智十左衛門は従兄弟という」(『織田信長の家臣団』)。

一門で重臣と呼べるのは明智光忠くらいで、光秀は一門を重臣に据えず、むしろ重臣に明智姓を与えて準一門待遇としたようだ。一見すると、明智一族で重臣クラスを固めている家臣団のようである。明智姓の賜姓は重臣の四人にとどまらず、近江国堅田の猪飼野半左衛門秀貞(一五五五~九六)も明智姓を与えられている。

光秀の重臣のうち、信長の家臣から与力になったと推測されるのは斎藤利三ただ一人である。つまり、光秀は自ら採用した直臣で上層部を固めていたのだ。

光秀家臣団は、①国持与力(細川藤孝・忠興父子、筒井順慶)、②親族衆、③同郷の美濃衆、④志賀郡近在の近江衆、⑤旧幕臣その他から構成されているが、確実に与力と思われるのは①国持与力と④近江衆だけで、それ以外は光秀が自ら採用した直臣である可能性が高い(もともと稲葉一鉄の与力だったという斎藤内蔵助利三を除く)。

光秀は元亀元(一五七〇)年に近江志賀郡を与えられたが、当時はまだ義昭と信長両方に仕えていたようで、それ以前には信長から与力を付けてもらえなかったのではないか。

そのため、いきなり坂本城主となった光秀は、個人的な人脈を駆使して直臣を募らざるをえなかったのだろう。

光秀の婚姻関係

明智家臣団が他の方面軍と比べて異質であるのは、国持与力との姻戚関係である。

明智家臣団には一国を知行するような大身の与力、すなわち、細川藤孝（丹後）、筒井順慶（大和）がいた。光秀は娘の玉（細川ガラシャ）を細川藤孝の嫡男・細川与一郎忠興に嫁がせ、男子を筒井順慶の養子にする約束があったという（『織田信長の家臣団』）。

光秀の子女には異説が多いが、確実なところでは二男三女があり、女子は以下の通りという。

・荒木新五郎村安（荒木村重の嫡男）の妻、のち明智弥平次秀満（旧姓三宅）の妻
・津田七兵衛信澄（信長の甥）の妻
・細川与一郎忠興（細川藤孝の嫡男）の妻

一説によれば、これらの婚姻は信長の指示であったという。

荒木村重は摂津有岡（兵庫県伊丹市）、津田信澄は近江高島（滋賀県高島市）、細川藤孝は山城勝龍寺（京都府長岡京市）から丹後宮津（京都府宮津市）に城を構え、「近畿管領」と呼ばれた光秀の立場を大いに補強する婚姻である。信長の指示でなくとも、許可がなけれ

ば実現できなかったであろう。

一方、男子は、長男・十五郎光慶（一五七〇？～八二）と次男がいたらしい。

男子の情報は錯綜しており、和田裕弘氏は以下の記事を列挙している。すなわち、「なかなか男子に恵まれなかった光秀は、養子として旧幕臣の真木島昭光の子を貰い受けたという」「光慶は筒井順慶の養子（猶子とも）となったが、幼少の間は光秀の手元で育てることになっていたという」「光慶は、勢多城主山岡景隆の娘を許婚にしていた」（『織田信長の家臣団』）。

養子を取るほど世襲にこだわっているのであれば、長男を養子に出すとは考えられず、筒井順慶への養子は次男と考えられる。

また、上昇志向が強い光秀が長男（もしくは次男）の許婚に、山岡景隆の娘という少々格下の相手を選ぶと思えないのは、筆者だけだろうか。

なぜ軍法を制定したのか

本能寺のちょうど一年前の天正九（一五八一）年六月二日、光秀は一八ヶ条からなる軍法を定め、末尾に「他から批難されるかも知れないが、自分は石ころのように沈淪しているものから召出された上に莫大な兵を預けられた。武勇無功の族は国家の費である。だから家中の軍法を定めたといっている」（『人物叢書　明智光秀』）。

また、同年一二月四日には家中法度を定めている。光秀が残した軍法は貴重な史料だといわれている。なぜなら、織田家中の軍事編成を記したものは他にないからだ。

ではなぜ、光秀は軍法を定めたのだろうか。

今まで属人的だった明智家中を、ルールに基づいた組織にする。光秀がいなければ動けなかった家中を、光秀抜きでも運営可能な体制にしようとしたのだろう。光秀は嫡子・十五郎に家督を譲ろうとしていたのではないか。そのために軍法・家中法度を制定したのだろう。

高齢の光秀には喫緊の家督継承

光秀の没年には『明智軍記』の五五歳（一五二八年生まれ）説、細川家の家記『綿考輯録』の五七歳（一五二六年生まれ）説、『当代記』の六七歳（一五一六年生まれ）説の三つがあるが、近年では六七歳説が注目されている。

光秀が六七歳だったなら、とっくに引退していてもおかしくない年齢である（五五歳でもそうだが）。家督相続を考えていても不思議ではない。

しかし、嫡男・十五郎は天正九年時点で数えの一二歳。とても家督を相続できる年齢ではない。

明智家系図

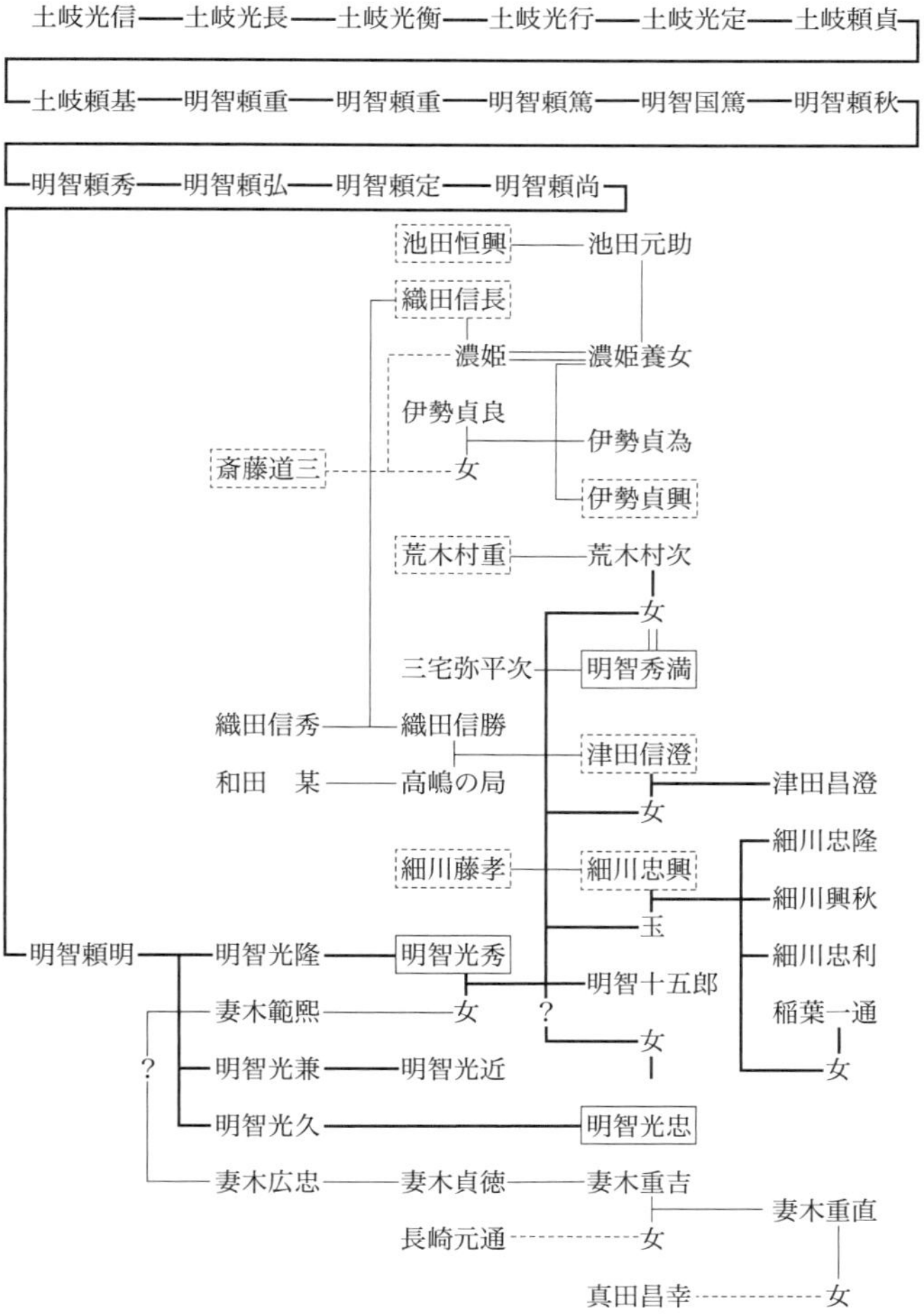

土岐光信
土岐光長
土岐光衡
土岐光行
土岐光定
土岐頼貞
土岐頼基
明智頼重
明智頼重
明智頼篤
明智国篤
明智頼秋
明智頼秀
明智頼弘
明智頼定
明智頼尚
池田恒興
池田元助
織田信長
濃姫
濃姫養女
伊勢貞良
伊勢貞為
斎藤道三
女
伊勢貞興
荒木村重
荒木村次
女
三宅弥平次
明智秀満
織田信秀
織田信勝
津田信澄
和田　某
高嶋の局
津田昌澄
女
細川忠隆
細川藤孝
細川忠興
細川興秋
玉
明智頼明
明智光隆
明智光秀
細川忠利
明智十五郎
妻木範熙
女
?
稲葉一通
女
?
明智光兼
明智光近
女
明智光久
明智光忠
妻木広忠
妻木貞徳
妻木重吉
妻木重直
長崎元通
女
真田昌幸
女

そこで、光秀は、荒木村安から離縁された娘を、腹心の三宅弥平次に再縁させ、明智弥平次秀満と名乗らせた（一説によれば、秀満は四六歳。娘は二〇代だと思われる）。明智姓を与えられたのは、天正八年九月二一日から天正九年四月一〇日の間だといわれている（『人物叢書　明智光秀』）。嫡男を補佐する後見役としてはちょうどよい。

そして、重臣クラスには明智姓を与え、擬制的な一族として、次期当主となる嫡男を支えていく。家中の基盤固めは万全だった。

光秀は家中法度を制定した後（天正九年末から翌天正一〇年前半）に、自身は引退し、娘婿による後見の下で嫡男に家督を継がせるか、もしくは娘婿をワンポイント・リリーフとして家督を継がせたいと信長に願い出たのではないか。

この家督相続は、明智家（実際は惟任家）の当主ということだけではなく、近畿管領の地位も含んでいたと思われる。細川家が管領職、上杉家が関東管領を世襲しているが如く、明智家も近畿管領を世襲していく。中世武士・明智光秀にとっては当然の発想だろう。

そして、当然、信長はその願いを却下しただろう。

信長の思考回路であれば、近畿管領は光秀個人に与えたもので、明智家に与えたものではない。

光秀が引退するなら、郷里の近くに数千石の隠居料を与える。嫡男・十五郎は信忠の小姓とする。光秀に附けていた与力は、一旦（いったん）はすべて信長の元に戻し、明智家臣団は解体。

一部を後任の近畿管領の与力とし、残りは信忠や信長の旗本に再編する。直臣の処遇については後任に委ねるが、俸給維持は期待できないし、むしろ解雇される可能性が高い。信長はそれくらいのことはやりかねないし、光秀に似たような回答を告げただろう。斎藤利三以外の重臣は、光秀の直臣である（＝信長の家臣ではない）公算が大きい。明智家臣団が解体させられたら、路頭に迷う可能性すらある。自分が採用し、労苦をともにしてきた重臣たちが不遇に追いやられる。光秀としては堪えられないだろう。

幼い嫡男・十五郎は、光秀の子として優遇されることがなさそうだ。おそらく十五郎は競争社会には向かない優男（やさおとこ）で、信長にも評価されていなかったのだろう。今まで織田家のために身を粉にして働いてきた結果が、子孫に受け継がれないと告げられ、光秀は暗澹（あんたん）たる気持ちになったに違いない。

信長は光秀の実務能力を買っていただろうから、いったん引退の件は棚上げにして、うやむやにしたのではないか。しかし、光秀は、信長政権下では明智家の未来が決して明るくない、むしろ絶望的であることを悟ったであろう。

本能寺の変

本能寺の変については、それだけで一冊の本が書けてしまうほどなので、本書では詳細を語らない。

その原因については、光秀が単独で企てたとする単独説と誰かに唆されたとする黒幕説があり、鈴木眞哉・藤本正行共著の『信長は謀略で殺されたのか』によれば、黒幕として足利義昭、イエズス会、羽柴秀吉、徳川家康、毛利輝元、長曽我部元親、本願寺、高野山、堺商人、朝廷が挙げられている。

『信長は謀略で殺されたのか』では、本能寺の変の後に明智光秀が細川藤孝・忠興父子に宛てたとされる覚書をもとに、黒幕はおらず、光秀が単独で決行したと推論している。

「一、御父子（細川藤孝・忠興父子）が元結いを払って出家したことは、仕方のないことである。私（光秀）もいったんは立腹したが、よくよく考えれば、それも当然だと理解した。このうえは、大身（重臣など）を派遣して、是非協力をお願いしたい。

一、領国のことについては、内々摂津を差し上げようと考え、上洛を待っていた。但馬や若狭をお望みならば、それでも結構である。他の者と取り合いになっても、必ず貴方が入手できるようにする。

一、私が予想外のことを決意したのは、忠興などを取り立てるためであり、他の考えからではない。五十日か百日以内には、近国の情勢も安定するであろうから、その後は十五郎（光秀の長男）や与一郎（忠興）などに引き渡して引退するつもりである。詳しいことは二人の使者が申し上げる。

覚え書き形式で宛て名がないが、内容から丹後宮津（京都府宮津市）城主の細川藤孝に

宛てたものとわかる。（中略）

ところで、この覚え書きには注目すべき点がある。それは黒幕らしい人物が出てこないことだ。謀略論者の言うように、朝廷や足利将軍が光秀の背後にいたならば、必ずそれらの名を出して説得材料にしたはずだ。それが出てこないのは、そうした事実がなかったからだろう」。けだし卓見というべきであろう。

『信長は謀略で殺されたのか』では、光秀が細川父子を「宥（なだ）めすかしたり、利益で釣ったりと必死である。そのうえ、謀叛は娘婿の忠興を取り立てるために起こしたなどと、とんでもないことまで言い出している」と指摘しているが、谷口克広氏は「従来は、無欲を装った、単なる光秀のポーズととらえられてきた。しかし、実際に光秀には、信長に代わって政権を左右するなどという野心はなかったのではないだろうか。ここに表われた文言は、案外と光秀の真情を吐露しているのではないか」と評している（『検証　本能寺の変』）。

一級資料でありながら、今までほとんど顧みられず、偽文書の噂すら立てられた、この覚書を信じてみたらどうなるだろう。

光秀は、信長が世襲に否定的で、かれのために身を粉にして働いても、十五郎や忠興などの子どもたちには報いてもらえない。だから、家を守るために信長を弑殺（しいさつ）したと語っただろう。

しかし、細川家において武人としての評価は、藤孝よりも忠興の方が高い。忠興は天正五（一五七七）年の片岡城攻めで初陣を飾り、信長から直筆の感状を賜ったほどの武功を立てた（『信長公記』によれば、忠興はその四年前からすでに合戦に参陣していた記述がある。単なる記述誤りかもしれないが、本当であれば、藤孝が忠興に場慣れさせていたとも考えられる）。

藤孝は、十五郎の冷遇は光秀の後継者育成が失敗したからだと苦笑しただろう。それより、冷静な藤孝は光秀の弱気を感じ取り、なおさら光秀に肩入れすることをやめたに違いない。

なお、『明智軍記』によれば、本能寺の変に臨んで、光秀は以下のようなお触れを出したという。

「これから二ヶ所（本願寺、二条城）での戦いは非常に重要だから、侍たちには頑張って手柄を立ててもらいたい。万一討死しても、兄弟や子供がある者については、ちゃんと跡を継がせるようにするし、兄弟や子供のない者についても、親族縁者を捜し出して、跡を継がせるようにする。軍功の大小によって、恩賞の多寡を判断する」（『信長は謀略で殺されたのか』傍点引用者）。

光秀は本能寺を攻めるにあたって、信長のように世襲を否定することはなく、中世武士の価値観を守っていくという気構えを披瀝（ひれき）したのであろう。

参考文献

【一般書籍】

・池上裕子［二〇一二］『人物叢書　織田信長』吉川弘文館
・今谷　明［二〇〇七］『戦国　三好一族――天下に号令した戦国大名』洋泉社
・岡田正人編著［一九九九］『織田信長総合事典』雄山閣出版
・岡本良一・奥野高広・松田毅一・小和田哲男編［一九八九］『織田信長事典』新人物往来社
・奥野高広［一九六〇］『人物叢書　足利義昭』吉川弘文館
・小和田哲男［一九九一］『織田家の人びと』河出書房新社
・加藤理文［二〇一六］『織田信長の城』講談社
・菊地浩之［二〇一六］『徳川家臣団の謎』ＫＡＤＯＫＡＷＡ
・桐野作人［二〇一一］『織田信長――戦国最強の軍事カリスマ』新人物往来社
・楠戸義昭［二〇〇四］『戦国佐久間一族』新人物往来社
・後藤邦四郎［一九六六］『名古屋下之一色城主前田与十郎合戦記』
・柴　裕之編［二〇一一］『論集戦国大名と国衆６　尾張織田氏』岩田書院
・鈴木眞哉・藤本正行［二〇〇六］『信長は謀略で殺されたのか――本能寺の変・謀略説を嗤う』洋泉社
・千田嘉博［二〇一三］『信長の城』岩波書店
・大類　伸監修［一九六六］『日本城郭全集⑦　愛知・岐阜編』人物往来社
・高柳光寿［一九五八］『人物叢書　明智光秀』吉川弘文館
・滝沢弘康［二〇一三］『秀吉家臣団の内幕――天下人をめぐる群像劇』ソフトバンククリエイティブ
・谷口克広［一九九五］『織田信長家臣人名辞典』吉川弘文館

・谷口克広［一九九八］『信長の親衛隊――戦国覇者の多彩な人材』中央公論社
・谷口克広［二〇〇二］『織田信長合戦全録――桶狭間から本能寺まで』中央公論新社
・谷口克広［二〇〇五］『信長軍の司令官――部将たちの出世競争』中央公論新社
・谷口克広［二〇〇六］『戦争の日本史13　信長の天下布武への道』吉川弘文館
・谷口克広［二〇〇七］『信長と消えた家臣たち――失脚・粛清・謀反』中央公論新社
・谷口克広［二〇一五］『織田信長の外交』祥伝社新書
・谷口克広［二〇一七］『天下人の父・織田信秀――信長は何を学び、受け継いだのか』祥伝社
・谷口研語［二〇一四］『明智光秀――浪人出身の外様大名の実像』洋泉社
・西ヶ谷恭弘［二〇〇〇］『考証　織田信長事典』東京堂出版
・日本史史料研究会編［二〇一四］『信長研究の最前線――ここまでわかった「革新者」の実像』洋泉社
・日本史史料研究会監修、渡邊大門編［二〇一七］『信長研究の最前線２――まだまだ未解明な「革新者」の実像』洋泉社
・日本史史料研究会監修、平野明夫編［二〇一六］『家康研究の最前線――ここまでわかった「東照神君」の実像』洋泉社
・橋場日月［二〇〇八］『新説　桶狭間合戦――知られざる織田・今川七〇年戦争の実相』学習研究社
・服部英雄［二〇一二］『河原ノ者・非人・秀吉』山川出版社
・藤田達生［二〇一〇］『証言　本能寺の変――史料で読む戦国史』八木書店
・藤田達生・福島克彦［二〇一五］『明智光秀――史料で読む戦国史３』八木書店古書出版部
・藤本正行［一九九三］『信長の戦国軍事学――戦術家・織田信長の実像 歴史の想像力』ＪＩＣＣ出版局
・藤本正行［二〇〇八］『【信長の戦い①】桶狭間・信長の「奇襲神話」は嘘だった』洋泉社
・藤本正行［二〇一〇］『長篠の戦い――信長の勝因・勝頼の敗因』洋泉社
・藤本正行［二〇一〇］『本能寺の変――信長の油断・光秀の殺意』洋泉社

・松原信之［二〇一七］『朝倉氏と戦国村一乗谷』吉川弘文館
・宮島敬一［二〇〇八］『人物叢書　浅井氏三代』吉川弘文館
・村岡幹生［二〇一一］「今川氏の尾張進出と弘治年間前後の織田信長・織田信勝」『愛知県史研究』第一五号
・村岡幹生［二〇一五］「織田信秀岡崎攻落考証」『中京大学文学会論叢』
・横山住雄［一九九三］『織田信長の系譜――信秀の生涯を追って』教育出版文化協会
・横山住雄［二〇一二］『織田信長の尾張時代』戎光祥出版
・横山住雄［二〇一五］『斎藤道三と義龍・龍興――戦国美濃の下克上』戎光祥出版
・横山住雄［二〇一七］『地域の中世20　中世美濃遠山氏とその一族』岩田書院
・脇田　修［一九八七］『織田信長――中世最後の覇者』中央公論社
・和田裕弘［二〇一七］『織田信長の家臣団――派閥と人間関係』中央公論新社
・渡邊大門［二〇一三］『信長政権――本能寺の変にその正体を見る』河出書房新社
・渡邊大門［二〇一三］『秀吉の出自と出世伝説』洋泉社
・渡邊大門編［二〇一六］『戦国史の俗説を覆す』柏書房
・渡邊大門編［二〇一六］『信長軍の合戦史――1560–1582』吉川弘文館

【県史、市町村史など】

・清洲町史編さん委員会編［一九六九］『清洲町史』
・津島市史編さん委員会編［一九七五］『津島市史』
・西春町史編集委員会編［一九八三］『西春町史　通史編　1』
・岩倉市史編集委員会編［一九八五］『岩倉市史　上巻』
・昭和区制施行50周年記念事業委員会編［一九八七］『昭和区誌』
・東海市史編さん委員会編［一九九〇］『東海市史　通史編』

・西枇杷島町史編纂委員会編［一九九一］『西枇杷島町史』
・犬山市教育委員会、犬山市史編さん委員会編［一九九七］『犬山市史　通史編　上』
・新修名古屋市史編集委員会編［一九九八］『新修名古屋市史　第2巻』
・長久手町史編さん委員会編［二〇〇三］『長久手町史　本文編』
・大垣市編［二〇一三］『大垣市史　通史編　自然・原始～近世』

【その他史料など】

・太田牛一［一九六九］『信長公記』角川書店
・太田牛一著、中川太古訳［二〇一三］『新人物文庫　現代語訳　信長公記』ＫＡＤＯＫＡＷＡ
・太田牛一著、榊山　潤訳［二〇一七］『現代語訳　信長公記（全）』筑摩書房
・小瀬甫庵［一九八一］『信長記』現代思潮社
・大久保彦左衛門忠教原著、小林賢章訳［一九八〇］『三河物語（上・下（原本現代訳11・12））』教育社新書
・国書刊行会編「松平記」『三河文献集成　中世編』［一九八〇］国書刊行会
・堀田正敦等編［一九六四］『新訂　寛政重修諸家譜』続群書類従完成会
・塙　保己一編纂、太田藤四郎補［一九八五］『群書系図部集』続群書類従完成会
・加藤國光編［一九九七］『尾張群書系図部集（上下）』続群書類従完成会
・深田正韶［一九六九］『尾張志上・下』歴史図書社
・所　三男編［一九八九］『日本歴史地名大系第21巻　岐阜県の地名』平凡社
・下中邦彦編［一九八一］『日本歴史地名大系第23巻　愛知県の地名』平凡社
・愛知県姓氏歴史人物大辞典編纂委員会編著［一九九一］『角川日本姓氏歴史人物大辞典23　愛知県』角川書店

あとがき

前々著『徳川家臣団の謎』を出版したところ、そこそこ売れて、評判もなかなかよかったらしい。当然、「次に何を出しましょうか」という話になった。

担当編集者の方は「謎シリーズは書けませんか」と打診してくるが、筆者としては続編をまったく考えていなかった。断るという選択肢もあった。

前々著の「あとがき」でも触れたのだが、筆者は学生時代、経済学部に籍を置きながら、歴史系サークルの部会（信長公記研究会）に入っていた。まぁ、まったく知らない領域でもないし、『織田家臣団の謎』ならどうにか書けるんではないか。そう思った次第である。

その歴史系サークルでは実証史学といって、史料を丹念に読み込み、論を起こしていく手法を金科玉条としていた。

しかし、筆者が日本中世史を学んでいた頃は、史料解読はあらかた極め尽くされ、「新しい古文書が出たら、それで論文が一本書ける」といわれるほど、汲々(きゅうきゅう)としていた（筆者も専門分野である企業集団研究では実証史学に近い手法をとっているのだが、それはデータが膨大なあまり、誰も実際にデータ計算していないので、差別化できるからだ）。

そこで、補助線を引いてみたり、史料に書いてあることを疑ってみたり、逆に史料に残っていないことにも思いを巡らせてみた。

実証史学の道からはかなり外れてしまい、少々飛躍してしまっているかもしれないが、他の書籍では考えていないことまで考えているつもりではいるので、楽しんでいただければと思う。

参考文献の一つに掲げた『信長の城』の執筆者・千田嘉博氏（奈良大学元学長）は、面識はないが、筆者と同い年である。

千田氏は同書の「あとがき」でこう述べている。

「中学一年生の夏休みに姫路城を遠望して以来、わたくしは城好きになってしまいました。当時名古屋に住んでいて、桶狭間の古戦場を自転車でめぐり、ついで戦国の山城跡などを訪ね歩きました。（中略）奈良大学に入学すると、いっそう城漬けの毎日をすごしました。高校までは『城もいいけど数学も勉強しよう』とか毎日いわれたのに、大学ではどれだけ城の勉強をしても怒られず、それどころかほめられたりして、こんなすてきなところはないと思いました」。

筆者もまったく同感である。そして、筆者も子どもの時分、名古屋に住んでいた。今考えてみると、地下鉄の隣駅には末盛城があった。小学四、五年生の時のことだ。

しかし、筆者が歴史好きになったのは小学六年生の時で、すでに住所は北海道苫小牧市になっていた。あと二年ずれていたら、筆者の人生は変わっていたのかもしれない。

最後に、本書を刊行する機会を与えてくださり、いろいろとご支援いただいたKADOKAWAの文芸・ノンフィクション局第四編集部の立木成芳さん、竹内祐子さんにこの場を借りて感謝いたします。

菊地浩之（きくち・ひろゆき）

1963年北海道生まれ。國學院大學経済学部を卒業後、ソフトウェア会社に入社。勤務の傍ら、論文・著作を発表。専門は企業集団、企業系列の研究。2005-06年、明治学院大学経済学部非常勤講師を兼務。06年、國學院大學博士（経済学）号を取得。著書に『企業集団の形成と解体』（日本経済評論社）、『日本の15大財閥』『日本の長者番付』『図解　合併・再編でわかる日本の金融業界』（平凡社）、『図解　損害保険システムの基礎知識』（保険毎日新聞社）、『図ですぐわかる！ 日本100大企業の系譜』『徳川家臣団の謎』『三井・三菱・住友・芙蓉・三和・一勧』（KADOKAWA）、『三菱グループの研究』『住友グループの研究』『三井グループの研究』（洋泉社）など多数。

角川選書 598

織田家臣団の謎（おだかしんだんのなぞ）

平成 30 年 2 月 22 日　初版発行

著　者　菊地浩之（きくちひろゆき）

発行者　郡司　聡

発　行　株式会社 KADOKAWA
東京都千代田区富士見 2-13-3　〒 102-8177
電話 0570-002-301（ナビダイヤル）

装　丁　片岡忠彦　　帯デザイン　Zapp! 高橋里佳

印刷所　横山印刷株式会社　　製本所　本間製本株式会社

KADOKAWAカスタマーサポート
[電話] 0570-002-301（土日祝日を除く11時～17時）
[WEB] http://www.kadokawa.co.jp/（「お問い合わせ」へお進みください）
※製造不良品につきましては上記窓口にて承ります。
※記述・収録内容を超えるご質問にはお答えできない場合があります。
※サポートは日本国内に限らせていただきます。

定価はカバーに表示してあります。

ISBN978-4-04-703639-0 C0321

この書物を愛する人たちに

詩人科学者寺田寅彦は、銀座通りに林立する高層建築をたとえて「銀座アルプス」と呼んだ。

戦後日本の経済力は、どの都市にも「銀座アルプス」を造成した。

アルプスのなかに書店を求めて、立ち寄ると、高山植物が美しく花ひらくように、書物が飾られている。

印刷技術の発達もあって、書物は美しく化粧され、通りすがりの人々の眼をひきつけている。

しかし、流行を追っての刊行物は、どれも類型的で、個性がない。

歴史という時間の厚みのなかで、流動する時代のすがたや、不易な生命をみつめてきた先輩たちの発言がある。

また静かに明日を語ろうとする現代人の科白がある。これらも、

銀座アルプスのお花畑のなかでは、雑草のようにまぎれ、人知れず開花するしかないのだろうか。

マス・セールの呼び声で、多量に売り出される書物群のなかにあって、

選ばれた時代の英知の書は、ささやかな「座」を占めることは不可能なのだろうか。

マス・セールの時勢に逆行する少数な刊行物であっても、この書物は耳を傾ける人々には、

飽くことなく語りつづけてくれるだろう。私はそういう書物をつぎつぎと発刊したい。

真に書物を愛する読者や、書店の人々の手で、こうした書物はどのように成育し、開花することだろうか。

私のひそかな祈りである。「一粒の麦もし死なずば」という言葉のように、

こうした書物を、銀座アルプスのお花畑のなかで、一雑草であらしめたくない。

一九六八年九月一日　角川源義

三井・三菱・住友・芙蓉・三和・一勧

日本の六大企業集団

菊地浩之

企業集団には戦前の三大財閥が再編された三井・三菱・住友と、戦後、様々な企業が集合した芙蓉・三和・一勧がある。今も企業集団として存続しているのか。歴史的変遷から現在の状況まで日本の企業集団が一冊に。

587 | 304頁

978-4-04-703611-6

徳川家臣団の謎

菊地浩之

家康が率いた軍団は、本当に組織的だったのか――。松平・徳川家の歴史をていねいにたどり、「忠節・徳川家臣団」という定説がどのような創作に満ちていたのかを、豊富な史料を用いながら検証する。

576 | 312頁

978-4-04-703598-0

羽柴を名乗った人々

黒田基樹

秀吉は、旧織田家臣や旧戦国大名に羽柴名字を与えることで「御一家」と位置づけた。羽柴家の論理による秩序化である。全く新しい武家の政治序列の方法を創出した、秀吉の野望と類い稀な政治手腕を描く。

578 | 264頁

978-4-04-703599-7

武田氏滅亡

平山優

甲相越三国和睦構想、御館の乱、高天神城攻防戦という長篠敗戦後の転換点を主軸に、史料博捜と最新研究から、詳述されてこなかった勝頼の成果と蹉跌を徹底検証。戦国史研究に新たなる足跡を刻む決定版！

580 | 752頁

978-4-04-703588-1

角川選書

忍者の歴史
山田雄司

一口に忍者といっても、時代によってその姿を変えてきた歴史がある。真の忍者とはいかなる者か？今まで解明されることのなかった「忍者」の歩みを、忍術書「万川集海」をはじめとする資料から読み解く。

570 | 272頁

978-4-04-703580-5

怪しいものたちの中世
本郷恵子

社会事業や公共事業を請け負った勧進聖、祈祷師や占い師、芸能者、ばくち打ちや山伏——。夢見る喜びや生きる意味を考える機会を与えた中世の宗教者の知られざる役割を、豊富な事例で解き明かす新しい中世史。

566 | 200頁

978-4-04-703566-9

長崎奉行の歴史
苦悩する官僚エリート
木村直樹

松平定信が「長崎は日本の病の一つ」と言うほど治めるのが難しかった長崎。各集団のパワーバランスに注目し、海防やキリシタン禁制、長崎の文化・政治的な葛藤と軋轢について長崎奉行を軸に明らかにする。

574 | 208頁

978-4-04-703574-4

真田信之
真田家を継いだ男の半生
黒田基樹

戦いから平和への時代転換の中で、真田信之はいかにして真田家の存続を図ったか。政治的な動向と領国支配の実態を明らかにしつつ、沼田城から上田城に本拠を移すまでの半生を史料に基づき丹念に追いかける。

569 | 240頁

978-4-04-703584-3

真田信繁
幸村と呼ばれた男の真実
平山 優

諱は幸村か信繁か。真田丸はどんな形態をしていたのか。大坂の陣における東西両軍の意外な事情とは――史料を博捜し諸説を根底から再検証。真田研究の第一人者が「不思議なる弓取」の真実を照らし出す！

563　384頁
978-4-04-703563-8

足利尊氏
森茂暁

これが「尊氏研究」の最前線！「英雄」と「逆賊」の間を揺れ動き、南北朝動乱を招いた中心人物として解明が進まなかった足利尊氏を徹底研究。発給文書一五〇〇点から見えてくる新しい尊氏像とは。

583　256頁
978-4-04-703593-5

足利直義
兄尊氏との対立と理想国家構想
森 茂暁

南北朝の動乱期に、武力によらない仏国土の理想郷を目指した足利直義。兄尊氏とともに室町幕府の基礎を築いたにもかかわらず、最期は兄に毒殺されたとも伝えられる悲劇の人物の政治・思想・文化に迫る。

554　232頁
978-4-04-703554-6

黒田官兵衛・長政の野望
もう一つの関ヶ原
渡邊大門

関ヶ原合戦。武将たちは、戦いの直前までどの軍に与するか苦悩していた。「軍師伝説」を検証することで明らかになってきた黒田官兵衛・長政の暗躍の事実。関ヶ原合戦に賭けたふたりの知られざる野望に迫る。

531　224頁
978-4-04-703531-7